Globalisierung
Literaturen und Kulturen des Globalen

Akademie Studienbücher

Kulturwissenschaften

Ulfried Reichardt

Globalisierung

Literaturen und Kulturen des Globalen

Akademie Verlag

Der Autor:
Prof. Dr. Ulfried Reichardt, Jg. 1956, Professor für Amerikanische Literatur- und Kulturwissenschaft an der Universität Mannheim

Bibliografische Information der Deutschen Nationalbibliothek
Die Deutsche Nationalbibliothek verzeichnet diese Publikation in der Deutschen Nationalbibliografie; detaillierte bibliografische Daten sind im Internet über http://dnb.d-nb.de abrufbar.

ISBN 978-3-05-004631-0

© Akademie Verlag GmbH, Berlin 2010

www.akademie-studienbuch.de
www.akademie-verlag.de

Das eingesetzte Papier ist alterungsbeständig nach DIN/ISO 9706.
Alle Rechte, insbesondere die der Übersetzung in andere Sprachen, vorbehalten. Kein Teil dieses Buches darf ohne schriftliche Genehmigung des Verlages in irgendeiner Form – durch Fotokopie, Mikroverfilmung oder irgendein anderes Verfahren – reproduziert oder in eine von Maschinen, insbesondere von Datenverarbeitungsmaschinen, verwendbare Sprache übertragen oder übersetzt werden.

Einband- und Innenlayout: milchhof : atelier, Hans Baltzer Berlin
Einbandgestaltung: Kerstin Protz, Berlin, unter Verwendung von Mona Hatoum:
 Plotting Table (1998). Wood, MDF, UV lights and fluorescent paint,
 103 1/3 x 56 2/3 x 31 7/8 in. (262,5 x 144 x 81 cm). Courtesy White Cube.
Satz: Druckhaus »Thomas Müntzer« GmbH, Bad Langensalza
Druck und Bindung: CS-Druck CornelsenStürtz GmbH, Berlin

Printed in Germany

Globalisierung
Literaturen und Kulturen des Globalen

1	**Globalisierung und Weltbilder**	9
1.1	Facetten des Globalisierungsbegriffs	11
1.2	Kultur, Nation, Transnationalismus	14
1.3	Globus und Welten, Einheit und Vielheit	18
1.4	Transkulturalität und Transdisziplinarität	19

2	**Geschichte der Globalisierung / Globalisierung der Geschichte**	23
2.1	National-, Welt- und Globalgeschichte	25
2.2	Nichtlineare und relationale Geschichte	30
2.3	Globalisierung seit 1500	31
2.4	Globalisierung in der Gegenwart	34

3	**Märkte und Demokratie (Wirtschaft und Politik)**	39
3.1	Globalisierung in Wirtschaft und Politik	41
3.2	Globale Wirtschaft und Finanzen	42
3.3	Nationalstaat und transnationale Institutionen	47

4	**Theorien des Globalen**	53
4.1	Globalisierungstheorien der Soziologie	55
4.2	Komplexitätstheorie	59
4.3	Eine Welt und viele Weltbilder	62
4.4	„Ortswechsel des Denkens"	64

5	**Kurze Geschichte kulturwissenschaftlicher Theoriedebatten**	69
5.1	Theorie, Text und Kontext	71
5.2	Vom Strukturalismus zur Postmoderne	72
5.3	Politisierung der Literatur- und Kulturwissenschaft	77
5.4	*Cultural turns:* Globalisierung *als* kulturwissenschaftliche Perspektive	80

6	**Medien / -Welten**	83
6.1	Medien, Kultur, Wissen	85
6.2	Oralität und Schrift	87
6.3	Transport und Geld	90
6.4	Gleichzeitigkeit und Netzwerkgesellschaft	92

INHALT

7 Kulturelle Globalisierung und Populärkultur — 97
7.1 Populär- und Massenkultur — 99
7.2 Amerikanisierung und kreative Aneignung — 103
7.3 Standardisierung, Differenzierung, Hybridisierung — 106
7.4 Methode globaler Interpretation — 107

8 Repräsentationen des Globalen — 113
8.1 Zum Repräsentationsbegriff — 115
8.2 Weltkarten und Weltbilder — 117
8.3 Hybridität, Pluralität und Raum — 119
8.4 Alejandro González Iñárritu: *Babel* — 124

9 Interpretationen des Globalen — 129
9.1 Methodische Skizze einer globalen Lektüre — 131
9.2 Inhaltliche Interpretationsebene – plurale (Kon-)Texte — 132
9.3 Formale Interpretationsebene – Übersetzung, Semiotik und fremde Zeichenwelten — 136
9.4 Perspektivität und Perspektivenwechsel — 140

10 Nationalphilologien und Globalisierung — 145
10.1 Ordnungen der Literatur/-wissenschaft — 147
10.2 Literaturwissenschaft im globalen Zeitalter — 151
10.3 Ausblick: Globalisierung der Literaturwissenschaft — 157

11 Versionen der Literatur des Globalen — 161
11.1 Kriterien einer Literatur des Globalen — 163
11.2 Globalität (in) der Literatur — 165
11.3 Fiktionen der Globalisierung — 170
11.4 Literatur als Weltentwurf — 172

12 Musik, Kunst und Film global — 177
12.1 Weltmusik, globale Musik, globaler Musikmarkt — 179
12.2 Weltkunst, globale Kunst, globaler Kunstmarkt — 183
12.3 Weltkino, globaler Film, globaler Filmmarkt — 187

13 Die globale Stadt — 193
13.1 Metropolen und Globalisierung — 195
13.2 Weltstädte, globale Städte, Megastädte — 197
13.3 Städte als transkulturelle Räume — 200
13.4 New York City und Berlin — 203

14	**Kosmopolitismus**	209
14.1	Weltpolitik und Menschenrechte	211
14.2	Das Universale und das Partikulare	215
14.3	Kosmopolitische Praxis und Konflikte	217
14.4	Globalisierung und Kulturwissenschaft: Konsequenzen und Ausblick	222
15	**Serviceteil**	225
15.1	Weitere Monografien und Sammelbände	225
15.2	Periodika – Zeitschriften / Journals	228
15.3	Onlinequellen / Netzwerke	231
15.4	Master- und Graduiertenprogramme (Auswahl)	232
15.5	Forschungseinrichtungen	233
16	**Anhang**	235
16.1	Zitierte Literatur	235
16.2	Abbildungsverzeichnis	243
16.3	Personenverzeichnis	244
16.4	Glossar	248

1 Globalisierung und Weltbilder

Abbildung 1: Ein Tag aus der Sicht eines Satelliten. Satellitenfotografien (2008)

Die Bildsequenz zeigt einen Tagesverlauf aus der Sicht des europäischen Wettersatelliten Meteosat. Zunächst beleuchtet die Sonne nur den Osten des Globus, wandert im Laufe des Tages bis nach Westen, um dort allmählich wieder zu verschwinden. Diese Folge von Fotografien macht eindringlich den Doppelcharakter jeglichen Nachdenkens über unseren Planeten und unsere Welt deutlich. Man kann sehen, dass wir auf einer vom Weltraum aus als zusammenhängender Körper wahrnehmbaren Kugel leben, die unzweifelhaft ein Ganzes bildet. Wir können jedoch ebenfalls feststellen, dass diese Kugel nie als Ganzes wahrzunehmen ist – wir sehen immer nur eine ‚Seite'. Zugleich verdeutlicht die Bildsequenz, dass sich zu unterschiedlichen (Tages-)Zeiten und aus verschiedenen Blickwinkeln ganz unterschiedliche ‚Welten' zeigen, selbst wenn auf einen Aspekt der ‚Welt' fokussiert wird (wie hier auf Afrika). Der Globus bzw. Planet ist immer nur teilweise zu erkennen; was wir je für die Welt halten, ist kontext- und perspektiveabhängig. Wir müssen also über das Globale und gleichzeitig auch über eine Vielzahl möglicher ‚Welten' nachdenken.

Warum und wie kann der Begriff Globalisierung, mit dem wir täglich vor allem im Zusammenhang mit wirtschaftlichen, sozialen, politischen und ökologischen Veränderungen konfrontiert sind, auch in den Kulturwissenschaften sinnvoll verwendet werden? Im Folgenden werden zuerst verschiedene Begriffe vorgestellt, die in je unterschiedlicher Weise auf die umfassende Vernetzung der gesamten Erde hinweisen. Dann wird die Frage diskutiert, was geschieht, wenn der Begriff der Kultur, mit dem wir zunächst verschiedene Sprach-, Denk- und Verhaltensformen unterscheiden, auf den gesamten Globus bezogen wird. Als Ausgangspunkt jeder kultur- und geisteswissenschaftlichen Untersuchung des Globalen wird sodann der Doppelcharakter von Einheit und Vielheit, von dem einen Planeten und den vielen unterschiedlichen Perspektiven auf diesen vorgestellt. Schließlich werden Eckpunkte einer kulturwissenschaftlichen Methode dargelegt, die einen solchen globalen Blickwinkel ermöglicht.

1.1 **Facetten des Globalisierungsbegriffs**
1.2 **Kultur, Nation, Transnationalismus**
1.3 **Globus und Welten, Einheit und Vielheit**
1.4 **Transkulturalität und Transdisziplinarität**

1.1 Facetten des Globalisierungsbegriffs

Wenn wir von Globalisierung sprechen, so denken wir dabei meist an Phänomene wie die Verlagerung und den Verlust von Arbeitsplätzen, an Hedgefonds, an Migranten auf zerbrechlichen Schiffen in Richtung Europa oder am ‚Tortilla Curtain' zwischen den USA und Mexiko; wir denken an das Internet, Mobiltelefone und erschwingliche Flugreisen, an die Vielheit unterschiedlicher Kulturen, die auf einem Platz in Berlin, New York, Paris oder London anzutreffen ist. Wir denken auch an Klimaveränderung, steigende Ölpreise, Terrorismus und Pandemien; wir denken an internationale Institutionen wie die UNO, die UNESCO, die Weltbank oder die Welthandelsorganisation, nicht zuletzt an die Gegner der Globalisierung. Wenn wir dabei auch von Kultur sprechen, so wird häufig auf McDonald's, Coca-Cola und Microsoft hingewiesen oder von einer ‚Coca-Colonisierung' der Erde gesprochen: Zwar könne man heute weltweit reisen und kommunizieren, doch treffe man inzwischen noch im entlegensten Winkel des Globus die immergleichen Formen der Kultur an – dieselbe Popmusik, dieselben Hollywood-Filme, dieselbe Konsumkultur. Eine gewisse Euphorie darüber, dass man inzwischen in relativ kurzer Zeit in beinahe alle Teile der Erde gelangen und über elektronische Medien simultan mit ihnen verbunden sein kann, steht dem Verdacht gegenüber, man begegne überall nur einer standardisierten, der eigenen weitgehend entsprechenden Welt.

Globalisierung im umgangssprachlichen Gebrauch

Wir sollten also zunächst klären, was wir meinen, wenn wir von Globalisierung sprechen.

„Nach einer Definition der OECD ist die Globalisierung der Wirtschaft jener Prozess, durch den Märkte und Produktion in verschiedenen Ländern zunehmend voneinander abhängig werden infolge des grenzüberschreitenden Handels mit Gütern, Dienstleistungen und Arbeitskräften und der Bewegung von Kapital und Technologie." (Safranski 2003, S. 16)

Globalisierungsdefinitionen

Globalisierung meint demnach eine immer stärkere Vernetzung und das gleichzeitige Voneinanderabhängigwerden von Märkten und Wirtschaften, damit auch von lokalen Standorten. Der Soziologe Mel van Elteren präzisiert den Begriff, indem er ihn auf die Gesellschaft ausdehnt:

„Globalisierung verweist auf diejenigen Prozesse, die sich in einem weltweiten Maßstab abspielen, über nationale Grenzen hinweggehen und dabei Gemeinschaften und Organisationen in neuen Raum-Zeit-Kombinationen integrieren und verbinden, wodurch die Welt objektiv und in der Erfahrung der Menschen stärker miteinander verbunden wird. Globalisierung bedeutet eine Bewegung weg von der klassischen soziologischen Idee der ‚Gesellschaft', die als ein klar abgegrenztes System verstanden wurde – das geografisch mit dem Territorium eines Nationalstaates oder einer Region identifiziert wurde –, und deren Ersetzung durch eine Perspektive, die sich darauf konzentriert, ‚wie das soziale Leben über Zeit und Raum[grenzen hinweg] geordnet ist.'" (van Elteren 1996, S. 54f., Übers. d. Verf.)

Der Prozess der Globalisierung verändert dieser Definition zufolge die Bedeutung und Funktion von Grenzen und auch das Verhältnis von Raum und Zeit: Wenn etwa New York von Europa aus telefonisch direkt und per Flugzeug innerhalb weniger Stunden zu erreichen ist, wenn wir täglich Fernsehbilder aus der ganzen Welt sehen und auch im Winter frische Erdbeeren essen können, dann verändert sich unser Gefühl von Zeit und Raum. Der Geograf David Harvey hat in einer oft zitierten Wendung von einer „Zeit-Raum-Verdichtung" (Harvey 1989, S. 252) gesprochen und die erdumspannende schnelle Erreichbarkeit gemeint. Grenzen der Nationalstaaten verlieren an Bedeutung, andere Kulturen, Staaten und Regionen sind mit den je eigenen eng verflochten. Das heißt auch, dass in den vertrauten Räumen zunehmend ‚Fremdes' anwesend ist. Wenn das Ferne jetzt nah ist, so ist auch das Nahe von Fernem durchzogen. Daher schlägt van Elteren vor, Nationen oder Gesellschaften nicht mehr isoliert zu erforschen, sondern darauf zu achten, wie sich gesellschaftliches Leben über Grenzen hinweg entwickelt.

Zeit-Raum-Verdichtung

Am 20. Juli 1969 betrat Neil Armstrong als erster Mensch den Mond. Nun war eine neue Perspektive auf „unsere Erde" bzw. „unseren blauen Planeten" aus der Distanz möglich (→ ABBILDUNG 1). Daraus folgt, dass ein Blick aufs Ganze – wie sich globales Denken in einer ersten Annäherung und noch ganz unpräzise definieren lässt – eine Distanznahme zum Planeten wie auch zu festgefahrenen Denkweisen erfordert. Man sieht nun die Hälfte der Erde und versteht sie als Kugel, aber man sieht sie aus einem unvertrauten Blickwinkel. „Globales Bewusstsein" (Schmidt 1998, S. 403) lässt uns vertraute Zusammenhänge und Orte neu und anders sehen, denn wir können sie nicht mehr isoliert betrachten, sondern müssen immer relational denken, in Verbindungen und hinsichtlich des Austauschs, der gegenseitigen Interdependenz und des Vergleichs. Der Philosoph Peter Sloterdijk hat deshalb gefordert, dass „die terrestrische Globalisierung, einem Axiom vergleichbar, die erste und einzige Voraussetzung [sei], von der eine Theorie des gegenwärtigen Zeitalters auszugehen hat"

Distanznahme und globales Denken

(Sloterdijk 2005, S. 218f.). Wenn das so ist, dann hat dies weitreichende Folgen für das Studium der Literatur, der Musik, der Kunst, von Filmen und von Kultur überhaupt.

Wenn wir über Globalisierung sprechen, dann begeben wir uns begrifflich auf ein heterogenes Terrain. Differenzierung tut not. Globalisierung ist ein Begriff, der aus der Wirtschaft stammt, 1983 von Theodore Levitt („The Globalization of Markets") eingeführt wurde und erst seit den frühen 1990er-Jahren die sozialwissenschaftliche Diskussion prägt. Ulrich Beck, einer der wichtigsten Vertreter der deutschen Globalisierungsforschung, bestimmt Globalisierung als „Prozesse, in deren Folge die Nationalstaaten und ihre Souveränität durch transnationale Akteure, ihre Machtchancen, Orientierungen, Identitäten und Netzwerke unterlaufen und querverbunden werden." (Beck 1997, S. 28f.) Mit dem Begriff des Globalismus meint er die „Auffassung, dass der Weltmarkt politisches Handeln verdrängt oder ersetzt, d. h. die Ideologie der Weltmarktherrschaft, die Ideologie des Neoliberalismus." (Beck 1997, S. 26) Damit einher gehe eine ökonomistische Verkürzung des Phänomens allein auf wirtschaftliche Aspekte. Hiermit werde ein wesentliches Moment der von Beck sogenannten „Ersten Moderne" beseitigt, nämlich der Unterschied zwischen Politik und Wirtschaft (vgl. Beck 1997, S. 26). Unter Globalität schließlich versteht Beck die heutige Weltgesellschaft; es gibt keine geschlossenen Räume mehr. Dabei meine Weltgesellschaft „die Gesamtheit sozialer Beziehungen [...], die *nicht* in nationalstaatliche Politik integriert oder durch sie bestimmt (bestimmbar) sind." (Beck 1997, S. 28) Entscheidend ist hier die Diagnose eines abnehmenden Einflusses der Nationalstaaten und nationaler Grenzen bei zunehmender Bedeutung transnationaler ‚Flüsse', Prozesse und Strukturen. Ergänzend lässt sich Becks Terminologie der Begriff des Globalen hinzufügen, der es ermöglicht, Globalität zu denken und zu beschreiben, also globale Vernetzung, radikale und irreduzible Pluralität in Verbindung mit der jeweiligen Beobachter- und Kontextbedingtheit jeder – auch jeder wissenschaftlichen – Aussage zu benennen.

Die Komparatistin Gayatri Chakravorty Spivak verwendet dagegen den Begriff der Planetarität bzw. des Planetarischen. Er weist auf die durchgängige Verbundenheit aller Erdbewohner, gleichzeitig aber auch auf die Begrenztheit des Erdballs hin und fordert den Blick auf die Gesamtheit des Planeten (vgl. Spivak 2003). Die Begriffe des Globalen und des Planetarischen unterscheiden sich allerdings kaum in ihrem Bedeutungsspektrum. Ein weiterer Blickwinkel wurde von dem Philosophen Jens Badura in die Debatte eingeführt, wenn er das

Mondialisierung französische Wort für Globalisierung, nämlich *mondialisation* aufnimmt, damit jedoch die menschliche konstruktive Dimension meint, „eine differenzierte Auseinandersetzung mit der Mannigfaltigkeit von Mondialisierungen im Sinne einer auf die Pluralität ihrer Möglichkeiten hin ausgreifenden Menschheit". Dieser Blick auf globale Entwicklungen hebt somit auf die Pluralität und Wandelbarkeit menschlicher Lebenswelten und Vorstellungen „im mondialen Raum kultureller Wechselwirkungen" ab (Badura 2006, S. 12f.). Der Philosoph Nelson Goodman nannte dies „Weisen der Welterzeugung" (Goodman 1984).

Kosmopolitismus Ein letzter Begriffskomplex kreist um die Konzeption des Kosmopolitismus. Hier lässt sich zum einen die Dimension des Kosmos festhalten, also eines Systems, in dem „das Raumschiff Erde" nur einen verschwindend kleinen Teil ausmacht, von dem allein aus wir allerdings beobachten können (selbst wenn wir auf dem Mond gelandet sind oder per Funk Bilder von der Venus erhalten); diese Schichtung wird im 19. Jahrhundert von Alexander von Humboldt in einem Monumentalwerk aufgeblättert (*Kosmos*, 1845–62). Der Begriff verweist jedoch zum anderen mehr als die bisher genannten auf eine spezifische Form politischen Denkens, das nicht national gebunden ist, sondern ein friedliches Zusammenleben der Völker erreichen möchte. Die ersten wichtigen Texte der Neuzeit hierzu stammen von Immanuel Kant (*Idee zu einer allgemeinen Geschichte in weltbürgerlicher Absicht*, 1784 und *Vom ewigen Frieden*, 1795), der in aufklärerischem Geist versuchte, eine neue Theorie der Politik zu entwerfen. Wenn in der dann folgenden Zeit Kosmopoliten als Weltbürger sowohl in politischer als auch kultureller Hinsicht als tolerant und umfassend gebildet galten, so wurde der Kosmopolitismus in den letzten Jahren und im Kontext der Globalisierungsdebatte zum Signum der Hoffnung, dass kulturelle, soziale, ethnische, rassische und auch religiöse Pluralität konkret politisch umsetzbar sei.

Im Folgenden wird zunächst der Begriff der Globalisierung beibehalten, weil er den unabschließbaren Prozesscharakter am besten hervorhebt.

1.2 Kultur, Nation, Transnationalismus

Der Begriff der Kultur im uns geläufigen Sinne entstand erst im 18. Jahrhundert, und zwar im Kontext der zunehmenden Kulturkontakte, die sich im Anschluss an die Entdeckungen in der Neuen Welt ergaben. Der Soziologe Dirk Baecker weist darauf hin, dass Kultur ein Unterscheidungsbegriff sei, der es erlaubt, Lebensformen zu erfassen, die durch den Vergleich mit anderen Formen ihre ‚Naturhaftigkeit' verlieren und, wenn nicht willkürlich, so doch als historisch geworden erscheinen: „Eine Kultur ist demnach die Form der Bearbeitung des Problems, dass es auch andere Kulturen gibt. Sie ist eine Distinktionsformel, die ohne einen vorausliegenden Kulturkontakt leer wäre" (Baecker 2001, S. 17). Kultur impliziert insofern immer schon den Plural und die Relativität des Eigenen, ja oft sogar der Normalität und des Üblichen. Wenn nun ein Bewusstsein von Kultur den Kulturkontakt voraussetzt, so kann man hinsichtlich der historischen Entwicklung dieser Kategorie und der daraus resultierenden Weltsicht schließen, dass Kultur und Globalisierung zusammenhängen. Historisch entwickelte sich der Kulturbegriff als Form der Selbst- und Fremdbeschreibung wie auch als Mittel der In- und Exklusion im Kontext des Kolonialismus und des Kulturkontaktes in der Neuen Welt (→ ASB D'APRILE/SIEBERS, KAPITEL 8). Wurde zunächst noch über die Differenz Christen und Heiden unterschieden, so schärfte sich zunehmend ein Bewusstsein für die Kontingenz von Denk- und Verhaltensformen, d. h. für deren Orts- und Zeitgebundenheit, mit anderen Worten: ein Bewusstsein von Kultur. Dies führte schon bald zu ersten Formen des kulturellen Relativismus (etwa in Michel de Montaignes Essay *Über die Kannibalen*, 1580). Kultur, so die These, kann als Beobachtungsbegriff der Globalisierung aufgefasst werden.

<small>Kultur als Vergleichsschema</small>

Normalerweise spricht man von der deutschen, französischen, amerikanischen oder chinesischen Kultur, auch wenn wir uns bewusst sind, dass in Hamburg andere Speisen bevorzugt werden als etwa in Bayern. Wir studieren Germanistik oder Anglistik und konzentrieren uns auf die Literatur und Kultur eines Sprach- und Kulturkreises. Dies lässt sich u. a. darauf zurückführen, dass sich diese Disziplinen im 19. Jahrhundert gegen die vorherrschenden Altphilologien durchsetzen mussten. Der Politikwissenschaftler Benedict Anderson hat zudem argumentiert, dass die Bildung von Nationen eng mit der Existenz einer gemeinsamen Schriftsprache verknüpft ist (vgl. Anderson 1993, S. 51). Ohne den Buchdruck, der die Entstehung einer durch Zeitungen und Literatur verbundenen Öffentlichkeit ermöglichte, hätten sich Nationen schwer entwickeln können. Man brauchte ein Kommunikationsmedium, in dem man sich über nationale Gemeinsamkeiten verständigen konnte bzw. diese erst erfand, umgekehrt trugen literarische und andere Texte dazu bei, die Nation aufzubauen und als natürlich erscheinen zu lassen (→ KAPITEL 10.1). Dieser Prozess begann im späten 18. Jahrhundert mit der

<small>Nationalkultur</small>

Gründung der ersten modernen Republik – den USA im Jahr 1776 – und breitete sich im 19. Jahrhundert in Lateinamerika und Europa aus. Während wir den Nationalstaat also immer noch als die Norm betrachten, ist er in historischer Perspektive eine noch recht neue Erfindung.

Kultur jenseits des Nationalstaats

Wie können wir uns Kultur gegen solche nationalen Konzepte als mobil und nicht an Grenzen gebunden vorstellen? Was sind Kulturen in der Globalisierung, was geschieht mit der Unterscheidungsfunktion im Rahmen der weltweiten Vernetzung? Wie können wir dieses Feld beschreiben? Kommt es zur weltweiten Standardisierung, wie die Kritiker eines amerikanischen Kulturimperialismus im 20. Jahrhundert meinen? Die folgenden Überlegungen geben einige Hinweise, wie man auf dem ‚Meer' des heutigen, zumindest tendenziell grenzenlosen (kulturellen) Wissens navigieren kann.

Kultur ist nicht nur differenziell zu bestimmen, sondern befindet sich unaufhörlich in Bewegung und verändert sich unablässig. Sie ist ein „emergentes System" (Iser 2003, S. 30), also ein ständig durch Kontakt, Anpassung und Mischung sich erneuerndes komplexes Inventar von Codes und Formen, dessen weitere Entwicklung nur bedingt vorhersagbar und erst rückblickend, dabei nur multikausal und -kontextuell erklärbar ist. Es handelt sich weder um eine lineare noch um eine homogene Formation. Hier erweist sich eine weitere Unterscheidung als wesentlich: diejenige zwischen einem engeren und einem weiteren Kulturbegriff. Während der engere den Nationalstaat bzw. die Region als „Container" verwendet – die französische Kultur findet sich innerhalb der Grenzen des französischen Staates –, bezieht sich der weitere Kulturbegriff auf eine spezifisch menschliche Fähigkeit, die darin besteht, Orte, Handlungen, Dinge und Situationen mit Bedeutungen zu versehen. Da Bedeutungen mit Gestalt oder Funktion von Gegenständen und Handlungen nicht zusammenfallen müssen, sind sie kulturell bedingt; es könnte immer auch anders sein. Mit den Bedeutungen wird über der Ebene der Phänomene und Ereignisse eine weitere, nämlich kulturelle Ebene eingezogen. Während etwa Sexualität biologisch betrachtet eine in der Evolution entstandene Form der Fortpflanzung darstellt, wird sie in kulturell und historisch oft sehr unterschiedlicher Weise dazu verwendet, um Gesellschaft und Religion zu organisieren. Zudem kann Kultur so wirkmächtig sein, dass Menschen beispielsweise eher verhungern als unrein geltende Speisen zu sich zu nehmen.

Engerer und weiterer Kulturbegriff

Kultur und Gesellschaft

Von Gesellschaft lässt sich Kultur dadurch unterscheiden, dass erstere den operationalen Bereich betrifft und auch bei Tieren (etwa bei Bienen, Schimpansen, Delfinen) vorkommt, während Kulturen weit stärker wandelbar und nur beim Menschen zu finden sind. Auf dieser elementaren Ebene wird deutlich, dass sich Kultur als Medium der Weltbewältigung in allen menschlichen Formen des Zusammenlebens findet, dass es jedoch keine universellen Formen gibt, die unveränderlich sind. Beobachtungen von Kultur in globaler Perspektive sollten daher das Gemeinsame wie auch das Unterschiedliche analysieren, das Kulturelle ebenso wie jeweils spezifische kulturelle Formen. Wie bei allen Gegenstandsbereichen der Forschung (besonders aber bei solchen, in denen der Mensch im Zentrum des Forschungsinteresses steht) spielen dabei der Beobachter und dessen Position eine große Rolle hinsichtlich dessen, was dann als Ergebnis der Beobachtung präsentiert wird.

Wenn es stimmt, dass in der heutigen globalisierten Welt die Bedeutung von nationalen Grenzen abgenommen hat und dies in besonderem Maße auf Wirtschaft und Kultur zutrifft, dann können Kulturwissenschaften nicht mehr in erster Linie Nationalkulturen erforschen oder ‚Texte' als Allegorien des je Nationalen entziffern. Wir haben es mit einer Situation zu tun, die durch den Begriff der Transkulturalität gekennzeichnet wird (vgl. Welsch 1997). Kultur, so der recht simple Ausgangspunkt der Überlegungen, macht grundsätzlich und zu jeder Zeit nicht an Grenzen halt; dies trifft verstärkt in einer durch elektronische Medien umfassend vernetzten und daher synchronisierten Welt zu. Gleichzeitig verschwinden regionale bzw. lokale, aber auch nationale Dimensionen des Kulturellen keineswegs, ja einige entstehen erst und gerade als Reaktion auf die Globalisierung (vgl. Appadurai 2000, S. 323).

<small>Transkulturalität</small>

Eine global beobachtende Kulturwissenschaft wird daher transkulturelle, weltumspannende kulturelle Entwicklungen und Formen genauso zu untersuchen haben wie sie nationale und regionale, also Teile betreffende Phänomene beschreiben muss. Sie wird traditionell der Kultur zugerechnete Bereiche (alles, was im Feuilleton auftaucht: Literatur, Theater, Musik, Kunst, Film etc.) erforschen, auf *flows* und Mischungen achten, vergleichen und Relationierungen vornehmen; gleichzeitig wird sie, einer wichtigen Tendenz der neueren Kulturwissenschaften folgend, im Sinne eines quasi-ethnologisch distanzierten Blicks auch kulturanthropologisch auf die eigene (transkulturelle) Kultur blicken müssen.

<small>Global beobachtende Kulturwissenschaft</small>

Kann man angesichts dieser unübersichtlichen Situation noch von einem festen Gegenstandsbereich kulturwissenschaftlicher Globalisierungsforschung sprechen? Was hat sich konkret und empirisch belegbar im Prozess der Globalisierung verändert, und was erschließt sich nur einem sozusagen globalen Blick, was sieht man nur aus einer globalen Perspektive? Der Soziologe Armin Nassehi hat die Globalisierung als ein „kognitives Schema" (Nassehi 2003, S. 196f.) bezeichnet, mit dem man neue Zusammenhänge erkennt und andere, weil relationale Bedeutungen zuordnet, als dies im Rahmen nationalstaatlicher, einzelgesellschaftlicher Untersuchungen der Fall war. Deshalb geht es hier um Globalisierung aus kulturwissenschaftlicher Perspektive. Es handelt sich dabei um einen Blickwinkel, der immer und grundsätzlich einerseits das Ganze, den Globus, die Vernetzungen und Interdependenzen zwischen Ländern, Kulturen, Erdteilen und Weltsichten in den Blick nehmen muss, der andererseits jedoch auf radikale Pluralität umzustellen hat.

Globalisierung als kognitives Schema

1.3 Globus und Welten, Einheit und Vielheit

Wir leben in einem, wie der amerikanische Philosoph William James dies schon vor einhundert Jahren formulierte, „pluralistischen Universum" (*A Pluralistic Universe*, 1909; James 1977). Diese gelungene Formel betont, dass Vielheit und Einheit stets gleichzeitig zu denken sind; sie besagt jedoch ebenfalls, dass die nicht aufzulösende Pluralität in einem Zusammenhang, vor dem Horizont einer Ganzheit zu verstehen ist, die allerdings bei James dynamisch, komplex und emergent aufgefasst wird, also keine höhere oder gar transzendentale Einheit darstellt. Kein Teil kann ohne das Ganze verstanden werden; die Erde als interdependentes System stellt einen stets zu berücksichtigenden Horizont dar. Dies gilt trotz der Tatsache, dass dieses Ganze als Ganzes nicht beobachtet werden kann. Nassehi spricht daher in einer geglückten Wendung von der Unhintergehbarkeit der „Welten in der einen Welt" (Nassehi 2003, S. 200), die sich dennoch als Grundbedingung auf eben diese eine Welt beziehen müssen. Alle Positionen sind Teile des globalen differenziellen Netzwerks und deshalb auch mit anderen Standorten unentwirrbar verknüpft. Gleichzeitig bilden diese jeweils konkret verorteten Positionen ihrerseits Vorstellungen von ‚Welt' aus, die aus ihrer Perspektive die ganze Welt betreffen. Differenzierung und dynamische, netzwerkartig verbundene Einheit gehören zusammen und bilden die Basis der Globalität, die eine Ausgangsvoraussetzung aller weiteren Überlegungen zum Globalen ist. Dies schließt auch virtuelle und denkbare, mögliche Welten ein.

Welten in der einen Welt

In den folgenden Kapiteln werden deshalb einerseits die Sachgebiete der Globalisierung nachgezeichnet, und es wird dargelegt, wie sie aus kulturwissenschaftlicher Sicht zu untersuchen sind. Andererseits wird erklärt, wie eine globale Perspektive im Sinne eines kognitiven Schemas neue Beobachtungen, Neubeschreibungen und die Entdeckung neuer Zusammenhänge ermöglicht. Globales bedeutet immer beides:

- Sachbereiche, konkrete, empirisch beschreibbare Veränderungen (wie beispielsweise Internet, Medien, Welthandel, globale Arbeitsteilung, Migrationen, Hollywood-Filme, globale Popmusik) und
- Beobachtungsschemata im Sinne einer Methode, die es ermöglicht, Phänomene jeder Art mit Blick darauf zu untersuchen, dass Sachverhalte (wie Literatur, Essen, Handel, Stadt, Vorstellungen etc.) auch im Vergleich mit und in einem Beziehungsgeflecht zu anderen auf der Erde existierenden Möglichkeiten, mit denen sie in Austausch- und Abhängigkeitsverhältnissen stehen, zu beschreiben sind.

Sachbereiche und Beobachtungsschemata

1.4 Transkulturalität und Transdisziplinarität

Neuphilologien und Kulturwissenschaften waren bisher weitgehend an der Beschreibung von möglichst klar umrissenen kulturellen Bereichen interessiert. In der germanistischen Literaturwissenschaft etwa, die ohnehin auf deutschsprachige Literatur fokussiert ist, kristallisierte sich beispielsweise die sogenannte Goethe-Zeit als eigenes Forschungsfeld heraus. Das organisierende Zentrum war dann, verkürzt formuliert, entweder das Genie Goethe, die Entwicklung der deutschen Literatur oder Genrefragen wie die Entwicklung des Romans. Vergleiche mit der französischen, englischen oder spanischen Literatur kamen eher am Rande vor und wurden weitgehend der Komparatistik überlassen, die ihrerseits nur wenige europäische Literaturen untersuchte. Die Geistes- und Kulturwissenschaften haben sich überwiegend auf eng umgrenzte Forschungsfelder zurückgezogen und diese nur selten aufeinander bezogen. Will man jedoch die heutige zunehmend global vernetzte Welt verstehen, so reicht eine Reduktion auf Teilbereiche nicht mehr aus. Vielmehr müssen wir in Verbindungen, Austausch- und Interdependenzverhältnissen denken, die stets mehr als zwei Pole verbinden. Es wird im Folgenden also darum gehen, eine Herangehensweise zu entwickeln, die über die Fokussierung auf einzelne Nationalliteraturen oder spezielle Kulturen hinausgeht und Gemeinsames wie auch Verbindendes herausstellt. Dieser Ansatz wird so modelliert, dass er innerhalb bestehender Fachtraditionen und Disziplingrenzen einsetzbar ist. Wenn diese Perspektive konsequent und umfassend weiterentwickelt wird, kann sich hieraus ein *global turn* in den Kulturwissenschaften ergeben.

Global turn in den Kulturwissenschaften?

Allerdings lassen sich solche Untersuchungen nicht allein innerhalb der traditionellen philologischen Fachgrenzen durchführen, sondern erfordern einen dezidiert kulturwissenschaftlichen Ansatz. Die Kulturwissenschaft ist keine Einzelwissenschaft. Vielmehr lässt sie sich verstehen als „eine Metaebene der Reflexion und eine Form der beweglichen Verschaltung, vielleicht auch eine Steuerungsebene für die Modernisierung der Geisteswissenschaften." Sie stellt „eine Form der Moderation, ein Medium der Verständigung, eine Art Kunst der Multiperspektivität" (Böhme/Scherpe 1996, S. 12) dar, welche die unterschiedlichen Fachdisziplinen untereinander durchlässig und füreinander transparent machen kann. Ein weiterer entscheidender Punkt ist, dass die europäischen Kulturen nicht mehr den Anspruch erheben können, den alleinigen Bezugsrahmen der Interpretation zu bilden. Im globalen und auch im globalisierten Maßstab betrachtet stellt Europa nur noch einen – sicher einflussreichen – Kulturraum unter anderen dar, der in Bezug auf andere, nicht-europäische Formen und Entwicklungen komparativ gelesen werden sollte. Dementsprechend wird ein kulturanthropologischer Blick auf die ‚eigene' Kultur zu werfen sein.

Andere Kulturen basierten länger als die westlichen auf der mündlichen Überlieferung. Gleichzeitig hat sich die Bedeutung von Schrift und geschriebenen Texten innerhalb der letzten Dekaden aufgrund der inzwischen zur Dominanz angewachsenen Bedeutung der elektronischen Medien ebenfalls gewandelt. Es scheint deshalb heute aus kulturwissenschaftlicher Sicht gewinnbringender, ein Medium wie die Literatur oder den Film nicht mehr nur isoliert zu betrachten, sondern auch die Überschneidungen und Parallelentwicklungen sowie die jeweiligen mediendeterminierten Blickwinkelvorgaben zu reflektieren. Eine globale Perspektive muss eine Pluralität von medialen Welten in Betracht ziehen, für die Gegenwart vor allem visuelle Kommunikationen und das Internet. Damit sollen keineswegs Mediendifferenzen vernachlässigt werden; vielmehr geht es darum, im globalen Zusammenhang auch medienbasierte unterschiedliche Formen des Wissens und Kommunizierens zu beachten.

Selbstverständlich ruft eine solche Perspektive auch Widerstand hervor. Einwände in der deutschen Forschung sind etwa, dass die Breitwinkeleinstellung zu Dilettantismus (ver-)führe und niemand in der Lage sei, ein solch extensives Feld zu übersehen. Andere verteidigen philologisches Arbeiten und die europäische Kulturtradition als alleinigen Maßstab und schlagen neue Medien und populäre Kultur den empirischen Sozialwissenschaften zu. Schließlich wird die Verbindung zwischen Kultur und Globalisierung schon deshalb oft abgelehnt, weil damit die amerikanische Pop- und Konsumentenkultur assoziiert wird, die unseren Globus überwuchere. Diese Einwände sind durchaus bedenkenswert, jedoch nur bedingt plausibel. Denn man kann zur Globalisierung stehen, wie man möchte – dass sie stattfindet, lässt sich nicht ignorieren. Im Folgenden wird daher von der Globalisierung als einer wesentlichen Voraussetzung jeglichen Verständnisses des gegenwärtigen Zeitalters ausgegangen (vgl. Sloterdijk 2005, S. 218f.). Auf welchen Punkt der Erde wir auch immer blicken, welchen ‚Text' wir lesen oder welche politischen, sozialen oder kulturellen Bereiche wir auch betrachten, die Beziehungen und Interdependenzen innerhalb eines globalen Netzwerks müssen dabei mitgedacht werden.

Globales Denken und ein Fokus auf globale Vernetzung, Interdependenz, Mischung und Austausch sind notwendig, um heute Aussagen über Kultur treffen zu können. Die Dominanz Europas und auch der USA ist inzwischen relativiert; ihr Einfluss bzw. die Spuren ihrer Interventionen lassen sich weltweit beobachten, jedoch sind auch die Länder und Kulturen des Westens in nicht geringem Maße von nichtwestlichen Formen durchdrungen. Die reduktionistische Methode des Zerlegens und Isolierens greift im komplexen globalen Feld nur noch bedingt und sollte durch den Einbezug des globalen Horizontes ergänzt werden. Denn selbst regionale Entwicklungen lassen sich nur noch mit Bezug auf globale Tendenzen erklären. Vorgeschlagen wird hierzu ein kulturwissenschaftlicher, medienbewusster Ansatz, der immer mehr als zwei ‚Pole' in Betracht zieht und dynamische, interdependent sich verändernde, komplexe Netzwerke untersucht. Dabei ist theoretisch die unauflösbare Doppelung von einem Welthorizont und einem Globus ebenso vorauszusetzen wie die Gleichzeitigkeit vieler unterschiedlicher Weltsichten bzw. Weltbilder. Einheit und Vielheit müssen immer zusammen gedacht und gleichzeitig im Blick gehalten werden.

Zusammenfassung

Fragen und Anregungen

- Definieren Sie Globalisierung und grenzen Sie den Begriff von alternativen Termini ab.
- Was verstehen Sie unter Transkulturalität, und wie unterscheidet sich diese vom bisherigen Kulturbegriff?
- Überlegen Sie, warum Globalisierung gleichzeitig zu einer Betonung kultureller Unterschiede führt.

- Sortieren Sie die Argumente, warum ein globaler Blickwinkel in den Geisteswissenschaften notwendig kulturwissenschaftlich sein muss.
- Was bedeutet Synchronisierung, was „Zeit-Raum-Verdichtung"? Führen Sie einige Beispiele aus Ihrem konkreten Alltag an.
- Ist es sinnvoll, globale Zusammenhänge auch dann mit zu bedenken, wenn lokale, örtlich begrenzte Phänomene betrachtet werden? Warum?

Lektüreempfehlungen

- Dirk Baecker: Wozu Kultur? Berlin 2000. *Gründliche Auslotung des Kulturbegriffs, dessen historischer Entstehung und gesellschaftlicher Funktion aus der Sicht der Systemtheorie.*

- Ulrich Beck: Was ist Globalisierung? Irrtümer des Globalismus – Antworten auf Globalisierung, Frankfurt a. M. 1997. *Umfassende einführende Darstellung einer Vielzahl von Facetten der Globalisierung; Kritik an der Verengung auf die wirtschaftliche Dimension, Schwerpunkt auf der Frage der politischen Gestaltung.*

- Frank Lechner / John Boli (Hg.): The Globalization Reader, Oxford 2000. *Der Sammelband enthält wichtige und repräsentative kurze Texte (bzw. Textausschnitte) englischsprachiger Autoren zu einem breiten Spektrum von Globalisierungsthemen.*

- Ulfried Reichardt: Globalisierung, Mondialisierung und die Poetik des Globalen, in: ders. (Hg.), Die Vermessung der Globalisierung. Kulturwissenschaftliche Perspektiven, Heidelberg 2008, S. 1–47. *Überblick über wichtige Aspekte einer kultur- und literaturwissenschaftlichen Beschäftigung mit der Globalisierung.*

- Manfred B. Steger: Globalization: A Very Short Introduction, Oxford 2003. *Das kurze Buch gibt einen guten und kritischen Überblick über historische, wirtschaftliche, politische, kulturelle und ideologische Dimensionen der Globalisierung.*

2 Geschichte der Globalisierung / Globalisierung der Geschichte

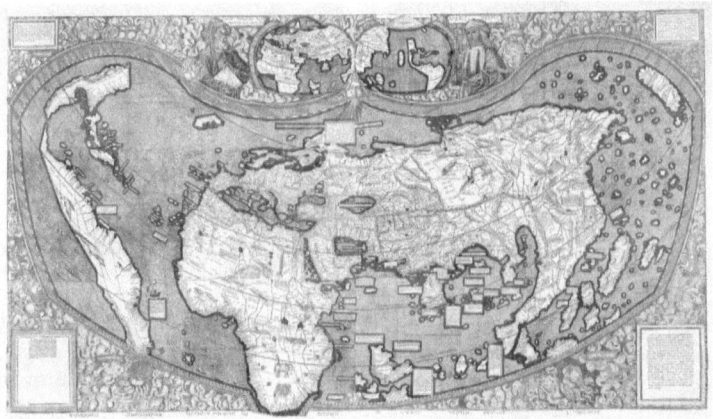

Abbildung 2: Martin Waldseemüller: Weltkarte, *Universalis cosmographica* (1507)

Auf dieser Weltkarte findet sich zum ersten Mal der Name Amerika für den neu entdeckten Kontinent. Links oben befindet sich ein Portrait des antiken Geografen Claudius Ptolemäus (um 100–180 n. Chr.) mit seiner Karte der damals bekannten Welt. Ihm gegenübergestellt ist ein Bild von Amerigo Vespucci, auf dessen kurz zuvor erschienenen Reiseberichten die Repräsentation der inzwischen bekannten Erdoberfläche basiert. Mit der Wiederentdeckung der Schriften von Ptolemäus – sein „Geographia" erschien 1477 in Florenz in lateinischer Sprache – wurde die Voraussetzung dafür geschaffen, dass die im Mittelalter geltende Vorstellung von der Erde als einer Scheibe durch die Idee der Kugelgestalt abgelöst wurde. Zum ersten Mal entstand so ein globales Weltbild.

Waldseemüllers Darstellung unterliegt einem spezifischen Blickwinkel: Europa steht im Zentrum, am oberen Rand wird ‚Amerika' neben dem Namensgeber Amerigo Vespucci und seinem Navigationsgerät gezeigt, also der europäische Inbesitznehmende sowie die Technologie, die die Inbesitznahme ermöglichte.

Karten modellieren immer auch das jeweils historisch spezifische Wissen über die Welt. Seit der Entdeckung der Neuen Welt durch Christoph Kolumbus im Jahr 1492 entstand zum ersten Mal ein Bewusstsein von einer vollständig erforschbaren gemeinsamen Welt, die durch den Austausch von Waren, Menschen und Wissen allmählich immer enger miteinander verbunden wurde. 1519–22 umsegelte der Portugiese Ferdinand Magellan die Erde, und in den 1540er-Jahren wurde in Nürnberg der erste Globus hergestellt. Weltbilder wurden nun zunehmend Bilder von der Erde – und zwar zunächst aus einem spezifisch europäischen Blickwinkel. Die Erde wurde als Kugel und damit als endlich erkannt, die Erforschung, Vermessung und Inbesitznahme der gesamten Erdoberfläche durch Europäer begann – die erste Phase der Globalisierung. Wenn insofern die Geschichte der Globalisierung die Expansion Europas bedeutete, so muss heute im Gegenzug die immer noch stark europazentrierte Geschichte selbst globalisiert werden. Mit Blick auf die ganze Erde ergibt sich eine neue vielstimmige, relationale Perspektive auf die Geschichte.

2.1 **National-, Welt- und Globalgeschichte**
2.2 **Nichtlineare und relationale Geschichte**
2.3 **Globalisierung seit 1500**
2.4 **Globalisierung in der Gegenwart**

2.1 National-, Welt- und Globalgeschichte

Unser Bild von der Geschichte ist immer davon abhängig, was wir über die Vergangenheit wissen wollen. Seit dem 19. Jahrhundert war der wichtigste Bezugspunkt die Nation, deren Vorgeschichte den Fokus der Geschichtsschreibung bildete. Man wollte wissen, wie man geworden war, was man ist, und dies war in erster Linie durch die Nation bestimmt. Dass die Nation historisch betrachtet ein recht neues Phänomen ist (→ KAPITEL 1.2), wird heute oft vergessen. Die implizite und keineswegs notwendige Vorentscheidung bestand darin, dass Geschichte in erster Linie die Geschichte Europas und seiner Eroberungen bedeutete, andere Kontinente und Kulturen jedoch weitgehend auszublenden bzw. nur als Nebenschauplätze zu betrachten seien. Optisch lässt sich diese Zentrierung an Weltkarten mit der Mercator-Projektion ablesen, bei denen Europa im Zentrum steht. Auch die Form der Geschichte wurde mit Konzepten wie Fortschritt, Revolution und Gesellschaft beschrieben, die erst in der europäischen Aufklärung bestimmend wurden. Deren Fortschrittsmodelle wie Perfektionierung des Menschen, Erreichung einer utopischen Gesellschaft, aber auch die Säkularisierungs- und Modernisierungstheorie (→ ASB D'APRILE/SIEBERS, ASB MEYER) sind zweifellos in und für Europa entwickelte Denkmuster, die andere Kontinente und Kulturen jeweils nur als Vorgeschichte der Moderne oder als verspätet auftauchende Nachzügler auffassen können, wie der Begriff der Entwicklungsländer immer noch hervorhebt. Wissen ist immer situiert und dadurch perspektivisch verzerrt (→ KAPITEL 4.4).

Geschichte aus der Perspektive Europas und der Nation

Ein neuer Blick auf die Geschichte sollte die Perspektive der heutigen Globalisierung zum Ausgangspunkt nehmen. Das heißt zum einen, die Vergangenheit der Zivilisationen der gesamten Erde zu rekonstruieren und eine Geschichte der Kontakte und Vermischungen zwischen diesen zu schreiben, zum anderen zu erforschen, wie der Globus zunehmend zu einem auch gewussten und erlebten ‚Weltraum' wurde. Welt- und Globalgeschichte sind explizit transnational orientiert und stehen quer zu Nationalgeschichten.

Geschichte aus der Perspektive der Globalisierung

Ein weiterer notwendiger Schritt besteht darin, neue Erklärungsmodelle für die Geschichte zu finden.

„Entscheidend ist dabei der Anspruch, den vertrauten, vermeintlich universellen Ordnungen der europäischen Moderne neue Denkbewegungen und Modelle entgegenzusetzen. Raum fungiert dabei [...] als Werkzeug, um angenommene Universalien in ihre konstitutiven Bestandteile aufzulösen." (Schröder / Höhler 2005, S. 20)

Jenseits der Fortschritts- und Modernisierungsgeschichte

Ziel dieser Reorientierung ist es, die eurozentrische lineare Fortschritts- und Modernisierungsgeschichte „perspektivisch aufzubrechen und in Anerkennung der vielfältigen bislang verdeckten Bezüge zwischen europäischer und außereuropäischer Welt neu zu schreiben." (Schröder/Höhler 2005, S. 21) Polyzentrisches Denken, Pluralisierung und gegenseitige Perspektivierung – statt eines Vergleiches, der meist von einer Seite aus erfolgt – stellen mögliche alternative Vorgehensweisen dar.

Methode und Sachgebiete

Zwei Wege gilt es zu verfolgen: Zum einen geht es darum, eine neue Methode bzw. Perspektive für und auf die Geschichte zu entwickeln; zum anderen sollen die Sachgebiete dargelegt werden, die ein globaler Blick entdeckt und die Welt, Globalität und Globalisierung konkret ausmachen. Wie schreibt man (Kultur-, Kunst-, Literatur-, Musik-, aber auch Wirtschafts- oder Wissenschafts-)Geschichte aus einer globalen Perspektive?

„Es ist sinnvoll, zwischen Globalisierung als Prozess und Globalisierung als Perspektive zu unterscheiden. [...] Während also der Prozess der Globalisierung eine lange Geschichte aufweist, ist die Perspektive der Globalisierung etwas Neues." (Conrad/Eckert 2007, S. 21)

Welt- und Globalgeschichte, Geschichte der Globalisierung

Wenn ein einseitiger, monokultureller Zugang weder einem Verständnis der heutigen global vernetzten Welt, in der Menschen mit ganz unterschiedlichen Geschichten zusammenleben, noch den Verhältnissen in der Vergangenheit mehr adäquat ist, so bedarf auch die Geschichtsschreibung selbst einer Revision:

„Will man differenzieren, dann wäre ‚Weltgeschichte' die Geschichte der verschiedenen Zivilisationen auf der Welt unter besonderer Berücksichtigung des Vergleichs zwischen ihnen, ‚Globalgeschichte' hingegen primär die Geschichte der Kontakte und Interaktionen zwischen diesen Zivilisationen. [...] Man kann sie als eine Art des ‚diagonalen' Fragens quer zu den Nationalgeschichten verstehen und als den Versuch, Beziehungen zwischen Völkern, Ländern und Zivilisationen nicht allein machtpolitisch und wirtschaftlich zu betrachten. Die Geschichte der Globalisierung, also eines ziemlich genau definierbaren Prozesses, ist ein Unterproblem der Globalgeschichte, die durchaus auch Beziehungen untersuchen kann, die *nicht* unmittelbar zur Globalisierung beitragen." (Osterhammel/Petersson 2003, S. 18f.)

Alle drei Dimensionen bzw. Blickwinkel – Weltgeschichte, Globalgeschichte und die Geschichte der Globalisierung – sind wichtig und machen einen deutlichen Perspektivenwechsel aus, der sich unter dem Stichwort der Polyperspektivität zusammenfassen lässt.

Polyperspektivität

In einem von *National Geographic* herausgegebenen *Almanac of World History* (2006; *Almanach der Weltgeschichte*) wird eine (fast) die ganze Erde umfassende Vervielfachung und Auffächerung der Geschichte beispielsweise dadurch erreicht, dass ein breites Spektrum historischer Ereignisse und Entwicklungen, die sich in verschiedenen Teilen der Welt abspielten und sich teilweise auch zeitlich überlappten, nacheinander dargestellt werden. Weiterhin werden sogenannte „Meilenstein-Ereignisse und -Perioden, die einen profunden Einfluss auf die Entwicklung und die Ausbreitung der Weltzivilisationen hatten", als thematische Bezugspunkte vorgestellt – wie etwa „Der Aufstieg der Landwirtschaft und komplexer Gesellschaften", „Die Seidenstraße und die Ost-West-Verbindung" oder „Die Suche nach einer Weltordnung" (Daniels / Hyslop 2006, S. 12, 14, Übers. d. Verf.). In Bezug auf die wichtigsten Epochen erfolgt eine Auffächerung und Pluralisierung. Ein Beispiel: Die „klassische Periode" 550 v. Chr. bis 700 n. Chr. umfasst hier Persien, nord-, mittel- und südamerikanische Kulturen, das römische Reich und Karthago, Griechenland, die chinesischen Qin und Han Dynastien, Alexander den Großen, Indien sowie den Aufstieg des Christentums und wird mit einem Weltüberblick für diese Zeit abgeschlossen. Selektiv werden so die wichtigsten Daten und Entwicklungen weltweit beschrieben. Europa ist dabei ein Schauplatz unter anderen. Ausgeblendet bleiben allerdings Gesellschaften, die nicht als ‚Zivilisationen' aufgefasst werden: Nur wer eine Schriftkultur entwickelte, wird aufgenommen; Afrika fehlt daher bis zum Beginn von Kolonialismus und Sklavenhandel.

Dennoch wird durch die Darstellungsmethode des *Almanach* deutlich, dass Weltgeschichte sich nicht linear vollzieht, sondern verschiedene parallel laufende Stränge aufweist, die teilweise nichts voneinander wissen und oft wieder abbrechen. Es gibt keine geradlinig aufsteigende Geschichtsentwicklung (eine solche wird immer nachträglich zur Legitimation der eigenen Gruppe ‚erfunden'). Weltgeschichte wird zu einem mobilen und dynamischen Mosaik unterschiedlicher Kulturen und Zivilisationen, die einen Fleckenteppich ergeben, der sich (uneinheitlich) weiterentwickelt und auch weiße Flecken enthält.

Als reine Auflistung würde eine solche Weltgeschichte ein polyzentrisches und multikulturelles Geschichtsbild ergeben. Zwar stellt dies schon einen wesentlichen Fortschritt dar – der Historiker Dipesh Chakrabarty spricht von einer „Provinzialisierung Europas" (*Provincializing Europe*, 2000), weil erkennbar wird, dass auch anderswo Hochkulturen existierten, sogar viel früher als in Nordwesteuropa, das ja erst sehr spät in die Weltgeschichte eintrat. Dennoch besteht ein weiterer wichtiger Schritt darin, den Blick auf die Begegnungen und Kontakte, den Austausch und die Vermischungen zwischen unterschiedlichen Kulturen und Gesellschaften zu richten. Globalgeschichte wäre dann die Geschichte des Zusammentreffens und Vermischens von Kulturen und Zivilisationen, von Gesellschaften und Menschen. Hier steht der Kontakt im Zentrum, also nicht nur Kriege und Machtpolitik:

Globalgeschichte

> „Die Vorstellung von Geschichte als *entanglement* [auch *histoire croisée*, Anm. d. Verf.] impliziert, dass nicht Nationen oder Zivilisationen als gleichsam naturgegebene Einheiten der Geschichte betrachtet werden, denn die miteinander in Beziehung stehenden Entitäten formierten sich erst im Kontext der globalen Zirkulation. Stattdessen stehen die zahlreichen Abhängigkeiten und Interferenzen, die Verflechtungen und Interdependenzen im Mittelpunkt. Sie werden allerdings nicht im luftleeren Raum betrachtet, sondern im Kontext der Machtasymmetrien der modernen Welt." (Conrad/Eckert 2007, S. 23f.)

Dem britischen Soziologen Paul Gilroy zufolge betrifft dies „vielfache interkulturelle Begegnungen, Konflikte und Formen der Kooperation als ein Thema in der Globalgeschichte." (Gilroy in: Holton 2005, S. 53) Nationalstaatliche oder kulturelle Grenzen werden hierbei grundsätzlich überschritten. Entscheidend ist die „relationale Dimension historischer Prozesse" (Conrad/Eckert 2007, S. 32). Stichworte wären etwa Diaspora, multikulturelle Begegnungen und Hybridisierungen, Handelsverbindungen und -wege, Völkerwanderungen und die ‚Diffusion' von Kultur.

Geschichte der Globalisierung

Die Geschichte der Globalisierung ist Teil dieser neuen Blickwinkel, stellt jedoch eine gesondert zu betrachtende Entwicklung dar. Zunächst ist hervorzuheben, dass es sich um ein anthropomorphes, also die Menschen betreffendes Phänomen handelt. Der Globus funktionierte von Anfang an als gesamtes Ökosystem innerhalb eines größeren kosmischen Systems. Deshalb kann eine frühe menschheitsgeschichtliche Phase der Globalisierung in der Besiedelung des Planeten durch die Menschen gesehen werden, die vor ca. 12 000 Jahren im Wesentlichen abgeschlossen war, als die ersten Menschen die Südspitze Südamerikas erreichten. Diese Entwicklung hatte vor ca. 100 000 Jahren in Afrika begonnen, wo der *homo sapiens* auftauchte und nach Norden zu wandern begann. Ein wichtiger Schritt vollzog sich zwischen ca. 3500 und 2000 v. Chr., als in Mesopotamien, Ägypten und Zentralchina die Schrift und in Südwestasien das Rad erfun-

Frühe Phase bis 1500

den wurde. Diese Errungenschaften wurden innerhalb weniger Jahrhunderte auf dem eurasischen Kontinent verbreitet. In der nach Karl Jaspers sogenannten Achsenzeit zwischen 800 und 200 v. Chr. entstanden an mehreren Orten Asiens und Europas Philosophie und Monotheismus und damit diejenigen Denk- und Glaubenssysteme, die auch die heutige Welt noch charakterisieren. Es folgte die Zeit der Großreiche (Zivilisationen wie Ägypten, Persien, Mazedonien, Byzanz, Rom, das Osmanische Reich, China, Ghana und Mali), die schon Fernkommunikation und den Austausch von Kultur, Technologie, Waren und Krankheiten förderten. Auch wenn Amerika und Australien noch nicht angeschlossen waren, existierten schon große, weite Räume umspannende Handelsnetzwerke, die Europa, Asien und Nordafrika eng miteinander verbanden (vgl. Steger 2003, S. 22–26).

Erst um 1500 begannen der Aufstieg Europas zu globaler Vorherrschaft und die europäische Kolonisierung der Erde, die als erste Phase der Globalisierung bezeichnet und deren Beginn mit Christoph Kolumbus' erster Reise angesetzt werden kann. Der Philosoph Peter Sloterdijk spricht von der terrestrischen Globalisierung, die er von der heutigen, primär auf elektronischen Medien basierenden Phase unterscheidet:

> „Die terrestrische Globalisierung (praktisch vollzogen durch die christlich-kapitalistische Seefahrt und politisch implantiert durch den Kolonialismus der alteuropäischen Nationalstaaten) bildet […] das ‚Zeitalter der europäischen Expansion' […] von 1492 bis 1945 […]." (Sloterdijk 2005, S. 21)

Mit der Entdeckung Amerikas und dem empirischen Nachweis der Kugelgestalt der Erde wurde zweierlei in Gang gesetzt: Einerseits eine unermessliche Ausdehnung der Perspektive, die nun den ganzen Globus und dessen Erforschung umfasste, andererseits eine zunehmende Begrenzung des Denkens auf die Erde, hinter der der Glaube an ein allwissendes ‚Außen', eines den Menschen ‚umfassenden' Kosmos immer mehr in den Hintergrund trat. Diese erste Phase der Globalisierung, die mit der europäischen Expansion zusammenfiel, war Anfang des 20. Jahrhunderts abgeschlossen; gleichzeitig endete auch die Vorherrschaft Europas. Seither ist eine „Weltgeschichte Europas" (Hans Freyer in: Sloterdijk 2005, S. 29) nicht mehr sinnvoll. „Der Blick in die Vergangenheit Europas hat für die Projektion der Weltzukunft aufs Ganze gesehen keine Bedeutung." (Sloterdijk 2005, S. 258) Wir brauchen nun eine Weltgeschichte der Welt.

Terrestrische Globalisierung – europäische Expansion

Von der Weltgeschichte Europas zur Weltgeschichte der Welt

2.2 Nichtlineare und relationale Geschichte

Nichtlineare Geschichte

Wie kann eine Entwicklung beschrieben werden, die weder von einem Zentrum ausgeht noch linear verläuft, wie dies etwa das Paradigma der Modernisierung vorsieht? Welche Erklärungsmuster sind denkbar, wenn eine Geschichte dargestellt und erklärt werden soll, die sich von vielen Zentren her entwickelt, die nicht geradlinig verläuft und auch nicht einem transzendent angesetzten Prinzip folgt, sondern die unvorhersehbare Sprünge macht? Solche methodischen Fragen betreffen jede Form einer global konzipierten Geschichtsschreibung, sei dies die Geschichte generell, seien es die Kultur-, Literatur-, Musik- oder Kunstgeschichte.

Formen der traditionellen Geschichtsschreibung

Grob gesprochen umfassten die älteren Modelle der Geschichtsschreibung die Chronik und die Annalen; wie in einem Tagebuch schrieb man additiv auf, was geschehen war. Im 18. Jahrhundert entstand eine Form der Historiografie, die eine Entwicklungslinie zeichnet und eine Verzeitlichung der christlichen Idee des Jüngsten Gerichts darstellt (vgl. Koselleck 1989, S. 60). Wurde bis dahin zeitlich die Wiederkehr Christi als Ziel der Weltgeschichte und geografisch die Grabeskirche in Jerusalem als der Nabel der Welt betrachtet, so verselbstständigte sich die Geschichte nun zu einem eigenständigen Bewegungsprinzip. Im Sinne der Aufklärung erschien sie auf vernünftige Ziele gerichtet und sollte auf die Verbesserung des Menschen, der Gesellschaft und der Umstände hinauslaufen. Diese Vorstellung basiert auf der Schrift, genauer: auf der Form der (Auto-)Biografie, die retrospektiv dasjenige als notwendig darstellt, das kontingent war, als es geschah. Der Geschichte wird hierdurch eine innere Logik zugesprochen, sie wird vom eigenen Standpunkt aus verfasst und dient zur nachträglichen Legitimation des jetzigen Zustandes.

Komplexe Geschichtsverläufe

Neuere Überlegungen, vor allem in den theoretischen Naturwissenschaften, zeigen alternative Wege der Beschreibung auf. Dies betrifft in erster Linie die Konstruktion von größeren Zusammenhängen und Entwicklungslinien, also von Kohärenzen. Kleine Ursachen können große Wirkungen haben, und einfache Kausalgleichungen reichen nicht aus, um komplexe Entwicklungen zu erklären. Wir müssen die jeweiligen konkreten Umstände, und das heißt, die Geschichte des Systems kennen. Denn Entwicklungen basieren oft auf zufälligen, damit nur historisch erklärbaren Faktoren.

Die menschliche Geschichte ist einer solchen Sicht zufolge ebenfalls kontingent und folgt keiner notwendigen linearen Entwicklung; zufällige Faktoren müssen einberechnet werden, und je spezifische

Kontexte wirken bestimmend. Der Philosoph Manuel de Landa hat diese Überlegungen auf die Geschichte seit 1000 n. Chr. übertragen und nicht vorhersagbare Entwicklungen durch das Prinzip der Selbstorganisation erklärt. Dieser Ansatz erlaubt es, eine Geschichte zu schreiben, die auf kein Ziel hinsteuert, und Entwicklungen und Ereignisse in einer Weise zu beschreiben, die keinen Sichtpunkt privilegiert, sondern nichtgleichzeitige, jedoch parallele Phänomene zulässt – wie etwa die Erfindung des Buchdrucks in China und später in Deutschland, die ganz unterschiedliche Wirkungen hatten:

Selbstorganisation

„[...] um sich der Geschichte in einer nichtteleologischen Weise anzunähern, wird die letztendliche Eroberung des Jahrtausends durch den Westen nicht als Resultat eines ‚Fortschritts' betrachtet, der dort stattfand, während er außerhalb Europas nicht erfolgte, sondern als Ergebnis einer bestimmten Dynamik (wie etwa der wechselseitig stimulierenden Dynamik, die Wettbewerbe um Waffenvorherrschaft [„arms races"] nach sich ziehen), welche die Akkumulation von Wissen und von Technologien und von bestimmten institutionellen Normen und Organisationen intensiviert." (de Landa 2000, S. 20f., Übers. d. Verf.)

Ein solcher Blickwinkel hilft, die eurozentrische Sichtweise zu überwinden. Die Position Europas verschiebt sich vom Zentrum zum Knoten innerhalb eines komplexen globalen Netzwerks:

Überwindung der eurozentrischen Sichtweise

„Das unilineare Stammbaumdenken, in dem weder Platz für Rückkoppelungen noch für Überlagerungen war, ist einem Denken in offenen Strukturen gewichen, in dem Historiker es mit einer Vielzahl konkurrierender Geschichten zu tun haben und in dieser Vielstimmigkeit eine Tugend erkennen." (Conrad/Eckert 2007, S. 8)

Die Theorie der Komplexität (→ KAPITEL 4.2) stellt ein Modell für den von Conrad und Eckert geforderten Wechsel der Perspektive dar.

2.3 Globalisierung seit 1500

Viele Autoren stimmen darin überein, dass die Entwicklung, die heute unter dem Begriff der Globalisierung gefasst wird, um 1500 beginnt. Seither entwickelten sich kulturelle, intellektuelle, politische, soziale und ökonomische Formen, die auf der zunehmend globalen Vernetzung basieren und auch heute noch wirksam sind. Im 16. Jahrhundert wurde der atlantische Raum zur dominanten Arena des Handels, die Verbindungen zwischen den Kontinenten (außer Austra-

Beginn der Globalisierung

lien) wurden enger; im späten 18. Jahrhundert begann die Zeit der Nationenbildung, seit Mitte des 19. Jahrhunderts verstärkten sich die globalen ökonomischen Interdependenzen, bis schließlich nach 1945 unsere heutige globale Situation entstand.

Die Epoche nach 1500 ist deshalb interessant, weil zu dieser Zeit die Neuzeit bzw. Moderne beginnt, in der wir auch heute noch leben. Seither entwickeln sich konstante Handels- und Migrationsbeziehungen zwischen den Kontinenten, die der Soziologe und Historiker Immanuel Wallerstein als das „moderne Weltsystem" bezeichnet. Er betont, dass es sich um eine „kapitalistische Weltwirtschaft" handelt (Wallerstein 1986, S. 269), denn nur eine solche setzt unablässige Expansion, Wettbewerb und Innovation voraus. Zwar existierten in Asien weiterhin große Imperien und Handelsnetze (China, Osmanisches Reich), doch waren es nun die Europäer, die die Führung bei den Entdeckungen sowie in Wirtschaft, Wissenschaften und Technologien übernahmen.

Das moderne Weltsystem

> „Die europäische war die einzige Zivilisation, die Reisende in alle Welt schickte und ein gewaltiges Wissen über die Sprachen, Religionen, Sitten und Staatsverfassungen der Anderen zusammentrug. Das war eine bedeutende kulturelle Leistung und gab Europa später viel kolonial nutzbares Herrschaftswissen an die Hand." (Osterhammel/Petersson 2003, S. 43)

Dreieckshandel und Kulturkontakt

Der sogenannte Dreieckshandel verband seit dem 16. Jahrhundert Europa, Afrika und Amerika in einem stetigen Handelsaustausch, der die drei Kontinente wirtschaftlich miteinander verknüpfte, die Bevölkerungen und Kulturen in Kontakt brachte und auch vermischte. Ohne den Kulturkontakt, der in der amerikanischen Hemisphäre besonders intensiv stattfand, lässt sich die heutige globale kulturelle Landschaft nicht verstehen. Zumindest bei den Gebildeten in Europa entstand nun ein globales Weltbild, wenn auch noch kein globales Bewusstsein (vgl. Osterhammel/Petersson 2003, S. 45). Reiseberichte, Karten, Bilder und immer mehr empirisches Weltwissen führten zu einer erheblichen Erweiterung des Horizonts.

Entstehung der Nationalstaaten

Die Entstehung der sich als Nationen verstehenden Staaten ist ein historisch noch recht junges Phänomen: Mit den USA trat nach 1776 der erste moderne Nationalstaat auf, dem dann im 19. Jahrhundert viele weitere in Lateinamerika und Europa folgten. Die meisten Historiker weisen jedoch darauf hin, dass das Aufkommen der Nationalstaaten und die zunehmende Globalisierung im 19. Jahrhundert parallel abliefen und sich gegenseitig bedingten. Dies mag u. a. mit dem Wettbewerb zwischen den Staaten zu tun gehabt haben.

Kulturwissenschaftlich bedeutsam ist, dass sich in diesem Zusammenhang sowohl Konzeptionen der Nationalkultur und der Nationalliteratur als auch national ausgerichtete Disziplinen wie die Germanistik, Anglistik und Nationalökonomie entwickelten. Osterhammel und Petersson betonen allerdings:

„Die großen Entwürfe der Jahrhundertmitte, der Liberalismus mitsamt seiner Freihandelslehre und der Marxismus, waren Globalisierungsutopien, in denen der Nationalstaat als politischer Raum nur eine untergeordnete Rolle einnahm." (Osterhammel/Petersson 2003, S. 55)

Entscheidend für das immer stärkere Zusammenwachsen des Globus waren Erfindungen und technische Entwicklungen wie etwa der Telegraf des Samuel Morse (Patent 1839), der einen Quantensprung in der Geschwindigkeit der Nachrichtenübermittlung markiert. Eisenbahnen und Dampfschiffe führten im 19. Jahrhundert zur Beschleunigung des Transports und hierdurch zu einer engeren Vernetzung der Wirtschaft wie auch zu größerer gegenseitiger Abhängigkeit. Der Suezkanal, durch den sich die Fahrzeit von Schiffen zwischen Europa und Asien beträchtlich verkürzte, wurde 1869 eröffnet. 1884 wurde die Weltzeit eingeführt, wodurch erstmals eine globale Synchronisierung hergestellt wurde. 1903 fand der erste Flug eines motorisierten Flugzeugs statt, und 1911 erreicht Roald Amundsen den Südpol, womit die europäische Exploration der Erde abgeschlossen war. Aufgrund der Beschleunigung veränderten sich Erfahrungen und Vorstellungen von Raum und Zeit radikal; dies lässt sich deutlich an gewandelten Konzeptionen in Wissenschaft und Kunst ablesen (vgl. Kern 1983).

<small>Beschleunigung</small>

<small>Weltzeit</small>

Von Großbritannien ausgehend gewann im 19. Jahrhundert die Idee des Freihandels an Bedeutung. Das Volumen des Welthandels nahm hierdurch drastisch zu und erreichte 1914 einen Höchststand, der erst in den 1970er-Jahren wieder erlangt wurde (vgl. Steger 2003, S. 32)

<small>Welthandel</small>

„Zwischen 1870 und 1914 wuchsen untereinander nur lose verbundene Handelsnetze, deren Zentrum zumeist in London lag, zu einem geschlossenen System zusammen. Wichtigstes Anzeichen dafür ist, dass der Ausgleich von Handels- und Zahlungsbilanzen nun multilateral erfolgte." (Osterhammel/Petersson 2003, S. 66)

Gleichzeitig waren schon globale Konjunkturschwankungen zu beobachten.

Der Welthandel – aber auch der vom Westen auf Länder beispielsweise in Asien ausgeübte Druck, durch den diese ‚zivilisiert' werden sollten – hatte einen weltweiten Zwang zur Anpassung an westliche Kultur- und Sozialformen zur Folge, der den „Kern der Globalisierungsprozesse in diesem Zeitalter" bildet (Osterhammel/Petersson 2003, S. 58). Das späte 19. Jahrhundert ist die Epoche des Imperialismus; vor allem die europäischen Großmächte konkurrierten um globalen Einfluss und die Kontrolle über Territorien weltweit. Ein signifikantes Beispiel ist die Afrikakonferenz in Berlin 1884, auf der der gesamte Kontinent aufgeteilt wurde. Erst nach dem Zweiten Weltkrieg erfolgte dann allmählich die Dekolonialisierung der sogenannten ‚Dritten Welt'.

Imperialismus und Geopolitik

Ein weiterer globalisierender Faktor im 19. Jahrhundert war die starke Zunahme der Migration. In den Jahren zwischen 1905 und 1914 kamen über 10 Millionen Menschen allein in die USA. Insgesamt emigrierten zwischen 1850 und 1914 weltweit 60–70 Millionen Menschen. Weil viele Auswanderer weiterhin den Kontakt nach Hause aufrechterhielten, entstanden im Zuge dessen viele transnationale Beziehungen.

Migration

Obgleich der Austausch weitgehend vom Westen ausging und kontrolliert wurde, sollte dessen Vorherrschaft und Einfluss dennoch nicht überbewertet werden, wie dies etwa in Modernisierungstheorien der Fall ist:

Relationalität

„Neuere Arbeiten [...] betonen die relationale Dimension historischer Prozesse und die konstitutive Rolle, welche die Interaktionen zwischen Regionen und Nationen, aber auch zwischen Europa und der außereuropäischen Welt für die Herausbildung moderner Gesellschaften gespielt haben." (Conrad/Eckert 2007, S. 32)

Weltkriege und Weltwirtschaftskrise

Seit dem Beginn des Ersten Weltkriegs setzte eine Phase signifikanter politischer und ökonomischer Deglobalisierung ein. Trotz nationaler Wirtschaftspolitik traf die Weltwirtschaftskrise, die am 25. Oktober 1929 an der Wall Street in New York ausbrach, aber die gesamte globale Wirtschaft. Mit dem Ende des Ersten Weltkriegs begann das Ende der Weltvorherrschaft Europas, das 1945 endgültig besiegelt war.

2.4 Globalisierung in der Gegenwart

Nach 1945 – das amerikanische Jahrhundert

Die Weltwirtschaftskrise und die beiden Weltkriege zerstörten das europäische Macht- und Staatensystem. Nach dem Zweiten Weltkrieg stiegen die USA zur Weltmacht auf, denen allerdings im Kalten Krieg bis 1989 eine zumindest militärisch genauso starke Sowjetunion ge-

genüberstand. Seit dem Ende der Vorherrschaft der europäischen Mächte stellen die USA die treibende Kraft der Globalisierung dar. Die wirtschaftliche, politische, technologische und kulturelle Vernetzung des Globus fand und findet also unter westlichen Vorzeichen statt. Allerdings lässt sich auch eine gegenläufige Bewegung beobachten. So wurden Indien und Pakistan schon 1947 unabhängig, und Anfang der 1960er-Jahre lösten sich die Kolonialreiche bis auf wenige Ausnahmen auf. So entstand eine Vielzahl von Nationalstaaten, die jedoch im Rahmen der ökonomischen, politischen und kulturellen Globalisierung in ein größeres System eingebunden sind. 1944 wurde bei der Konferenz in Bretton Woods, New Hampshire (USA) (→ KAPITEL 3.2) die freie Weltwirtschaft an den Dollarkurs gekoppelt, die Weltbank sowie der Internationale Währungsfond wurden gegründet. 1948 konstituierten sich die Vereinten Nationen. 1969 ermöglichte die erste Mondlandung den Blick auf den Globus von außen, und 1972 erwies der Bericht des Club of Rome die Begrenztheit der Ressourcen und unterstrich somit die Notwendigkeit, für das globale Ökosystem nationen- und blockübergreifend gemeinsam Verantwortung zu übernehmen.

_{Dekolonisierung und transnationale Entwicklungen}

Das Jahr 1989 schließlich markiert mit dem Ende des Kalten Krieges den Beginn eines globalen Zeitalters auch in dem Sinne, dass sich keine fixen ideologischen Blöcke mehr gegenüber stehen. Zwar hat sich die Marktwirtschaft weltweit durchgesetzt und die Vorherrschaft der USA ist nach wie vor unbestreitbar (und wird wohl auch auf absehbare Zeit bestehen bleiben), gleichzeitig haben jedoch neue Mächte die politische Weltbühne betreten. Neueste Diagnosen gehen davon aus, dass wir auf ein multipolares Machtsystem zusteuern.

_{Ein multipolares Machtsystem?}

Wird die Geschichte der Globalisierung als Entfaltungsprozess der westlichen Moderne vom Beginn der Frühen Neuzeit über Aufklärung und Industrialisierung bis in die Gegenwart verstanden, so muss kritisch eingewandt werden, dass eine solche Konstruktion als aktualisierte Legitimation der Vorherrschaft des Westens andere Entwicklungen vernachlässigt. Allerdings kann diese Kritik nicht erklären, wieso das westliche Modell in vielen Bereichen so erfolgreich war und ist. Daher sollte die Geschichte sowohl in ihren Kontinuitätsentwicklungen wie auch in ihrer häufig ungleichzeitigen Pluralität rekonstruiert werden. Eine global orientierte Geschichtsschreibung muss eine relationale Geschichte sein, die von keinem Zentrum ausgeht, Wechselwirkungen, Vermischungen und kreative Adaptionen beachtet, dabei jedoch nicht ins Gegenteil verfällt, indem sie etwa die reale Dominanz westlicher Ideen und Technologien in der Geschichte

_{Globalisierung als Erfolgsgeschichte Europas?}

und Gegenwart vernachlässigt. Vielmehr sollte bedacht werden, dass es eine Vielzahl unterschiedlicher Modernen gibt (*Multiple Modernities*, so der Titel eines Buches des israelischen Soziologen Shmuel N. Eisenstadt aus dem Jahr 2002), die in produktiver Auseinandersetzung mit der europäischen entstanden sind.

Fragen und Anregungen

- Diskutieren Sie die Unterschiede zwischen Weltgeschichte, Globalgeschichte und der Geschichte der Globalisierung.
- Warum ist die Zeit um 1500 für die Geschichte der Globalisierung besonders aufschlussreich?
- Skizzieren Sie, wie man eine polyzentrische, nichtteleologische und nichtlineare Geschichte schreiben kann.
- Diskutieren Sie das Verhältnis von Nationalstaat und Globalisierung.
- Beschreiben Sie kurz die Gegenwart mit Blick auf welt- und globalgeschichtliche Konstellationen.

Lektüreempfehlungen

- Sebastian Conrad / Andreas Eckert / Ulrike Freitag (Hg): **Globalgeschichte: Theorien, Ansätze, Themen**, Frankfurt a. M. 2007. *Der erste Band einer neuen Reihe „Globalgeschichte", der, neben Einzeluntersuchungen, im einleitenden Beitrag die wichtigsten Themen, Blickwinkel, Ansätze und Fragestellungen dieses neuen Bereiches der Geschichtsschreibung als relationale Geschichte der Moderne überzeugend zusammenfasst.*

- Antony G. Hopkins (Hg): **Globalization in World History**, New York 2002. *In den Beiträgen werden westliche wie auch nichtwestliche Ursprünge der Globalisierung über drei Jahrhunderte in verschiedenen Kulturen der Welt verfolgt, wobei zwischen archaischer, Proto-, moderner und postkolonialer Globalisierung unterschieden wird.*

- Manuel de Landa: **A Thousand Years of Nonlinear History**, New York 2000. *De Landa untersucht die Geschichte der letzten*

1 000 Jahre mit dem aus den Naturwissenschaften kommenden Konzept der Selbstorganisation, das es ihm erlaubt, diese als sich vielfach verzweigende, materiell bedingte Entwicklung zu betrachten.

- Jürgen Osterhammel / Niels P. Petersson: Geschichte der Globalisierung, München 2003. *Eine kurze, gut lesbare und in jeder Hinsicht informative Einführung in die Geschichte der Globalisierung, die alle wichtigen Aspekte thematisiert und erklärt.*

- Iris Schröder / Sabine Höhler (Hg.): Welt-Räume. Geschichte, Geographie und Globalisierung seit 1900, Frankfurt a. M. 2005. *Der Sammelband vereint Beiträge, die den Blickwinkel der Globalgeschichte mit dem Interesse an konkreten Räumen und Orten verbinden und so Welt-Räume beleuchten.*

- Immanuel Wallerstein: Das moderne Weltsystem – Die Anfänge kapitalistischer Landwirtschaft und die europäische Weltökonomie im 16. Jahrhundert, Frankfurt a. M. 1986. *Umfassende, an der Entwicklung der Wirtschaft orientierte Darstellung der Formationsperiode des „modernen Weltsystems" im 16. Jahrhundert, das für die Geschichtsschreibung der Globalisierung trotz kritischer Einwände auch heute noch grundlegend ist.*

3 Märkte und Demokratie (Wirtschaft und Politik)

Abbildung 3: Nasdaq-Zeichen am Times Square in New York City. Fotografie von svachalek (2008)

MÄRKTE UND DEMOKRATIE (WIRTSCHAFT UND POLITIK)

Das Nasdaq-Zeichen am Times Square in New York City symbolisiert die neue Finanzwelt, die in erster Linie im virtuellen Cyberspace stattfindet, inzwischen jedoch einen wichtigen Teil der Weltwirtschaft ausmacht. Don DeLillos satirischer Roman „Cosmopolis" (2005) spielt auf diese Veränderungen an:
  „Geld hat seine narrativen Qualitäten verloren, so wie einst die Malerei. Geld führt Selbstgespräche." (DeLillo 2005, S. 87)
  „Denn Zeit ist Firmenvermögen. Sie gehört zum System des freien Marktes. Die Gegenwart ist schwieriger zu finden. Sie wird aus der Welt gesaugt, um Platz zu schaffen für die Zukunft der unkontrollierten Märkte und riesigen Investitionspotenziale." (DeLillo 2005, S. 90)
Der Roman inszeniert in drastischer Weise, wie sich Wirtschaft und Finanzwelt und damit auch Zeithorizonte im Zeitalter der Globalisierung verändert haben. Es zeigt sich jedoch auch, dass ökonomische und politische Veränderungen eng miteinander verwoben sind.

Die am häufigsten unter dem Stichwort der Globalisierung diskutierten Entwicklungen betreffen die Wirtschaft, die Politik und die Gesellschaft. Es genügt heute nicht mehr, von territorial klar abgrenzbaren Bereichen auszugehen, vielmehr ist der Blick auf transnationale Netzwerke zu richten, die durch ‚Flüsse' von Geld, Waren, Menschen, Informationen und Kulturen durchzogen und miteinander verbunden werden. Transnationale Unternehmen sind zwar noch weitgehend in den reichen Ländern des Nordens angesiedelt, dominieren jedoch die gesamte Weltwirtschaft und oft auch die Politik einzelner Staaten. Die Unterschiede zwischen dem reichen Norden und dem armen ‚globalen Süden' werden im Rahmen der heutigen neoliberalen Wirtschaftspolitik größer. Die Bedeutung des Nationalstaates nimmt ab, obwohl es heute so viele Staaten gibt wie niemals zuvor. Man spricht von einer Weltinnenpolitik und hofft auf eine globale Zivilgesellschaft. Ohne den Blick auf ökonomische und politische Dimensionen können Kultur und Kunstformen in globalem Maßstab nicht verstanden werden. Die entscheidende Frage muss dabei dem Verhältnis von Märkten und Demokratie gelten.

3.1 **Globalisierung in Wirtschaft und Politik**
3.2 **Globale Wirtschaft und Finanzen**
3.3 **Nationalstaat und transnationale Institutionen**

3.1 Globalisierung in Wirtschaft und Politik

Dem Ethnologen Arjan Appadurai zufolge muss „die neue globale kulturelle Ökonomie als komplexe, sich überlappende und nichteinheitliche Ordnung" betrachtet werden. Mit Bezug auf die „gegenwärtige globale Wirtschaft" spricht er von „fundamentalen Entzweiungen zwischen Ökonomie, Kultur und Politik". Zur Beschreibung dieser Situation schlägt er „fünf Dimensionen globaler kultureller Flüsse" vor: „ethnoscapes", „mediascapes", „technoscapes", „financescapes" und „ideoscapes" (Appadurai 2000, S. 324, Übers. d. Verf.). Diese fünf Bereiche stellen Perspektiven dar, die von unterschiedlichen Akteuren im globalen Raum eingenommen bzw. erst produziert werden. Ihr gemeinsamer Nenner besteht in ihrer *flow*-Qualität; sie verweisen auf „Mobilitäten" (vgl. Urry 2007). Wesentlich an Appadurais Beschreibung ist, dass er von festen und statisch gedachten Einheiten zu beweglichen, mannigfaltigen und flexiblen Variablen übergeht, die allerdings zunächst nur Metaphern darstellen. Mit ihnen können Volkszugehörigkeiten, Medien, Technologien, Finanzen und auch Vorstellungen als weltweit zirkulierende ‚Flüsse' bzw. Prozesse gedacht werden, die nicht mehr national oder kulturell verortet sind.

Appadurais fünf „Scapes"

Wirtschaft und Politik sollten im globalen Zeitalter als Bereiche aufgefasst werden, die sich teilweise mit dem Bereich der Kultur überlappen und überschneiden, auch wenn sie je unterschiedlichen Regeln folgen. Sie sind für die Beschreibung von Kulturen unumgänglich, zunächst im Sinne von Hintergrundwissen, etwa über Marktmechanismen, die auch Kunst und Kultur betreffen, weiterhin als Sachwissen, weil Themen wie Migration, Konsum, Probleme globaler Ungerechtigkeit und vor allem die Erfahrungen transnational lebender Menschen heute wesentliche Themen von Literatur und Kunst darstellen; schließlich auch deshalb, weil strukturelle Parallelen und Analogien etwa zwischen der postmodernen globalen Finanzwelt und den Künsten existieren.

Wirtschaft, Politik und Kultur

Um die wichtigsten Entwicklungen zu präsentieren, wird der Blick im Folgenden besonders auf die globale und wechselseitige Verknüpfung gerichtet. Aus kulturwissenschaftlicher Perspektive interessieren dabei in erster Linie Strukturen, Prozesse und Begriffe im Sinne der Kulturwissenschaft als „eine[r] Art Kunst der Multiperspektivität [...], um die heterogenen, hochspezialisierten, gegeneinander abgeschotteten Ergebnisse der Wissenschaften zu ‚dialogisieren' [...] und ein Geflecht von Beziehungen, Vergleichen, Differenzen, Austauschprozessen und Kontexten zu entwickeln." (Böhme/Scherpe 1996,

S. 12) Der kulturwissenschaftliche Beitrag besteht dann in der theoretisch gesteuerten Zusammenschau sowie in einer Darstellung von Positionen der Anschließbarkeit der hier beobachteten Prozesse an die Analyse kultureller Entwicklungen. Von besonderem Interesse sind in diesem Zusammenhang natürlich diejenigen Aspekte von Wirtschaft und Politik, die mit der Kultur interagieren.

Anschließbarkeit an kulturelle Entwicklungen

Unter Wirtschaft wird ein funktionales Teilsystem der Gesellschaft verstanden, das über den Code „Bezahlen / nicht Bezahlen" operiert, das also auf dem äquivalenten Tausch von Produkten, Arbeitskraft oder Geld basiert und dessen Funktion darin besteht, Bedürfnisse hinsichtlich Gütern und Dienstleistungen zu erfüllen. Politik arbeitet mit dem binären Code, „ob man Amt oder Entscheidungsmacht innehat oder nicht", sodass aus der Perspektive der Politik die Welt als Raum der Entscheidungen anzusehen ist (Kneer/Nassehi 1997, S. 132). Politik ist handlungsorientiert, vertritt Interessen, impliziert Konflikt wie auch Kompromiss und möchte in Bezug auf öffentliches Leben und staatliche Ordnung Ziele durchsetzen. Wirtschaft und Politik, aber auch Religion, Wissenschaft, Kunst und Recht können als Teilsysteme der Gesellschaft verstanden werden.

Definitionen: Wirtschaft …

… und Politik

3.2 Globale Wirtschaft und Finanzen

Weltwirtschaft

Kurt Tucholsky bemerkte einst süffisant: „Was die Weltwirtschaft betrifft, so ist sie verflochten." Geschichtlich betrachtet war der Handel schon immer der wichtigste Antrieb für die Entstehung von Distanzbeziehungen, Handelsimperien und Diasporagesellschaften, ob freiwillig oder erzwungen (→ KAPITEL 2.3). Märkte sind per se nicht an Staaten oder Kulturen gebunden, sondern funktionieren strukturell grenzüberschreitend. Wirtschaftliche Interessen waren daher schon seit langem Antriebsfedern der Globalisierung. Dies betrifft insbesondere das moderne Weltsystem, das seit der Entdeckung Amerikas kapitalistisch organisiert ist und auf Wettbewerb, Innovation und konstanter Expansion basiert. Heute gibt es einen Weltmarkt, innerhalb dessen immense Mengen von Waren, Technologien, Arbeitskraft und Geld global zirkulieren.

Der – von der jüngsten Vergangenheit abgesehen – am stärksten globalisierten Phase zwischen 1870 und 1914 folgte eine Periode der Deglobalisierung zwischen den beiden Weltkriegen. Mit einem Treffen der wichtigsten westlichen Wirtschaftsmächte in Bretton Woods unter der Führung der Vereinigten Staaten setzte im Jahr 1944 die

Bretton Woods

Entwicklung der heutigen globalen Wirtschaft ein. Dort wurde entschieden, die protektionistische Wirtschaftspolitik wieder aufzuheben, außerdem wurden Regeln für den internationalen Handel festgelegt. Vor allem wollte man jedoch ein stabiles Währungssystem schaffen, in dem die einzelnen Währungen an einen fixen Goldstandard gekoppelt waren, der seinerseits mit dem Dollarkurs verbunden war. Währungsschwankungen waren so ausgeschlossen, und die Staaten konnten ihre jeweils eigenen politischen und wirtschaftlichen Ziele verfolgen (vgl. Steger 2003, S. 38). Bis Anfang der 1970er-Jahre herrschte unter diesem System das „Goldene Zeitalter des kontrollierten Kapitalismus", innerhalb dessen sich Wohlfahrtsstaat und Vollbeschäftigung weitgehend verwirklichen ließen (Steger 2003, S. 38). 1971 brach das System jedoch zusammen, als der amerikanische Präsident Richard Nixon das auf dem Goldstandard beruhende Währungssystem aufgab; seither sind die Währungskurse nicht mehr fixiert. Ein Großteil der heutigen Finanzbewegungen basiert auf den sich ununterbrochen verändernden Differenzen zwischen den Währungen, aus denen etwa Hedgefonds ihren Profit ziehen.

Entstehung der heutigen globalen Wirtschaftsordnung

Während die 1970er-Jahre durch Ölkrisen und weltweite wirtschaftliche Instabilität bestimmt waren, die zu höherer Inflation und steigender Arbeitslosigkeit führten, gewannen mit Margaret Thatcher 1979 und Ronald Reagan 1980 zwei Politiker die Wahlen in Großbritannien und den USA, die den sogenannten Keynesianismus ablehnten. Gemeint ist die Wirtschaftstheorie des britischen Ökonomen John Maynard Keynes, nach der Markt und staatliche Intervention ausbalanciert werden sollen; sie hatte die Wirtschaftspolitik bisher weitgehend bestimmt. Im Anschluss an die Theorien des an der University of Chicago lehrenden Ökonomen Milton Friedman verfolgten Thatcher und Reagan statt dessen eine radikal wirtschaftsliberale Politik (vgl. Steger 2003, S. 39f.). Man spricht hier von einem angebotsorientierten Ansatz. In diesem Rahmen wurden die Weichen für die Entwicklung gestellt, die heute in ökonomischer Hinsicht unter Globalisierung verstanden wird. Wichtig war zudem die Entscheidung des damaligen amerikanischen Bundesbankpräsidenten Paul Volcker von 1979, die Inflation dadurch zu bekämpfen, dass er die Geldmenge kontrollierte und die Zinsen vom Markt bestimmen ließ. Dem Markt wurde die Kraft zur Selbstregulierung zugeschrieben, die weitgehend ohne Einwirken des Staates funktionieren sollte.

Neoliberalismus

Auch wenn die Öffnung der Märkte, also die Globalisierung der Wirtschaft, weite Teile der Erde in die globalen Handelsbeziehungen einbezog und einige Länder so die Möglichkeit erhielten, sich wirtschaftlich sehr erfolgreich zu entwickeln, so bedeutet dies nicht, dass alle Länder und Regionen der Erde gleichberechtigt am wirtschaftlichen Austausch teilnehmen. Zweifellos hat der Welthandel immens zugenommen – von 57 Milliarden Dollar im Jahr 1947 auf 6 Billionen in den späten 1990er-Jahren (vgl. Steger 2003, S. 41). Finanztransaktionen wurden liberalisiert und dereguliert, was einer weiteren Privatisierung Vorschub leistete. Dazu kamen seit Anfang der 1990er-Jahre die Möglichkeiten der neuen elektronischen Kommunikationsmedien, welche die Beschleunigung, aber auch den politisch unkontrollierten Wildwuchs von Finanztransaktionen weiter erhöhten. Die Mobilität der Produktion, des Transports und vor allem der Finanzen stieg enorm.

> Liberalisierung und Deregulierung

Transnationale Firmen dominieren heute die Weltwirtschaft. Einer Einschätzung aus dem Jahre 2003 zufolge waren zu diesem Zeitpunkt nur 49 der 100 größten Wirtschaften der Welt Staaten, 51 dagegen Unternehmen (vgl. Steger 2003, S. 48). Mit deren Umsatz geht ein nicht geringer politischer Einfluss einher, weshalb die Frage, ob die Wirtschaft inzwischen die Politik dominiert, ein wichtiges Thema der Globalisierungsdebatte darstellt. Transnationale Firmen tendieren zwar einerseits dazu, sich den jeweiligen Gegebenheiten des Produktions- und Verkaufsortes anzupassen; andererseits sind sie weit weniger als national agierende Firmen an lokale Vorgaben wie etwa Umwelt- oder Sozialauflagen gebunden. Sie sind mobil und können ihre Standorte schnell an andere Orte verlagern, De- und Rekontextualisierung (→ KAPITEL 4.1) kennzeichnen ihre Aktivitäten. Wie der Manager eines Hedgefonds nach der Schuldenkrise in Mexiko von 1995 feststellte: „Wir haben in Lateinamerika investiert, ohne auch nur das Geringste darüber zu wissen. Heute ziehen wir von dort wieder ab und wissen immer noch nicht das Geringste über das Land." (Friedman 2000, S. 189) Einige bekannte Unternehmen haben sogar 100 Prozent ihrer Produktion an für sie arbeitende Betriebe in Asien vergeben – sie selbst produzieren nur noch ein Image, eine Marke (vgl. Klein 2000).

> Transnationale Firmen (TNCs)

Dies ist einer der wesentlichen Punkte, an denen deutlich wird, wie stark Kultur und Wirtschaft ineinander übergehen. Die Verschiebung von Waren- zu Imageproduktion bedingt, dass kulturelle Faktoren in der Wirtschaft, etwa bei Marketing und Strategieplanung, in weit größerem Maße eine Rolle spielen als dies noch vor einigen Jahren der Fall war.

> Kultur und Marketing

„Worin besteht der beste Weg, identische Produkte über mehrere Grenzen hinweg zu verkaufen? [...] Wie kann eine Firma kulturellen Unterschieden Rechnung tragen und dennoch international kohärent bleiben?" (Klein 2000, S. 115, Übers. d. Verf.) Die Produktion ist weitgehend deterritorialisiert, während der Konsum kulturspezifisch angepasst vermarktet wird (→ KAPITEL 7).

Kulturwissenschaftlich besonders interessant ist der Prozess der Virtualisierung der Ökonomie und vor allem der Finanzen. Geld besteht aus nichts anderem als aus symbolischen Zeichen, deren Wert durch politische, heute staatliche Autoritäten garantiert werden muss. Diese sind, wie Ferdinand de Saussure in Bezug auf sprachliche Zeichen erläutert hat, arbiträr und konventionell; innerhalb des Zeichenflusses können sie nur auf sich selbst verweisen: „Geld führt Selbstgespräche", heißt es bei Don DeLillo (DeLillo 2005, S. 87). Die Form der heutigen Wirtschaft ist eng mit den seit den 1970er-Jahren entstandenen Medien und Kommunikationstechnologien, vor allem mit dem Internet, verknüpft. Denn nun haben wir es in einem doppelten Sinne mit Geld als virtuellem Wert zu tun: zum einen als Zeichen, zum anderen in Form der Kreditkarte und des elektronischen Geldverkehrs, der nur noch digital und außerordentlich schnell abläuft. Nicht einmal die Symbole sind noch gegenständlich, wie dies Goldmünzen oder Geldscheine noch waren. Hier hat die ‚Instantaneität' vielleicht die weitreichendsten Folgen. Dem Philosophen Mark C. Taylor zufolge gilt daher,

„dass die postmoderne Kultur ökonomische Veränderungen, die zu dem führen, was nur als postmoderne Ökonomie bezeichnet werden kann, gleichzeitig reflektiert wie auch befördert. Dadurch, dass die stetige Ausdehnung der globalen Netzwerke und von ‚world-wide webs' immer mehr die Struktur der gegenwärtigen Erfahrung bildet, werden Kultur und Märkte in Schleifen der Kodetermination und Koevolution verbunden. [...] Während kulturelle Produktion ein Prozess der Reproduktion wird, in dem das Originalwerk durch das Recycling von Zeichen ersetzt wird, werden finanzielle Vermögenswerte zu immateriellen Informationen, die durch virtuelle Vermögen gestützt werden, welche immer schneller auf globalen Märkten zirkulieren, deren Komplexität sich unserem Verständnis entzieht." (M. Taylor 2004, S. 2, Übers. d. Verf.)

Die Entwicklung des globalen Finanzsystems als Motor der Weltwirtschaft kann also in Bezug auf und parallel zu kulturellen Veränderungen beschrieben werden. Denn Geld ist ein Kommunikationsmedium, das aus Zeichen besteht, und kann daher auch kulturwissenschaftlich untersucht werden. Der Ausstieg aus dem Goldstandard hat die letzte Bindung an eine ‚Referenz' aufgelöst, wie zur selben Zeit auch die

Virtualisierung

Postmoderne Ökonomie

Informationsökonomie

Referenz der Sprache infrage gestellt wurde (→ KAPITEL 5.2). Ein nicht geringer Teil der Finanztransfers ist heute nicht mehr an die Produktion von Gütern oder an Dienstleistungen gebunden. Vielmehr handelt es sich, wie in DeLillos Roman *Cosmopolis* angedeutet, um finanzinterne und somit selbstreferenzielle Geschäfte, also um den Handel mit Geld oder um die Spekulation auf Waren oder Währungsstände, die noch gar nicht existieren. Eine Statistik belegt, dass schon 1998 der jährliche Welthandel mit Waren und Dienstleistungen eine Summe erreichte, die nur 4,3 Tagen des Handels auf Fremdwährungsmärkten entsprach (Ellwood 2001, S. 72). Ein aufschlussreiches Exempel in diesem Zusammenhang ist der spektakuläre Zusammenbruch des Long Term Capital Management Hedgefonds 1998, dessen Vorgehen auf Konzepten von zwei Wirtschaftswissenschaftlern basierte, die im Jahr zuvor genau hierfür den Nobelpreis erhalten hatten: für „ihre Studien darüber, wie globale Investoren mit Hilfe komplexer Finanzinstrumente [...] ihre Risiken minimieren können." (Friedman 2000, S. 45)

Transnationale Wirtschafts- und Finanzinstitutionen

Ebenfalls großen Einfluss auf die Weltwirtschaft haben die bei der Konferenz in Bretton Woods gegründeten transnationalen Wirtschafts- und Finanzinstitutionen bzw. deren heutige Nachfolgeorganisationen: der Internationale Währungsfond (IWF), die Weltbank und schließlich das *General Agreement on Tariffs and Trade*, aus dem 1994 die Welthandelsorganisation (WTO) entstand. Seit den frühen 1990er-Jahren setzten diese Institutionen die neoliberale Programmatik, den sogenannten *Washington Consensus*, weltweit durch; sie forderten fiskalische Disziplin, Reduktion öffentlicher Ausgaben, Liberalisierung der Finanzen, Zinsen, die vom Markt bestimmt werden, sowie Privatisierung und Deregulierung. Das Ergebnis war, dass viele Länder in der Schuldenfalle landeten und mehr Geld in den Schuldendienst als in öffentliche Aufgaben floss. Geld für Bildung und Gesundheit wurde noch knapper, transnationale Firmen gewannen mehr Einfluss (vgl. Müller 2002, S. 112; Steger 2003, S. 53). Weil in den internationalen Wirtschaftsorganisationen immer noch weitgehend westliche Interessen bestimmend sind, spielen sie geopolitisch betrachtet eine ambivalente Rolle. Zudem sind sie das privilegierte Ziel der Globalisierungskritiker, die sich vor allem gegen Überschuldung, Privatisierung kommunaler Ressourcen und zunehmende Armut im globalen Süden wenden.

Der Washington Consensus

Als Reaktion auf die Finanz- und Wirtschaftskrise, die in den späten 1990er-Jahren Lateinamerika, Russland und Südostasien erschütterte, wurden Vorschläge zu einer Revision der rein neoliberalen Orientierung der Weltwirtschaftsordnung diskutiert. Joseph Stiglitz, der damalige Chefökonom der Weltbank und spätere Nobelpreisträger (2001), formulierte diese Vorschläge schließlich als Programmatik eines *Post Washington Consensus* (1998). Die globale Entwicklungspolitik sollte demnach in einer Weise reformiert werden, die die Integration von Ländern in globalisierte Wirtschaftsbeziehungen als eine Entwicklung ermöglicht, in der soziale Fragen, Demokratisierung sowie soziale und wirtschaftliche Gerechtigkeit genauso berücksichtigt werden wie rein ökonomische Prozesse. Dies bedeutete eine Erweiterung des Blicks auf politische und soziale Sachverhalte. Auch Weltbank und IWF machten sich schließlich solche Überlegungen zu eigen (vgl. Müller 2002, S. 126–129).

Der Post Washington Consensus

3.3 Nationalstaat und transnationale Institutionen

Ausgangspunkt jeglicher Diskussion des Politischen im Kontext der Globalisierung muss die Frage sein, ob die Grundeinheiten Staat und Nation noch adäquate Konzeptionen darstellen, um die heutige Situation zu erfassen. Deshalb heißt das zentrale Schlagwort heute Transnationalismus. Der Begriff betont, dass es Prozesse, Strukturen, Institutionen und auch individuelle Erfahrungen gibt, die weder national noch international zu erklären sind, sondern die Territorialgrenzen überqueren und durchschneiden. Diese Einheiten müssen nicht notwendigerweise den ganzen Globus erfassen, betreffen jedoch immer mehr als zwei Staaten bzw. Nationen.

Transnationalismus

Ein Großereignis wie die Olympischen Spiele unterstreicht besonders prägnant das Zusammenspiel wie auch das Aufeinandertreffen von Nationalstaat, internationaler Begegnung, nationenübergreifenden Werten und transnationalen Institutionen. Athleten aus 204 Nationen nahmen 2008 in Beijing mit ihren sportlichen Interessen an den internationalen olympischen Wettkämpfen teil, die jedoch auch von Nationalinteressen und von den Interessen transnational agierender Konzerne geprägt waren. Gleichzeitig prallten die innerstaatlichen Rechtsvorstellungen der chinesischen Regierung auf die von den meisten Vertretern des Westens als universal gültig angesehenen Menschenrechte. Wir haben hier das ganze Spektrum heute konkurrierender und einander überlappender institutioneller und ‚ideologischer' Formen wie auch persönlicher Erfahrungen vor uns, die unsere von Globalisierungsprozessen markierte Epoche kennzeichnen. Man kann daraus schließen, dass wir in einer multidimensionalen Über-

MÄRKTE UND DEMOKRATIE (WIRTSCHAFT UND POLITIK)

Übergangsperiode

gangsperiode leben, in der die Macht des Nationalstaats keineswegs verschwunden, jedoch relativiert und in ein Netzwerk ihn durchkreuzender Formen der Macht eingebunden ist.

Die Konzeption des modernen Nationalstaats entstand 1776 mit der amerikanischen Unabhängigkeitserklärung und prägte vor allem im 19. Jahrhundert die politische Entwicklung (→ KAPITEL 2.3). Die bis in die Mitte des 20. Jahrhunderts uneingeschränkte Souveränität der Nationalstaaten gründet auf dem Prinzip der politischen Selbstbestimmung. Der Begriff der Nation wird daher sowohl politisch als auch kulturell verstanden. Genau innerhalb dieses modernen Systems der Nationalstaaten bildeten sich in Nordamerika und Europa demokratische Verfassungen heraus. Daher vertreten heute viele Skeptiker die These, dass nur ein Staat Demokratie für seine Bürger garantieren könne, nicht jedoch inter- bzw. transnationale Institutionen. Richtig ist, dass demokratische Formen bisher nur in Nationalstaaten etabliert sind. Richtig ist auch, dass die derzeitigen Hauptakteure der Globalisierungsprozesse nicht demokratisch legitimiert sind. Dasselbe gilt jedoch für Nichtregierungsorganisationen, die sich in Bereichen wie z. B. Umweltschutz und Menschenrechte engagieren.

Territorial begrenztes Recht und Demokratie

So ergeben sich zunächst zwei Gruppen von Akteuren, die zur ‚Überwindung' der Bedeutung nationalstaatlicher Territorialgrenzen beitragen:

Formen transnationaler Akteure

- Ökonomische Akteure wie die transnationalen Firmen sowie die drei oben genannten Weltwirtschafts- und Weltfinanzorganisationen (IWF, Weltbank, WTO), die bisher vor allem die Interessen der reichen Länder des Nordens vertreten haben.
- Globale politische Institutionen, vor allem die Vereinten Nationen (UN), aber auch die Organisation der Vereinten Nationen für Bildung, Wissenschaft, Kultur und Kommunikation (UNESCO), die Weltgesundheitsorganisation (WHO) und die Organisation für wirtschaftliche Zusammenarbeit und Entwicklung (OECD), die in einem stärker paritätisch und multilateral verstandenen Sinne global agieren und versuchen, die Interessen aller Länder und auch Staatenloser zu berücksichtigen.

Allerdings besitzen in den UN immer noch allein die Atommächte das Vetorecht. Daher haben sich die Nichtregierungsorganisationen als dritter Sektor gebildet, deren Ziel darin besteht, global und jenseits asymmetrischer Machtstrukturen dezentral und netzwerkartig zu wirken.

Wenn man all diese Strukturen betrachtet, so wird deutlich, dass heute ein nicht geringer Teil selbst der staatlichen Politik nicht mehr auf nationaler Ebene entschieden wird, auch wenn Beschlüsse transnationaler Institutionen im nationalen Rahmen umgesetzt werden. Der Begriff der *global governance* verweist auf Überlegungen, Regeln, Strukturen und Institutionen zu etablieren, mit deren Hilfe jenseits von einzelstaatlichen Regierungen eine sogenannte Weltinnenpolitik ermöglicht werden soll, die das Wohl aller Länder und Menschen berücksichtigt. Der Begriff einer „globalen Zivilgesellschaft" dagegen verweist auf nichtstaatliche Formen des Handelns und der Vergesellschaftung, die Menschen weltweit miteinander verbinden. Optimisten hoffen, dass zukünftig eine kosmopolitische, transnationale Form der Demokratie entwickelt werden kann (→ KAPITEL 14.3).

Global governance

Im Zentrum der heutigen Globalisierungsdebatte steht daher ein Widerspruch, der sich unter dem Stichwort „Markt oder Demokratie" zusammenfassen lässt. „Demokratien bevorzugen Märkte, aber Märkte bevorzugen nicht Demokratien." (Barber 1995 in: Müller 2002, S. 30) Es wird angezweifelt, dass Staaten, die in den weltweiten Markt einbezogen werden, als Folge hiervon auch demokratische Regierungsformen ausbilden werden. Dazu kommt, dass transnationale Unternehmen in mancher Hinsicht mehr Macht als demokratisch gewählte Regierungen haben. Problematisch ist ebenfalls, dass IWF, WTO und Weltbank zwar als transnationale Organisationen auftreten, jedoch eine Wirtschaftspolitik vertreten, deren Ziele nicht in einem globalen Sinne mulitlateral ausgehandelt werden. Wirtschaftliche Interessen und Finanzorganisationen scheinen die Weltpolitik zu dominieren und Fragen der Entwicklungspolitik und der Demokratie zu überlagern. Gleichzeitig wendet sich die Politik heute oft ihrerseits an transnationale Unternehmen, weil nur noch diese in der Lage sind, die Kosten für neue Technologien wie Raumfahrt, Flugzeugbau oder Gentechnologie zu übernehmen (vgl. Müller 2002, S. 72).

Markt oder Demokratie

Zu fragen ist also, ob die Globalisierung demokratisiert werden kann. Ulrich Beck sieht die Gefahr, dass in der von ihm so genannten „Zweiten Moderne" eine zentrale Errungenschaft der „Ersten Moderne" wieder verloren gehe, nämlich die Trennung von Wirtschaft und Politik (vgl. Beck 1997, S. 25f.). Muss man also vom Ende des Nationalstaates als souveränem Handlungssubjekt der Politik sprechen? Hat die Wirtschaft eine Eigendynamik angenommen, die alle anderen Bereiche dominiert? Eine besonnene Betrachtung kommt zu dem Ergebnis, dass die Macht der Staaten keineswegs verschwunden ist, auch wenn der Einfluss der Wirtschaft fraglos zugenommen hat und sich oft staatlicher Kontrolle zu entziehen vermag. Deutlich wurde dies in der Folge der Finanzkrise 2008/09.

Demokratiefähigkeit der Globalisierung

Globalisierung bedeutet auch, dass Themen wie die Benachteiligung von Kindern und Frauen, Armut, Umwelt, Krankheiten und andere Probleme nicht national oder regional zu lösen sind. Sie stehen heute auf der Tagesordnung von global organisierten Konferenzen, sodass man von einer Weltöffentlichkeit sprechen kann. Auch die umgehende Berichterstattung durch die Medien trägt hierzu bei. Weltmedienereignisse wie das Live Aid-Konzert im Jahr 1985 erreichen große Teile der Erdbevölkerung. Dies hat zur Folge, dass in einer global vernetzten Welt menschenrechtsverletzende Zustände oder Handlungen seltener über einen längeren Zeitraum hinweg unbeobachtet bleiben können:

Weltöffentlichkeit

„Diese Rückwirkungen vollziehen sich jetzt binnen Zeiträumen, die kaum mehr länger sind als ein Menschenleben, ja oft sogar kürzer als die Amtszeiten der Akteure, so dass die Täter mit den Folgen ihres Tuns zunehmend noch in eigener Person konfrontiert werden [...]." (Sloterdijk 2005, S. 24)

Moralische Synchronisierung

Eine ‚moralische Synchronisierung' existiert also zumindest schon ansatzweise. Es gibt heute Anteilnahme an in der Ferne stattfindenden Katastrophen oder Gräueltaten, und es gibt den Internationalen Gerichtshof in Den Haag als globale Instanz, die man anrufen kann. Auch wenn dies nur erste Schritte in Richtung globaler Gerechtigkeit sind, so markieren sie doch einen sichtbaren Fortschritt.

Migration und mehrfache Staatsangehörigkeit

Zur politischen Dimension der Globalisierung gehört auch die weltweite Migration. Entscheidend ist in ihrem Zusammenhang nicht nur, dass es heute eine wachsende Anzahl von Menschen gibt, die mehreren Kulturen und Staaten angehören (Multikulturalismus, doppelte Staatsangehörigkeit), sondern dass auch die seit dem 19. Jahrhundert geltende Definition des Staates durch die Idee der Nation fraglich wird, wenn Millionen ‚Bürger' einer ‚Nation' Bürger anderer Staaten sind. Der Begriff der Person muss daher auch jenseits der Staatsbürgerschaft rechtlich abgesichert werden. Diese Ebene des Globalisierungsprozesses wirkt sich auf kulturelle Entwicklungen am stärksten aus, weil Hybridisierung und Cross-over auch die persönliche Erfahrung direkt prägen und dann wieder in die kulturelle Produktion eingehen.

Territorialgrenzen

Wenn es heute mitunter heißt, die Bedeutung von (Staats-)Grenzen habe abgenommen und die Grenzen seien durchlässig, dann ist diese Beobachtung für EU-Bürger in Bezug auf Europa sicherlich richtig. Ganz anders sieht es jedoch für Migranten aus dem globalen Süden aus, wenn die Grenzen Europas etwa im Mittelmeer kontrolliert werden oder die Grenze der USA zu Mexiko auf Undurchlässigkeit hin angelegt ist. Die Migration hat zwar weltweit stark zugenommen, die Grenzen haben sich allerdings in erster Linie verschoben, keineswegs jedoch aufgelöst. Die wichtigste ‚Grenze' ist heute diejenige zwischen dem reichen Norden und dem armen Süden, die auf einem Wohlstandsgefälle gründet. Eine Welt ohne Grenzen für alle wird wohl eine Utopie bleiben.

Globalisierung ist kein mit historischer Notwendigkeit voranschreitender Prozess; sie kennt verschiedene historische Phasen und Formen und kann durch politisches Handeln verändert und mitgestaltet werden. Oft wird der Begriff als ‚ideologisches' Konzept verwendet, mit dem begründet wird, was eigenen Interessen dient. Der Diskurs des Neoliberalismus, der gemeinhin damit assoziiert wird, deckt keineswegs alle Bereiche der Globalisierung ab. Der Soziologe Robert Holton spricht daher von Globalisierungen im Plural, also von verschiedenen Versionen und Formen, die jeweils unterschiedliche Aspekte in den Vordergrund stellen. Wenn Globalisierungsgegner für globale Gerechtigkeit eintreten, so vertreten auch sie eine Form von Globalität (vgl. Holton 2005, S. 13).

<aside>Globalisierungen und politisches Handeln</aside>

Fragen und Anregungen

- Warum muss Kultur auch Wirtschaft und Wirtschaft auch Kultur in Betracht ziehen?

- Diskutieren Sie die ambivalente Rolle, die IWF, Weltbank und WTO im Globalisierungsprozess spielen.

- Beschreiben Sie in Anlehnung an Mark C. Taylor, wie Virtualisierung und Selbstreferenzialität im Bereich der Finanzwirtschaft und die kulturelle Situation der Postmoderne zusammenhängen.

- Diskutieren Sie Rolle und Funktion der Vereinten Nationen sowie die Begriffe *global governance* und globale Zivilgesellschaft.

- Gibt es eine Weltöffentlichkeit? Begründen Sie Ihre These.

Lektüreempfehlungen

- **Thomas L. Friedman: Globalisierung verstehen: Zwischen Marktplatz und Weltmarkt**, München 2000. *Diese von einem Auslandskorrespondenten und Leitartikler der New York Times verfasste Darstellung der Globalisierungsprozesse in den 1990er-Jahren ist lebendig, provokativ und einprägsam geschrieben und stützt sich auf eine Vielzahl sehr plastischer Geschichten.*

- **Michael Hardt / Antonio Negri: Empire: Die neue Weltordnung**, Darmstadt 2002. *Die Autoren beschreiben die neue Logik und Struktur der Herrschaft als dezentrierte globale Netzwerk-Macht, die sie als „Empire" bezeichnen und mit Bezug auf philosophische Theorien des Politischen diskutieren.*

- **David Held (Hg.): A Globalizing World? Culture, Economics, Politics**, London/New York 2000. *Anschauliche und kritische Einführung in kulturelle, wirtschaftliche und politische Dimensionen der Globalisierung, die viel Bildmaterial und eine dreiteilige Unterscheidung von Globalisierungstheorien enthält.*

- **Klaus Müller: Globalisierung**, Frankfurt a. M. 2002. *Einführung in die politische Dimension der Globalisierung, die sich mit dem Verhältnis von Demokratie und Märkten, mit transnationalen Institutionen und den Möglichkeiten einer ‚Weltinnenpolitik' befasst.*

- **Mark C. Taylor: Confidence Games: Money and Markets in a World Without Redemption**, Chicago 2004. *Diese philosophische Untersuchung der neuesten Entwicklungen in Wirtschaft und Finanzen zeigt das Wechselspiel von Geld, Märkten, Religion und Kunst sowie die enge Verbindung der Virtualisierung von Finanztransaktionen und postmoderner Kultur und Kunst.*

4 Theorien des Globalen

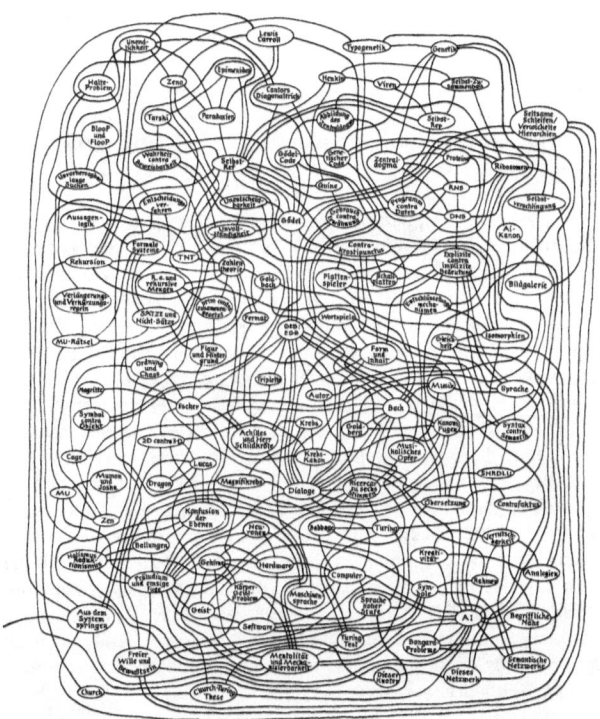

Abbildung 4: Douglas R. Hofstadter: *Gödel, Escher, Bach. Ein Endloses Geflochtenes Band*, „Ein winziger Ausschnitt des ‚semantischen Netzwerks' des Autors" (1985/2006)

Dieses Diagramm ist Douglas Hofstadters Buch „Gödel, Escher, Bach. Ein endloses geflochtenes Band" entnommen. Es zeigt, wie der Autor die Themen und Argumente seines Buches miteinander verknüpft und geordnet hat. Alle Punkte sind mit allen anderen in vielfältiger Weise verbunden, aber es gibt weder eine Hierarchie noch ein Zentrum. Man sieht, dass die einzelnen Themen Knoten in einem Netz darstellen, deren Bedeutung auch in ihren Beziehungen zueinander besteht. Das Diagramm findet sich zu Beginn des Kapitels „Geist und Denken". Das Gehirn stellt das beste Modell dafür dar, wie wir uns das Funktionieren eines hochkomplexen, selbstorganisierten, vernetzten Systems vorstellen können. Das Diagramm zeigt ein Ganzes, das aus einer Vielzahl von Einzelteilen besteht; das Buch ist jedoch mehr als die Summe der Teile, nämlich diese und deren Verknüpfung, sodass etwas Neues entsteht.

Eine allgemein akzeptierte Theorie des Globalen existiert noch nicht. Bisher liegen nur in verschiedenen Disziplinen entwickelte Entwürfe vor, wie Weltzusammenhänge beschrieben und erklärt werden können. Modelle, die auf die konkret zu beobachtenden Globalisierungsprozesse zugeschnitten sind, finden sich vor allem in der angelsächsischen Soziologie. Sie beziehen sich auf die Beschleunigung und deren Auswirkungen auf Menschen und die Vorstellungen von Raum und Zeit, auf Mobilität und die Bedeutung einer durchgängigen Vernetzung der Erdoberfläche und deren Bewohner. Die Komplexitätstheorie erklärt die Funktionsweise komplexer Netzwerke wie etwa des Gehirns, des Internets oder eines Wirtschaftszyklus. Auch die globalisierte Welt kann als Netzwerk beschrieben werden. Der in der soziologischen Systemtheorie entwickelte Begriff der Weltgesellschaft erlaubt, diese als kommunikativ vermittelte Einheit zu denken, in der sich eine Vielzahl unterschiedlicher Weltbilder auf eine gemeinsame Welt beziehen. Ein „Ortswechsel" der Perspektive – hier exemplarisch an einigen chinesischen Denkformen skizziert – kann zur Relativierung der eigenen, europäisch geprägten Denkgewohnheiten (und damit: Weltbilder) beitragen.

4.1 **Globalisierungstheorien der Soziologie**
4.2 **Komplexitätstheorie**
4.3 **Eine Welt und viele Weltbilder**
4.4 **„Ortswechsel des Denkens"**

4.1 Globalisierungstheorien der Soziologie

Um Globalisierung und Globalität denken zu können, braucht man Modelle, Konzeptionen und Begriffe, mit denen dies möglich ist. Sie werden sich von solchen unterscheiden, die auf nationale oder regionale Bereiche zugeschnitten sind. Zunächst ist zu differenzieren zwischen Globalisierungstheorien, also Ansätzen, mit denen die neuesten Entwicklungen des Zusammenwachsens und der beinahe synchronen Verbindung potenziell aller Teile der Erde beschrieben werden können, und Weltentwürfen, also Ansätzen, mit denen die ganze Welt als Gesamtheit gedacht werden kann. Mit ‚Welt' wird dabei der offene Möglichkeitscharakter von Weltschöpfungen und -vorstellungen sowie von Formen des In-der-Welt-Seins bezeichnet. ‚Welt' bedeutet jeweils die Gesamtheit des Erkenn- und Vorstellbaren. Während Globalisierungstheorien sich konkret auf die Formen und Funktionsweisen des gegenwärtigen Weltsystems beziehen, werden Weltentwürfe in der Regel nicht im Globalisierungskontext diskutiert. Im Rahmen einer kulturwissenschaftlichen Analyse gehören sie jedoch in denselben Zusammenhang, weil ein globales Bewusstsein ebenfalls ein Weltbild darstellt, auch wenn es auf empirisch nachprüfbaren Fakten basiert. Weitere Unterscheidungen sind diejenigen zwischen Beschreibungen der Globalisierung, Modellen, mit denen man ‚in' einer globalisierten Welt, also global denken kann, sowie Modellen, welche die jeweilige Perspektive von Beobachtern auf die Welt zu erfassen suchen. Der Blick auf die ‚Welt' als Gesamtzusammenhang führt dazu, dass man anders denken und ‚sehen' wird. Aber von wo aus beobachten wir und was wollen wir wissen?

Globalisierung und ‚Welt'

Die wichtigsten Beschreibungen der Globalisierung als einem bedeutsamen Prozess veränderter sozialer Beziehungen während der letzten Jahre verdanken wir meist britischen Soziologen. Der bisher verwendete Gesellschaftsbegriff ist am Nationalstaat orientiert und eignet sich daher nicht, um Institutionen, Lebensformen und Kommunikationen zu erklären, die immer weniger an Staatsgrenzen enden. Interaktionsketten werden immer länger, sodass auch die Reichweite des Gesellschaftsbegriffs verändert werden muss. Niklas Luhmann vertritt die Konzeption einer „Weltgesellschaft"; John Urry verweist auf ‚Flüsse' und Mobilitäten, um anzuzeigen, dass wir nicht mehr von statischen, territorial getrennten Einheiten ausgehen können, und fordert eine „Soziologie jenseits von Gesellschaften" (*Sociology Beyond Societies*, 2000); Leslie Sklair spricht von einer „Soziologie des globalen Systems" (*Sociology of the Global System*, 1995).

Soziologische Erklärungen

Es war die Soziologie, die zuerst abstrakte Beschreibungen der Globalisierung vorlegte, welche Veränderungen des Bezugsrahmens des gesellschaftlichen Lebens einbeziehen.

Der Soziologe Roland Robertson fasste die Veränderungen schon früh in dieser grundlegenden Formel zusammen: „Globalisierung als Konzept verweist sowohl auf die Verdichtung der Welt als auch auf die Intensivierung des Bewusstseins von der Welt als einem Ganzen." (Robertson 1992, S. 8, Übers. d. Verf.) Die Welt wächst enger zusammen, wird in der subjektiven wie objektiven Erfahrung kleiner, und auch weit entfernte Orte und Menschen werden leichter erreichbar. Gleichzeitig nimmt das Bewusstsein zu, dass wir in einer gemeinsamen Welt leben. Materielle und mentale Veränderungen hängen eng zusammen. Globales Bewusstsein und technologische sowie kommunikative Prozesse bedingen sich gegenseitig.

Verdichtung und Weltbewusstsein

David Harvey fasst die Folgen der Beschleunigung des Reisens und des Transports sowie der Möglichkeit, weltweit in Echtzeit kommunizieren zu können, unter dem viel zitierten Begriff der „Zeit-Raum-Verdichtung" zusammen (Harvey 1989, S. 252) (→ KAPITEL 1.1), denn was sich in erster Linie gewandelt hat, ist unser Verhältnis zu Zeit und Raum. Distanzen scheinen kaum mehr zu zählen. Neue Entwicklungen der Telekommunikationstechniken führen zur Entstehung eines „globalen Dorfes", das Marshall McLuhan schon in den 1960er-Jahren prognostiziert hatte (vgl. McLuhan 1968a). Weil aber Zeit und Raum fundamentale Kategorien der menschlichen Erfahrung darstellen, die alle Bereiche des privaten und öffentlichen Lebens prägen, verändern sich mit deren Wandel auch die menschlichen Lebenswelten und deren konzeptioneller Bezugsrahmen. Dies betrifft insbesondere den Austausch von Informationen. Denn wenn Informationen in der Gegenwart zu einem ‚Gut' geworden sind, das gehandelt und ausgetauscht wird, so hat die globale Synchronisierung weitreichende Folgen. Man kann von einem neuen kommunikativen ‚Weltraum' sprechen, der einen Großteil der Menschheit verbindet.

Zeit-Raum-Verdichtung

Wissen und Information sind weitgehend ortsungebunden und mobil; sie zählen zu den wichtigsten Voraussetzungen der heutigen Gesellschaft. Der Soziologe Manuel Castells spricht daher vom heutigen „Informationszeitalter":

Informationsgesellschaft

Informationszeitalter

„Die informationstechnologische Revolution führte zum Aufkommen des Informationalismus als der materiellen Grundlage einer neuen Gesellschaft. Unter dem Informationalismus gerieten die Schaffung von Reichtum, die Ausübung von Macht und die Schöpfung kultureller Codes in Abhängigkeit von der technologischen Kompetenz der Gesellschaften und Individuen, und im Zentrum dieser Kompetenz steht die Informationstechnologie." (Castells 2003, 386f.)

Information ist zum entscheidenden Wirtschaftsfaktor und Wirtschaftsgut geworden; gleichzeitig ist sie ein Machtfaktor, der die Menschen trennt in solche, die Zugang zu Informationen haben und solche, denen dieser Zugang fehlt (→ KAPITEL 6).

Vor allem durch moderne Kommunikationsmedien ist eine virtuelle Plattform entstanden, aber auch ein virtueller Marktplatz für alle, die Zugang zu einem Rechner haben. Der Begriff der Interkonnektivität verweist darauf, dass durch diese (virtuelle) Vernetzung Menschen, Institutionen und Staaten zunehmend voneinander abhängig werden; die Begriffe der Synchronisierung und Instantaneität betonen die medial vermittelte Erfahrung der Gleichzeitigkeit sowie die Möglichkeit beinahe unverzögerter Nachrichtenübermittlung. Was auf der einen Seite des Globus geschieht, hat auch Folgen für die andere Seite. Theoretisch relevant ist die unhintergehbare globale, wenn auch keineswegs symmetrische Wechselseitigkeit.

Interkonnektivität

Ein wichtiger Begriff heißt „Glokalisierung", eine Wortschöpfung, die die Zusammengehörigkeit von Globalem und Lokalem in eine (eher unschöne) Wortbildung zwingt. Der Begriff entstammt zwar dem Marketing, hat sich jedoch auch als hilfreich erwiesen, um den Transfer von Kultur, sozialen Mustern und politischen Institutionen zu beschreiben, denn Globalisierung und das Lokale schließen sich nicht aus. Entwicklungen, Formen oder Muster, die sich weltweit verbreiten, werden jeweils dem lokalen Kontext angepasst und dabei selektiv reinterpretiert, also modifiziert (vgl. Robertson 1998; → KAPITEL 7.3).

Glokalisierung

Synchronisierung und Beschleunigung führen dazu, dass Informationen und Güter oft ohne jeglichen Kontextbezug zirkulieren und wirtschaftliche bzw. politische Entscheidungen häufig ebenfalls ohne jegliches Wissen um die Situation in den betroffenen Regionen gefällt werden (→ KAPITEL 3.2). Informationen und vor allem das Leitmedium Geld sind nicht an Orte gebunden. Abstraktheit der Medien ist eine Voraussetzung für globalen Austausch. Dekontextualisierung kann bedeuten, dass Formen oder Wissen von Konventionen befreit werden, die als einschränkend empfunden werden; sie kann aber auch dazu führen, dass im Rahmen von ungleichen Machtverhältnissen regionale Besonderheiten, etwa durch im Westen angesiedelte Unternehmen, nicht in Betracht gezogen werden. Der gegenläufige Prozess

Dekontextualisierung und Rekontextualisierung

der Rekontextualisierung, der im Sinne der Glokalisierung auf die Einpassung importierter Formen in die jeweiligen kulturellen und gesellschaftlich-politischen Kontexte hinweist, ist oft (jedoch nicht notwendig) hiermit verknüpft. Andere Begriffe für diese Prozesse sind De- und Reterritorialisierung. Es handelt sich hierbei um Mechanismen des Transfers, die im globalen Kontext besonders virulent werden. Die Begriffe der „Scapes" (→ KAPITEL 3.1) und ‚Flüsse' (*flows*) (→ KAPITEL 1) sollen genau diesen Sachverhalt erfassen.

Polyzentralität

Obwohl die USA und Europa zweifellos noch dominant sind – vor allem wirtschaftlich, wissenschaftlich und kulturell, die USA auch militärisch –, gibt es heute kein uneingeschränkt herrschendes Zentrum mehr, von dem alle Handlungen und Initiativen ausgehen. Wir haben es aufgrund der synchronen und weltweiten Verbundenheit mit einem hochgradig rückgekoppelten und interdependent vernetzten Weltsystem zu tun, das zwar keineswegs symmetrisch funktioniert, aber auch nicht (mehr) als zentriert betrachtet werden kann.

Dezentrierung

Die Vervielfachung der Zentren, die im empirischen Prozess der Globalisierung zu beobachten ist, lässt sich auch im Kontext einer philosophischen Entwicklung der Dezentrierung verstehen, die Jacques Derrida mit seinem Verfahren der Dekonstruktion auf genau jenes Denken anwendet, das durch den Bezug auf eine Zentralinstanz hin organisiert ist. Wie geopolitische Überlegungen immer von einem Zentrum ausgingen, so sind auch die meisten Denksysteme explizit oder implizit auf ein Zentrum (Nation, Revolution, Fortschritt) bezogen, das die ‚Wahrheit' von Aussagen absichert. Derridas Gedankengang besagt nun, dass überhaupt kein Zentrum existiert, dass sich ein solches nicht verorten lässt, sondern vielmehr eine Funktion darstellt; d. h. es hängt von der Interaktion mit den Teilen ab, die es zu beherrschen vorgibt (vgl. Derrida 1976; → KAPITEL 5.2). Aufgrund dieses Gedankens wird es möglich, eine Dynamik sich wechselseitig beeinflussender Zentren (im Plural) wahrzunehmen und sich überhaupt erst vorzustellen. Analog zu dieser theoretischen Überlegung kann heute angesichts der globalen Vernetzung auch praktisch nicht mehr von einem einzigen Zentrum ausgegangen werden. Es gibt eine Vielzahl von Zentren, und deren jeweilige Macht und Position verändern sich. Wir haben es in der globalisierten Welt mit einem Netzwerk von miteinander verbundenen Orten und Gesellschaften zu tun. Von Manuel Castells stammt der Begriff einer „Netzwerkgesellschaft" (Castells 2001), Michael Hardt und Antonio Negri sprechen in Bezug auf die gegenwärtige Form der Herrschaft von „Netzwerk-Macht" (Hardt / Negri 2002, S. 172).

Weil dezentrale Strukturen nicht von einem Ort bzw. einer Instanz aus gesteuert werden, verändern sich deren Funktionsweisen. Auch in Bezug auf soziale Beziehungen sind daher neue Weisen der Beschreibung nötig. Urry spricht von „globaler Komplexität":

Globale Komplexität

„Die Sozialwissenschaft der Globalisierung hat das globale System vorausgesetzt [...]. Hierdurch wurde die Globalisierung (oder der globale Kapitalismus) als die neue ‚Struktur' betrachtet [...], wobei die normalen sozialwissenschaftlichen Unterscheidungen weiterverwendet werden, jedoch eine Art globaler Wendung erfahren. Aber Komplexität würde darauf hinweisen, dass ein solches System vielschichtig, historisch [pfadabhängig], gebrochen und unsicher wäre [...] Komplexität würde dazu führen, dass man das Globale weder als allmächtig noch als etwas sieht, das von der Gesellschaft kontrolliert wird. In der Tat ist es kein einzelnes Machtzentrum. Es ist [...] eine Serie von dynamischen komplexen Systemen [...]." (Urry 2003, S. x, Übers. d. Verf.)

4.2 Komplexitätstheorie

Die aus den Naturwissenschaften kommende Komplexitätstheorie bietet ein abstraktes Modell zur Beschreibung der Funktionsweise vernetzter Systeme an. Sie geht von der Sachlage aus, dass bei einem Phänomen wie beispielsweise dem Wetter so viele Faktoren beteiligt sind, sich gegenseitig beeinflussen und sich in schwer vorhersehbarer Weise wechselseitig verstärken, dass Kausalitätszurechnungen, die von einer Ursache und einer Wirkung ausgehen, einen nicht ausreichenden Erklärungswert besitzen. Bei nicht-trivialen Systemen müssen immer Rückkoppelungen in Betracht gezogen werden. Das heißt, dass nicht nur die Wirkung von A auf B und von B auf C zu berücksichtigen ist, sondern auch die Weise, in der B die Wirkung verarbeitet und erst dann weitergibt. Dazu kommt, dass A, B und C selten isoliert auftreten, sondern ihrerseits wieder mit anderen Einheiten verbunden sind, auf die sie wirken und die ihrerseits auf sie einwirken. So müsste man, im einfachen Beispiel, die Beziehung von A zu A', von B zu B' und von C zu C' und die sich hieraus weiter ergebenden Vernetzungen ansehen.

Komplexe Systeme

„Komplexe Systeme lassen sich durch das alleinige Studium [ihrer] Komponenten nicht – auch nicht approximativ – verstehen. Wer z. B. eine Elementarzelle eines Kristalls beschrieben hat, weiß schon sehr viel über den ganzen Kristall; wer ein Neuron verstanden hat, weiß noch fast nichts über die Funktion des Gehirns. Intuitiv würden wir einen Kristall als weniger komplex als das Gehirn bezeichnen. [...] Komplexe Systeme zeichnen sich also durch eine potentielle dynamische Vielfalt aus." (Diebner 2001, S. 4)

Netzwerke — Am besten kann man sich ein komplexes System in Form eines Netzwerks vorstellen. Die Metapher weist darauf hin, dass man nicht nur die einzelnen Phänomene, sondern auch das Beziehungsgeflecht zwischen denselben betrachten muss. Die Beziehungen zwischen drei und mehr dynamischen Körpern konnten bisher nicht mathematisch exakt berechnet werden, und es sieht auch nicht so aus, als ob dies durch größere Rechenkapazitäten von Computern möglich würde. Bei komplexen Systemen – und eine global vernetzte Welt ist sicherlich ein solches – haben wir es jedoch immer mit einer Vielzahl verknüpfter ‚Körper' zu tun. Das Konzept des Netzwerks hat daher weitreichende Konsequenzen.

Knoten statt Substanzen — Zunächst werden Einheiten neu konzipiert als Knoten innerhalb eines Netzes statt als Substanzen, die sozusagen durch sich selbst und autonom bestimmt sind. Ein Text z. B. muss unter diesem Blickwinkel vor allem von den Beziehungen her verstanden werden, in denen er steht. Es erweist sich als notwendig, in erster Linie von wechselseitigen Abhängigkeiten und offenen Austauschprozessen auszugehen, in denen sich die einzelnen Elemente gegenseitig beeinflussen. Das Internet als vernetztes Medium kann gleichsam als ein Symptom hierfür betrachtet werden.

„Der Moment der Komplexität, der genau zwischen Ordnung und Chaos fällt, ist der Punkt, an dem selbstorganisierte Systeme ‚kippen' und neue Muster der Kohärenz und Strukturen der Beziehung ausbilden. Die Einsichten der Komplexitätstheorie, die aus Untersuchungen in den biologischen Wissenschaften erwachsen sind, können dazu verwendet werden, soziale und kulturelle Dynamiken zu erhellen." (M. Taylor 2001, S. 24, Übers. d. Verf.)

Wesentliche Eigenschaften eines Netzes sind, dass es sich aus sehr vielen Verbindungspunkten zusammensetzt, dass es kein Zentrum bzw. keine privilegierte Position gibt und dass man kein Teil herausschneiden kann, ohne das Ganze zu verändern. Dabei werden die einzelnen Knoten (z. B. Ideen, Personen, Institutionen, Orte) keineswegs unwichtig; sie werden jedoch auch von der Interaktion und Interdependenz her verstanden. Die alteuropäische Denkgewohnheit, nach dem Unveränderlichen, Eigenen und Fixen einer Sache, also deren Substanz und Wesen zu suchen, wird ersetzt durch einen dynamischen Ansatz, der die Sache aus den Wechselwirkungen mit ihrem

Interaktion und Interdependenz

Kontext erklärt. Da sich diese immer wieder ändern, wird auch die ‚Sache' selbst innerhalb eines Systems dynamisiert.

Das am weitesten verbreitete wissenschaftliche Erklärungsmodell ist das Kausalitätsprinzip, das jeder Wirkung eine Ursache zuweist. Wenn die ‚Sache' jedoch als Schnittpunkt mannigfaltiger Prozesse aufgefasst und somit vernetzt gedacht wird, so wird es viele aufeinander wirkende Ursachen und Wirkungen geben, die ihrerseits wechselseitig aufeinander einwirken. Hierdurch ergibt sich ein Tatbestand, der als Nichtlinearität bezeichnet wird und meint, dass eine nie ganz zu erfassende Menge von Faktoren beteiligt ist. Voraussagen können dann nur noch statistisch gemacht werden.

Ursache–Wirkung in vernetzen Systemen

Komplexe Systeme sind nicht statisch, sondern dynamisch und offen. Sie entwickeln sich u. a. dadurch, dass sie sich an andere Systeme anpassen, die sich ihrerseits an sie wie auch an weitere andere Systeme anpassen (Koadaption). Diese vielfach ineinander verschachtelte und miteinander verbundene Form der Prozessualität beschreibt Mark Taylor so:

Koadaption

„Jedes komplexe System ist in mehr oder weniger ausgedehnte Netzwerke anderer komplexer Systeme eingelassen. Jedes System muss sich deshalb an viele andere Systeme anpassen, mit denen es verbunden ist. Darüber hinaus verändern sich diese Netzwerke unablässig." (M. Taylor 2001, S. 169–171, Übers. d. Verf.)

Wesentlich sind die Prozesse der Koevolution – das heißt des Sich-Weiterentwickelns in Wechselwirkung mit anderen Systemen – und der Emergenz. Dieser Begriff weist darauf hin, dass durch das Ineinandergreifen von Faktoren Neues entstehen kann, das sich nicht durch eine Analyse der Teile, aus denen es hervorgeht, vorhersehen lässt. Das neue Ganze ist mehr als die Summe seiner Teile.

Koevolution und Emergenz

Auch das Verhältnis zwischen Teil und Ganzem muss neu gedacht werden. Während in einer mechanistischen Vorstellung die Teile unabhängig von ihrer Position beschrieben werden, weil man sie aus ihren Eigenschaften heraus erklärt, ist dies in einem dynamisch vernetzten System nicht möglich. Der Zeitindex, die Position und die Interdependenz mit anderen Positionen müssen untersucht werden; der Kontext wird damit zu einem wichtigen Moment der Sache selbst.

Teil und Ganzes

4.3 Eine Welt und viele Weltbilder

Während komplexitätstheoretische Überlegungen aufgrund ihrer Herkunft aus den Naturwissenschaften keine privilegierte Sonderposition für den Menschen als Handelnden bereithalten, führt ein weiterer Schritt zu Ansätzen, die den Menschen in den Mittelpunkt rücken. So etwa Jens Baduras Konzept der Mondialisierungen (→ KAPITEL 1.1), abgeleitet vom französischen Wort für Globalisierung (*mondialisation*) das wiederum vom lateinischen *mundus* kommt. „Mundus" bezeichnet die gelebte Welt, während „Globus" die physische Weltkugel meint. Diese Perspektive betont also die Pluralität der miteinander in Kontakt tretenden menschlichen Lebens- und Denkformen „im mondialen Raum kultureller Wechselwirkungen" und hebt die existenzielle Dimension hervor (Badura 2006, S. 13).

Mondialisierungen

Der Soziologe Niklas Luhmann verbindet den Weltbegriff mit der Beschreibung globalisierter Verhältnisse, wenn er eine Konzeption der Weltgesellschaft entwirft. Diese existiert ihm zufolge deshalb, weil auch unterschiedliche Gesellschaften miteinander kommunikativ verbunden und „Funktionssysteme" wie Wirtschaft, Kunst oder Wissenschaft weltweit miteinander verkoppelt sind. Zwar gibt es auch innerhalb der Weltgesellschaft Gruppen oder Orte, die nicht an dieser Kommunikation teilnehmen, aber dies ändert nichts am Gesamtzusammenhang. Globale Kommunikationszusammenhänge werden nach dem Modell der modernen Gesellschaft analysiert (vgl. Luhmann 1998).

Weltgesellschaft

Eine Vorstellung von der Welt entsteht Luhmanns Sicht zufolge aus der Unterscheidung zwischen Wirklichkeit und Möglichkeit; das, was jeweils *nicht* präsent ist, ist ‚Welt' in dem Sinne, dass es auch anders sein könnte, ein Horizont, der in der modernen Welt immer mitgeführt wird. Welt ist also nicht nur das, was jeweils existiert und sich ereignet, sondern auch das, was möglich wäre. Welt ist der ‚Hof' von Möglichkeiten, der jede Realität umgibt. Daraus folgt, dass die Welt nicht als festes Objekt erfasst werden kann, sondern nur „als Korrelat der in ihr stattfindenden Operationen" (Luhmann 1998, S. 153). Welt ist keine Substanz, sondern ein dynamisches Ganzes. Sie ist nicht für jeden Beobachter gleich, also perspektiveabhängig. Die Welt kann jeweils nur von einem Standpunkt innerhalb der Welt aus gesehen und gedacht werden. Andere Perspektiven können nicht gleichzeitig eingenommen werden, sodass man stets nur eine Version der Welt unter anderen sieht. Daraus folgt, dass man in jeder Kommunikation mit anderen ‚Welten' konfrontiert wird, über deren Differenzen man sich dann verständigen muss.

Welt als Möglichkeitshorizont

Der Soziologe Armin Nassehi betont, dass Globalisierung von der Gegenstandsseite her nicht genau bestimmt werden kann, also kein festes und unveränderlich umrissenes Feld von Fakten und Entwicklungen darstellt; er betrachtet sie vielmehr als „ein kognitives Schema" (Nassehi 2003, S. 196f.; →KAPITEL 1.2). Sie ist also eine Optik, ein Blickwinkel, mit dem man anders beobachtet und neue Zusammenhänge erkennen kann. Nassehi argumentiert, dass es gerade die Unterschiede und die Pluralität sind, die den Zusammenhang in der heutigen Weltgesellschaft herstellen:

„Denn es sind nicht schlicht diese Differenzen [des sozialen und kulturellen Lebens], die das Gesellschaftliche der Welt ausmachen, sondern die wechselseitige Beobachtbarkeit der Perspektiven und Orte, die Reziprozität der Differenz. [...] Diese Differenzen konstituieren jenes Beobachtungsschema, das Gesellschaft als Weltgesellschaft erscheinen lässt. " (Nassehi 2003, S. 197f.)

Wechselseitige Beobachtbarkeit

Das Ganze basiert insofern auf dem Unterschiedlichen, das sich jedoch aufgrund der Vernetzung und des Miteinanderkommunizierens gegenseitig beobachtet und aufeinander angewiesen ist. Lokales und Globales gehören zusammen. *„Die Einsicht in die eine Welt verschwindet in den* Welten *in der Welt; die Einsicht in den* einen *globalen Raum verschwindet in den* Raumstellen *im globalen Raum"* (Nassehi 2003, S. 224). Die Mannigfaltigkeit von unterschiedlichen Weltbildern, auch von Kulturen und Lebensformen, die global miteinander verschaltet werden, also das, was in den Kulturwissenschaften unter dem Begriff der „Differenz" verhandelt wird, gehört untrennbar zur Globalisierung, sodass Einheit und Vielheit nicht als Gegensatz, sondern als Komplementarität, sozusagen als zwei Seiten einer Medaille betrachtet werden müssen.

Einheit und Vielheit

Globales Denken bedeutet keineswegs, dass immer die ganze Welt erforscht werden muss. Es geht nicht darum, ausschließlich weltumspannende Prozesse und Strukturen zu untersuchen. Ausschlaggebend ist vielmehr, nicht allein von einer fixen und stabilen Position auszugehen, sondern das Denken zu mobilisieren und auf die Komplexität globaler Verhältnisse umzustellen. Die unablässige Dynamik sich schnell verändernder und wechselseitig rückgekoppelter Beziehungen, die Vielheit und die Kontingenz dessen, was weltweit existiert, sollten den Ausgangspunkt unseres Denkens darstellen.

Mobilisierung des Denkens

4.4 „Ortswechsel des Denkens"

Globales Denken muss auch die Kategorien und Muster, mit denen wir die Welt beobachten, infrage stellen und verändern. Natürlich wird es nicht gelingen, alle möglichen Blickwinkel auf die Welt einzunehmen, aber der Wechsel der Perspektive erlaubt dennoch, nicht nur anders zu sehen, sondern sozusagen ‚mit anderem Werkzeug' zu arbeiten, also die Welt mit anderen Unterscheidungen zu beschreiben. Zwar hat die Philosophie immer wieder versucht, neue Begriffe zu finden, und Literatur und Kunst haben immer schon alternative Welten geschaffen. Doch auch diese waren Teil der europäischen Kultur- und Geistesgeschichte und standen daher in einem sie prägenden Kontinuitätszusammenhang. Vier Beispiele können in einem kurzen Exkurs zeigen, wie die chinesische Kultur und Geschichte andere Denkperspektiven anbieten und es hierdurch ermöglichen, einen „radikalen Außenstandpunkt" einzunehmen, „gewissermaßen die Kategorien ‚in Unordnung' zu bringen, nicht nur unsere überlieferten Konzeptionen, sondern auch alles, was sie impliziert." (Jullien 2002, S. 96f.) – Der „Umweg über China" als Experimentalanordnung.

Auswechseln des ‚Werkzeugs'

Der französische Philosoph und Sinologe François Jullien argumentiert, dass sich nur in China innerhalb einer Schriftkultur und unabhängig von Europa vollkommen eigenständige Formen des Denkens und der Weltbeschreibung entwickelt hätten (Jullien 2002, S. 97). Er beschreibt China und dessen philosophische Tradition als genau den Ort, der für Europäer einen wirklichen „Ortswechsel des Denkens" erlaubt und erfordert. Bei einem solchen Ortswechsel wechselt man nicht nur theoretisch den Standpunkt, sondern auch den konkret geografischen Standort, der wiederum eine eigene Geschichte hat:

Theoretischer und geografischer Ortswechsel

„[...] wenn wir den Weg über andere Zusammenhänge nehmen, die von unseren subjektiven Konstruktionen nichts wissen, dann um das, was nach wie vor durch unsere Erfahrung implizit wird und nach wie vor unsere Alltagssprache beherrscht, was aber die Philosophie aufgrund der ihr eigenen Entscheidungen nicht hat denken können, der Reflexion vorzulegen." (Jullien 2004, S. 11)

Distanznahme

Ermöglicht wird also eine Distanznahme vom europäisch geprägten Denken insgesamt, und zwar nicht aus der Tradition heraus, sondern von außen. In einem Denkraum, der sich ausbildete, als die Chinesen nichts über Europa wussten (Konfuzius lebte 551–472 v. Chr.), erkennt man, dass viele Grundkategorien unseres Denkens nicht notwendig und universal gültig, sondern lokal entstanden und kontextabhängig sind. Jullien übernimmt das chinesische Denken jedoch nicht, sondern spiegelt vielmehr die beiden Traditionen bzw. Blickwinkel ineinander. Hierdurch werden Voraussetzungen, die man selbst nicht erkennen kann, also notwendige und unhintergehbare ‚blinde Flecken' sichtbar, ohne dass das eine Denken das andere überwände. In Bezug auf radikal unterschiedliche Konzeptionen der Zeit bemerkt Jullien:

> „Indem sich die Frage der Zeit und der Gedanke des ‚Lebens' miteinander konfrontieren lassen, reflektieren sie sich, prüfen sich und wirken aufeinander ein, wie ich hoffe; aber ich stelle fest, dass sie sich nicht integrieren [...]." (Jullien 2004, S. 12)

Die Differenzen bleiben erhalten, beleuchten sich jedoch gegenseitig.

Der Vergleich sollte allerdings nicht zu einer Position des radikalen Relativismus führen. Das Ziel ist vielmehr eine Distanznahme zu den Voraussetzungen und Bedingungen des eigenen Denkens und hierdurch eine Relativierung, nicht jedoch Entwertung der eigenen europäischen Traditionen und Werte. Auf universal gültige Wahrheiten wird man verzichten müssen – was im Umkehrschluss nicht heißt, dass ein „anything goes" das Ergebnis interkultureller Philosophie wäre; vielmehr ist es die Einsicht in die Standortgebundenheit jeder Position. Der Vergleich erlaubt es, auch die eigenen Vorstellungen gleichsam von außen zu betrachten und sich daher reflektiert zu ihnen zu verhalten. Die so gewonnene reflexive Distanz ist eine gute Ausgangsbasis, um die eigene Position im Dialog mit anderen Standpunkten zu vertreten.

Relativismus?

Vier Beispiele belegen, wie Grundvoraussetzungen des westlichen Denkens im Vergleich beobachtbar werden.

Chinesische Beispiele

1. Rationalität erscheint als eine westliche Denkform, die eine bestimmte Geschichte hat, damit als „eine regionale Angelegenheit" (Jullien 2002, S. 25):

Vernunft

> „Auf europäischer Seite stellt die Vernunft die Welt in Modellform dar, sie abstrahiert aus ihr eine Idealform [...]. Die chinesische Vernunft beruht ihrerseits auf einem Prinzip innerer Kohärenz [...]. Denn in China ist alles Werden, keine Logik extrahiert daraus feste, mit sich selbst identische Wesenheiten, wie es das griechische Denken getan hat. Gleichzeitig ist dieses Werden nicht blind oder chaotisch, sondern kohärent." (Jullien 2002, S. 60f.)

2. Die westliche Konzeption der Zeit gibt es in dieser Form im traditionellen Denken Chinas nicht; stattdessen geht man vom Moment aus, von der guten Gelegenheit, den wiederkehrenden Jahreszeiten,

Zeit – Moment

aber nicht von der Zeit als unabhängiger Macht, der das Leben unterworfen ist (vgl. Jullien 2004, S. 10).

Zentralperspektive

3. Auch unsere Sehgewohnheiten und die Voraussetzungen der Weise, wie die europäische Kunst die Welt darstellt, sind kulturell spezifisch und historisch bedingt. Wie der koreanische Literaturwissenschaftler Uchang Kim bemerkt, sind die Konzeption der Rahmung und die Zentralperspektive Strategien der westlichen Kunst, die eine Distanz zwischen Zuschauer und Bild erzeugen. Das Bild wird dabei zur Wahrheit erklärt, auch wenn es die Schöpfung eines ‚souveränen' Subjekts darstellt (→ KAPITEL 12.2, ASB BRUHN). Der ostasiatische Raum dagegen sei aperspektivisch und dynamisch, und der Betrachter könne seine Beobachterposition selbst wählen:

„Seit Urzeiten ist in der westlichen Tradition eine Dominanz des Geistigen (so in der deduktiven Geometrie, der Albertinischen Perspektive oder der Newtonschen Physik) bei der Trennung zwischen geistigem und gelebtem Raum zu beobachten." (Kim 1998, S. 87)

Wie bei der Zeitkonzeption, so ist auch hier im abendländischen Denken eine rationale Abstraktion und Distanz zu den aktuell ablaufenden Prozessen festzustellen.

Die Konzeption des Individuums

4. Dass die in der westlichen Kultur selbstverständliche Idee des Individuums eine meist unbeobachtete Grundbedingung jeglichen kulturellen und sozialen Handelns darstellt, auch wenn sie sich in Europa erst seit der Renaissance allmählich ausbildete, wird in einer Untersuchung der amerikanischen Literaturwissenschaftlerin Lydia Liu besonders deutlich. Sie kann zeigen, dass die Idee des Individualismus, welche die chinesische Literatur der Moderne charakterisiert, in China zuvor nicht existierte. „Individualismus" ist hier vielmehr „eine neologistische Lehnwortübersetzung einer früheren japanischen Übersetzung eines europäischen Konzeptes und einer europäischen Theorie." (Liu 1995, S. xix, Übers. d. Verf.) Liu argumentiert, dass sich die westliche Forschung immer noch unreflektiert der Kategorie des Selbst bzw. des Individuums bediene, die sich in anderen Kulturen nicht in dieser Form finde. Hierdurch entstünden jedoch „ernsthafte methodologische Probleme" (Liu 1995, S. 8, Übers. d. Verf.); denn wird diese Kategorie als grundlegend vorausgesetzt, so werden anderen Kulturen auch im Vergleich die eigenen Denkformen aufgezwungen.

Interkulturelles Verhandeln von Voraussetzungen

Aufschlussreich an diesen Beobachtungen ist einerseits, dass erst in der Auseinandersetzung mit anderen Denkgewohnheiten die eigenen erkennbar werden, andererseits, dass die eigenen Vorstellungen im globalen Feld nicht vorausgesetzt oder universalisiert werden können. Grundlegende Konzeptionen ‚unseres' Denkens wie die Idee unveränderlicher Wesenheiten, die Konzeption einer linearen Zeit, die Zentralperspektive und die moderne Idee des Individuums erweisen sich als kontextbedingte westliche Vorstellungen. Auch globales Denken muss sich seiner Positionalität bewusst sein, diese mit anderen Standpunkten in Beziehung setzen und dann in einen Dialog eintreten.

Fragen und Anregungen

- Diskutieren Sie die Bedeutung der Information für eine global vernetzte Welt.
- Was ist Komplexität? Erklären Sie die Metapher des Netzwerkes.
- In welcher Weise gehören Vielfalt und das Bewusstsein von einer gemeinsamen Welt gerade mit Blick auf die Globalisierung zusammen?
- Überprüfen Sie durch eine Recherche im Internet die Begriffe „Person", „Individuum" und „Subjekt" auf ihre unterschiedlichen Bedeutungen oder das Fehlen dieser Vorstellungen in anderen Kulturen.
- Bedeutet global zu denken, dass man immer die ganze Welt im Blick haben sollte?

Lektüreempfehlungen

- François Jullien: Der Umweg über China. Ein Ortswechsel des Denkens, Berlin 2002. *Sammlung von Interviews mit François Jullien, in denen er darlegt, warum es sinnvoll ist, chinesisches und europäisches Denken miteinander zu konfrontieren und hierdurch die europäische Philosophie als eine Denkform unter anderen zu erweisen.*
- Armin Nassehi: Geschlossenheit und Offenheit. Studien zur Theorie der modernen Gesellschaft, Frankfurt a. M. 2003. *Das Kapitel „Welten in der Weltgesellschaft" verbindet Differenz und Vielheit, Globalisierung sowie Modernisierung in der Konzeption der Weltgesellschaft.*

- **Robert Robertson: Globalization. Social Theory and Global Culture**, London 1992. *Relativ früher und immer noch wichtiger Versuch, die Konturen einer Theorie der Globalisierung und der globalen Kondition im Rahmen soziologischer Modelle zu vermessen; führt den Begriff der Glokalisierung in die sozialwissenschaftliche Debatte ein.*
- **Mark C. Taylor: The Moment of Complexity. Emerging Network Culture**, Chicago/London 2001. *Das Buch präsentiert die Komplexitätstheorie mit Bezug auf Architektur, Kunst, Philosophie sowie die Naturwissenschaften und erklärt die Funktionsweise selbstorganisierter Systeme wie auch verschiedene Aspekte einer medial vernetzten Welt.*

5 Kurze Geschichte kulturwissenschaftlicher Theoriedebatten

Abbildung 5: Mark Tansey: *Vigilant Machinery Caught in Discursive Formation*
[Überwachungsmaschinerie in diskursiver Formation gefangen] (1992)

Mark Tansey hat dieses Bild 1992, auf dem Höhepunkt der Theoriebegeisterung in der Literatur- und Kulturwissenschaft gezeichnet. Er nimmt darin zwei abstrakte Begriffe der Theoriedebatte – Überwachungsapparate und diskursive Formationen – wörtlich, verbildlicht sie und verändert zugleich deren Verhältnis: Die Diskurse selbst wenden sich hier gegen die Überwachungsapparate. Während die zu dieser Zeit dominanten Theoriemodelle die textuelle Konstruiertheit jeder Wirklichkeitsvorstellung hervorheben und mit Michel Foucault jede Äußerung oder Handlung als immer schon Macht ausübenden Akt betrachten, ‚vergegenständlicht' Tanseys Bild diese Konzepte wieder. Dabei handelt es sich keineswegs um die Rückkehr zu einem unmittelbaren Bezug zur Wirklichkeit. Vielmehr kommt diese nach ihrer Rückführung auf tiefer liegende Strukturen gegenständlich wieder an die Oberfläche. Es gibt also ‚etwas jenseits des Textes'; Texte haben reale Folgen, und Wirklichkeitsvorstellungen bzw. Weltbilder sind selbst Sachverhalte der Wirklichkeit, mit greifbaren Wirkungen.

In den 1970er-Jahren entwickelten sich in der Literaturwissenschaft neue Ansätze der Textinterpretation, die sich unter dem Begriff der Theorie etablierten. Die Schulen des Strukturalismus und Poststrukturalismus sowie die Postmodernedebatte standen in erster Linie unter dem Zeichen des *linguistic turn*, demzufolge unser Weltzugang immer schon sprachlich vermittelt und daher vorgeformt ist. Seit Mitte der 1980er- und vor allem in den 1990er-Jahren wurde diese Textbezogenheit als unpolitisch kritisiert, und die gleichzeitig entstandenen feministischen, ethnischen und etwas später auch postkolonialen Studien wurden über den Differenzbegriff theoretisch aufbereitet. Die hierbei vollzogene Erweiterung der Literaturwissenschaft in Richtung Kulturwissenschaft hat unterschiedliche sogenannte *cultural turns* hervorgebracht. Globalisierung ist in diesem Zusammenhang ein weiterer Perspektivenwechsel.

5.1 **Theorie, Text und Kontext**
5.2 **Vom Strukturalismus zur Postmoderne**
5.3 **Politisierung der Literatur- und Kulturwissenschaft**
5.4 *Cultural turns:* **Globalisierung** *als* **kulturwissenschaftliche Perspektive**

5.1 Theorie, Text und Kontext

Wann immer man ein literarisches Werk oder einen Film interpretiert, hat man eine Theorie im Hinterkopf, schreibt der britische Literaturtheoretiker Terry Eagleton:

„Einige Student/inn/en und Kritiker/inn/en verwahren sich auch dagegen, dass die Literaturtheorie ‚zwischen den Leser und das Werk' trete. Die einfache Antwort darauf ist, dass wir ohne irgendeine Art von Theorie, wie unreflektiert und unbewusst sie auch immer sein mag, gar nicht wüssten, was überhaupt ein ‚literarisches Werk' ist oder wie wir es lesen sollen. Eine feindselige Einstellung der Theorie gegenüber bedeutet normalerweise eine Ablehnung der Theorien anderer und ein Übersehen der eigenen." (Eagleton 1997, S. VI)

Warum Theorie?

(Literatur-)Theorie bedeutet zunächst nicht mehr als eine Reflexion darüber, was man tut, wenn man Texte ‚als' Literatur liest, und welche Möglichkeiten der Interpretation es gibt. Dasselbe gilt auch für andere Formen der Auseinandersetzung mit ‚Texten' im weitesten Sinne. Man kann zum Beispiel überlegen, was ein Gedicht, Roman oder Theaterstück über den Autor oder die politische Situation der Zeit aussagt, man kann sie als nationale Selbstdeutungen lesen, man kann auf Formen der Subjektivität achten, die modelliert werden, auf sprachlich-formale Aspekte wie Klang, Metaphern oder Erzählperspektive blicken, oder man kann die Literatur als endlose Folge der Beschäftigung mit den großen Fragen von Leben, Liebe, Tod, Macht und Glauben betrachten (und natürlich kann man all diese Fragestellungen auch untereinander verknüpfen und aufeinander beziehen). Jeder dieser Blickwinkel setzt eine Entscheidung darüber voraus, welche Aspekte der Literatur oder anderer Kunstformen wesentlich sind. Theorie als reflexiver Zugang heißt jedoch nicht, eine Perspektive als die einzig richtige zu begründen. „Der Haupteffekt der Theorie liegt darin, dass sie den sogenannten ‚gesunden Menschenverstand' in Frage stellt: also vermeintlich vernünftige Ansichten über Dinge wie Bedeutung, Schrift, Literatur oder Erfahrung." (Culler 2002, S. 13) Im Unterschied zur (Literatur-)Theorie befasst sich Literaturkritik, zumindest im deutschen Wortsinne, mit der Bewertung von literarischen Werken.

Theorie als reflexiver Zugang

Die theoretischen Zugänge kann man unterteilen in solche, die vor allem an der sprachlichen, klanglichen bzw. bildlichen Form interessiert sind, und andere, die primär auf den Inhalt achten und wissen wollen, was über Weltverhältnisse ausgesagt wird. Eine weitere

Text versus Kontext   Unterscheidung ist diejenige zwischen Text und Kontext. Zwar werden immer Texte (zu denen in einem weiteren Textbegriff auch Bilder, Musikstücke, Filme etc. gehören) interpretiert; man kann jedoch unterschiedliche Bezugsrahmen wählen, wobei auch die Form des Textes selbst einen solchen darstellt. In diesem Fall versucht man, alle Aussagen über den Text aus diesem selbst abzuleiten. Modell bildend sind hier Theorien, die wie die Rhetorik und Linguistik die Sprache selbst reflektieren und ins Zentrum stellen. Kontexte dagegen sind Weltbezüge, die in anderen Texten oder Darstellungen von Wirklichkeit, die in einem engen Zusammenhang mit der im Text (re)präsentierten Welt stehen, zu finden sind. Liest man etwa William Shakespeares *Macbeth* (1606), dann helfen historische Studien zu Hexen im England der Frühen Neuzeit weiter, bei Friedrich Schillers *Die Räuber* (1781) dagegen Beschreibungen der politischen Situation in Württemberg in der zweiten Hälfte des 18. Jahrhunderts.

Kontextpluralismus   Allerdings gibt es den einzig richtigen Kontext nicht:

„Mit anderen Kontexten spricht jeweils eine andere Stimme durch die Texte (Politik, Ethik, Gender, Nation usw.) und behauptet zumeist, das Sosein der Texte auf die eine, unhintergehbare Art zu bedingen. Die Wahl des Kontextes, für den der Text ‚Sinn' haben soll und der den Sinn des Textes mitkonstituiert, macht den Text sowohl zum Ausgangspunkt als auch zum Effekt." (Fohrmann/ Müller 1995, S. 9)

Die Geschichte der Literaturwissenschaft seit den 1970er-Jahren zeigt eine auffällige Entwicklung von Kontextorientierung über Textorientierung zu Kontextorientierung. Nach dem *linguistic turn* der 1970er-Jahre ist seit den 1990er-Jahren ein inzwischen mehrfach weiter in sich differenzierter *cultural turn* zu verzeichnen. Globalisierung als literatur- und kulturwissenschaftliche Kategorie gehört in diesen Zusammenhang.

5.2 Vom Strukturalismus zur Postmoderne

Die Hinwendung zur Literaturtheorie beginnt in den 1960er-Jahren mit der Aufnahme strukturalistischer Ansätze, vor allem in Roland Barthes Schriften zur Literatur. Der Strukturalismus geht auf Ferdinand de Saussures Theorieansatz in der Sprachwissenschaft (*Cours de linguistique générale*, 1916) zurück, der zunächst von Claude Lévi-Strauss in der Ethnologie fruchtbar gemacht wurde, bald jedoch auch in der Literaturwissenschaft großen Einfluss gewann. Saussure

Strukturalismus und Ferdinand de Saussure

hatte der historischen Sprachwissenschaft eine neue synchrone Methode gegenübergestellt, mit der die Sprache als System, wie es jetzt existiert, beschrieben werden kann.

Dabei unterscheidet er zwischen *langue* als dem gesamten System von Grammatik, Phonologie, Semantik bzw. Lexikon etc. und der *parole*, womit je konkrete gesprochene oder geschriebene Äußerungen gemeint sind. Die *parole* als sich ständig veränderndes Feld der aktuellen Sprachverwendung bleibt aus der strukturalistischen Beschreibung der Sprache weitgehend ausgeblendet. Saussure versteht Sprache als ein System von Zeichen, wobei jedes Zeichen durch seinen Platz in diesem System und seine Differenzen zu anderen Zeichen definiert ist. Sprache wird also als ein System von Unterschieden aufgefasst. Bedeutung entsteht differenziell, durch die Differenzen zwischen etwa „Hut" und „Mut". — *langue / parole*; *Differenzbegriff*

Mit dieser Auffassung kappt Saussure die direkte Verbindung zwischen sprachlichem Zeichen und Wirklichkeit. Jede Vorstellung einer natürlichen Zeichenbeziehung wird verabschiedet; selbst lautmalerische Wörter unterscheiden sich in verschiedenen Sprachen: „kikeriki" im Deutschen, „kukeleku" im Niederländischen, „cock-a-doodle-doo" im Englischen. Eine zentrale These betrifft also die Arbitrarität (von lateinisch *arbitrarius* = willkürlich) von Zeichen. Jedes Zeichen könnte auch anders sein; es ‚bedeutet' und man kann sich damit verständigen, aber die Bedeutungen sind nicht durch einen inneren Bezug zu Gegenständen festgelegt oder motiviert, sondern historisch und kulturell so wandelbar wie unterschiedlich. Sie basieren nicht auf einer Ähnlichkeit zwischen Wort und Ding; so sieht das Wort „Löffel" nicht wie ein solcher aus, ist nicht aus Silber, und man kann auch nicht davon essen. „Jede Sprache ist für sich sowohl ein System von Vorstellungen als auch von Formen: Sie ist ein System aus konventionellen Zeichen, das die Welt strukturiert." (Culler 2002, S. 86) — *Arbitrarität und Konventionaliät von Zeichen*

Aus diesen Überlegungen folgt, dass jedes ‚Bild' von der Welt auf den jeweiligen sprachlichen Codes basiert. Dies ist einer der Grundgedanken des *linguistic turn*: Außerhalb des Mediums, mit dem die Welt beschrieben wird und in dem die Verständigung mit anderen Menschen stattfindet (Sprache, Bilder oder Gesten), kann die Welt nicht gewusst und erkannt werden, und da man die Welt in vieler Hinsicht durch die Sprache erst kennen lernt, stellt man sie sich im Bilde eben dieser Sprache vor. — *Vorgängigkeit von Sprache vor Welt*

„Die nachdrückliche Betonung der ‚Konstruiertheit' menschlicher Sinngebung stellte einen großen Fortschritt dar. Der Sinn war weder eine persönliche Erfahrung noch ein von Gott geweihtes Ereignis: er war das Ergebnis bestimmter Bedeutungssysteme, die von allen geteilt wurden." (Eagleton 1997, S. 87)

Der Strukturalismus geht von allgemeinen Strukturgesetzen aus, auf die einzelne Phänomene rückführbar sind. Ein wesentliches Strukturgesetz besteht darin, dass jedes Zeichensystem durch grundlegende Oppositionen strukturiert ist, die auch auf der semantischen Ebene zu finden sind: weiß/schwarz, zivilisiert/wild, oben/unten, anwesend/abwesend. Man spricht hier von Binäroppositionen, weil jeweils nur zwei Seiten der Unterscheidung angenommen werden, eine jedoch immer privilegiert wird. Mithilfe dieses Verfahrens lässt sich die Bedeutung von Texten schematisch beschreiben.

Binäroppositionen

Gerade diese formale und synchrone Orientierung führt allerdings dazu, dass das Interesse am Inhalt von Bildern oder Geschichten weitgehend verloren geht und Bewertungen etwa von Literatur ebenso wie die historische (Tiefen-)Dimension entfallen. Im Mittelpunkt der Untersuchung stehen dann beispielsweise die grundlegenden abstrakten Oppositionsstrukturen einer Erzählung, während die Frage, was konkret erzählt wird, in den Hintergrund rückt. Ein weiterer Kritikpunkt besteht darin, dass strukturalistische Untersuchungen sich nicht für menschliche Subjekte interessieren, sondern nur anonyme Strukturen untersuchen. Der Literaturtheoretiker Jonathan Culler unterscheidet literaturwissenschaftliche Ansätze daher in „Poetik" oder „Hermeneutik" (Culler 2002, S. 89–92). Während eine Poetik der Literatur bzw. der Kultur Formen untersucht, von Aussagen und Bedeutungen ausgeht und fragt, wie sie zustande kommen, geht es der Hermeneutik um die Auslegung von Texten, also in erster Linie um deren Anschluss an und Bezug auf aktuelle Situationen, in denen Menschen leben und handeln.

Referenzverlust

Ein verwandter Ansatz ist die Semiotik, die sich auf Saussure wie auf den amerikanischen Philosophen Charles Sanders Peirce beruft und am prominentesten von Umberto Eco vertreten wird. Sie betrachtet die Phänomene unter dem Aspekt der Zeichenhaftigkeit, also der Weise, in der Dinge oder Handlungen ‚bedeuten' und kommunizieren. Alle Zeichen bedürfen eines Codes, in dem die je kulturell und historisch festgelegten Bedeutungen enthalten sind; diesen muss man kennen, wenn man Zeichen lesen möchte. Fremde Zeichen sind Zeichen, deren Code einem nicht bekannt ist. Man sieht zwar bestimmte Verhaltensweisen oder Schriftzeichen, Kleidungsformen oder Essbares, kann jedoch keine Bedeutung zuordnen. Die Semiotik ermöglicht, Fremdes zu beschreiben und die Codes zu erforschen, deren Kenntnis den Zugang zur Bedeutung des Fremden erst erlaubt.

Semiotik

Wenn der Strukturalismus Differenzen untersucht und dabei die Welt in Oppositionspaare und -strukturen unterteilt, so heißt hier unterscheiden erkennen. Der Poststrukturalismus, der in Frankreich als Kritik am und in Auseinandersetzung mit dem Strukturalismus entstand, weist jedoch darauf hin, dass binäre Oppositionen nie ‚unschuldig' sind, sondern immer Wertungen und Hierarchien mit sich führen, z. B. „Männer sind besser als Frauen", „Christen sind besser als Heiden", „Eigenes ist besser als Fremdes", „weiß ist besser als schwarz". So wird die Welt eingeteilt und damit verstehbar, was jedoch notwendig zu Ausgrenzung bzw. negativer Bewertung führt. Dies ist das Feld der Ideologien und Heilslehren. Dazu kommt, dass der dominante Begriff (Mann, Christ, Weißer) immer an den Anfang gestellt wird und so den ‚Ursprung' bildet: Adam, und damit der Mann, betrat vor der Frau die Welt. Solche Ursprungsbehauptungen lassen sich zeichentheoretisch kritisieren: Jedes Zeichen ist relational, also durch Abwesendes definiert; den Begriff „Mann" kann es nicht ohne den der „Frau" geben, sodass die Frau im Ursprung schon präsent ist.

Poststrukturalismus

Diese Überlegungen bilden sehr vereinfacht die Grundgedanken der sogenannten Dekonstruktion, die auf Jacques Derrida zurückgeht und darauf abzielt, Binärstrukturen als konstruiert, nicht notwendig, daher instabil und veränderbar zu erweisen.

Dekonstruktion

„Die Taktik der dekonstruktiven (Literatur-)Kritik besteht also darin, aufzuzeigen, wie Texte dahin kommen, die sie beherrschenden logischen Systeme in Verlegenheit zu bringen; und die Dekonstruktion zeigt dies, indem sie an den ‚symptomatischen' Punkten festhält, den *Aporien* oder Sackgassen der Bedeutung, an denen Texte in Unannehmlichkeiten kommen, auseinanderfallen, zu sich selbst in Widerspruch geraten." (Eagleton 1997, S. 118)

Eine Konsequenz der Dekonstruktion besteht darin, dass die Bedingung der Möglichkeit von Gewissheit und Wahrheit verloren geht. In einer extremen Version dieses Denkens wird sogar behauptet, man sei in Diskursen gefangen, welche die Wirklichkeit vorgäben. Ein Problem poststrukturalistischer Ansätze besteht insofern darin, dass mit der Wirklichkeit und Wahrheit, deren Inanspruchnahme zu Recht problematisiert und mit Machtansprüchen assoziiert wurde, auch politische Kritik und Engagement als nicht mehr begründbar angesehen wurden. So heißt ein oft zitierter Satz Derridas: „Il n'ya pas dehors texte." („Es gibt nichts außerhalb des Textes." Derrida 1967, S. 227) Damit wäre auch die politische Kritik nur ein weiterer, seinerseits wieder ‚dekonstruierbarer' Text. Die nachfolgenden Ent-

Jenseits von Kritik und individuellem Handeln?

wicklungen lassen sich nicht ohne diese theoretischen Überlegungen verstehen, nehmen jedoch von der Frage des politischen Handelns und Denkens im Kontext der Kritik an binären dogmatischen Oppositionen ihren Ausgang und gründen gerade hierauf ihr kritisches Potenzial.

Großen Einfluss auf die Entwicklung der Literatur- und Kulturtheorie hatte auch der französische Philosoph und Historiker Michel Foucault. Er untersucht in historischer Perspektive Epochen in Bezug auf die in ihnen vorherrschenden Diskurse und argumentiert, dass diese den Rahmen vorgeben, innerhalb dessen Menschen zu bestimmten Zeiten und an bestimmten Orten denken und handeln. Dabei erkennt er eine Verbindung von Wissen und Macht; Diskurse geben vor, was man wissen kann; neues Wissen, aber auch die Kontrolle von Wissen ermöglicht denjenigen, die dieses besitzen, Macht und Herrschaft über andere.

Foucault – Wissen/Macht

Postmoderne und Postmodernismus

Einen weiteren Bezugsrahmen bildet der Begriff der Postmoderne, der gleichzeitig verschiedene Kunstformen wie auch eine Epoche bezeichnet. Postmoderne als die Ära nach der Moderne und der Postmodernismus als Bezeichnung für Strömungen in Architektur, Literatur, Film, Tanz etc. wurden oft in Verbindung mit poststrukturalistischer Theorie verhandelt, hängen jedoch nur teilweise mit ihr zusammen. Gemeint sind Kunstformen, die sich seit den 1960er-Jahren ganz explizit gegen Normen der ästhetischen Moderne wenden. Stichworte sind Oberfläche, Pastiche, Zitat und Ornament, aber auch die zunehmende Auflösung der Unterscheidung zwischen Hoch- und Populärkultur. Am einfachsten kann man sich den Unterschied anhand der Architektur klarmachen, wenn man den spätmodernen Neubau der Hamburger Kunsthalle des Architekten Oswald Matthias Ungers mit dem frühen postmodernen Neubau der Stuttgarter Staatsgalerie nach dem Entwurf von James Stirling vergleicht. Während Ungers' Gebäude geometrisch konstruiert, rechteckig sowie monochrom weiß gehalten ist und ohne jegliche Verzierungen auskommt, sodass die Form in modernistischer Manier der Funktion folgt, kombiniert das Stuttgarter Raumensemble schrille Farben, Zitate griechischer Säulen und eine Vielzahl von Ornamenten in eklektischer, verspielter Weise.

Als Epochenbezeichnung greift der Begriff Postmoderne weiter aus und postuliert das Ende der Epoche der Moderne, die mit der europäischen Aufklärung begann und Vernunft, Demokratie, Fortschritt, Geschichte und Wissenschaft ins Zentrum rückte. Diese Leitvorstellungen können nicht länger das ausschließliche Erklärungsmuster der Welt bilden.

„Postmoderne wird hier als Verfassung radikaler Pluralität verstanden, Postmodernismus als deren Konzeption verteidigt. Das Charakteristische postmoderner Pluralität gegenüber früherer ist, dass sie nicht bloß ein Binnenphänomen innerhalb eines Gesamthorizonts darstellt, sondern noch jeden solchen Horizont bzw. Rahmen oder Boden tangiert. [...] Die Grunderfahrung der Postmoderne ist die des unüberschreitbaren Rechts hochgradig differenter Wissensformen, Lebensentwürfe, Handlungsmuster." (Welsch 1988, S. 4f.)

Postmoderne Pluralität

So besagt eine wesentliche These des französischen Philosophen Jean-François Lyotard, dass mit der Postmoderne das Ende der großen Erzählungen (wie Fortschritt oder Revolution) gekommen sei und umfassende Ganzheiten als totalität zu kritisieren seien (vgl. Lyotard 1986, S. 71). Wahrheit im Sinne einer alles erfassenden Welterklärung blendet Vieles aus und ist immer nur die Wahrheit des Sprechenden und seiner Bezugsgruppe. Daher müssen radikale Pluralität und die Kontingenz von Weltbeschreibungen anerkannt werden. Für eine globale Perspektive ist wichtig, dass mit diesen Überlegungen die zentrale Position und Definitionshoheit des Westens schon thematisiert und infrage gestellt wurde.

5.3 Politisierung der Literatur- und Kulturwissenschaft

Zeitgleich mit den Debatten in der Literaturwissenschaft entstanden neue soziale Bewegungen wie die Frauenbewegung, die amerikanische Bürgerrechtsbewegung, die sich für die Rechte von Afroamerikanern einsetzte, und die Homosexuellenbewegung. Diese Entwicklungen fanden nicht nur auf der Straße statt, sondern zogen auch in die Universitäten ein. Wenn es zunächst darum ging, sich als Frauen, Homosexuelle oder Angehörige einer benachteiligten ethnischen Gruppe Gehör zu verschaffen, so fiel bald auf, dass man sich mit der Festlegung auf eine Identität selbst blockierte und gegenseitig mit seinen Authentizitätsansprüchen in die Quere kam. Wie sollten plötzlich so viele ‚authentische' Lebensstile und Kulturen unter einen Hut gebracht werden?

Minoritäten und Frauen

So etablierten sich Rasse, Klasse und Geschlecht (*race, class* und *gender*) als die zentralen Kategorien, mit denen erforscht werden kann, was bisher in Gesellschaft und Kultur ausgeblendet oder marginalisiert worden war. Dabei handelt es sich einerseits um existenzielle Kategorien – man ist männlich oder weiblich, schwarz oder weiß, arm

race / class / gender

oder reich –, mit denen Unterdrückung aufgezeigt und kritisiert werden kann. Für die Literatur- und Kulturtheorie ergab sich jedoch andererseits die Aufgabe, Lektüre- und Interpretationsmodelle zu entwickeln, die in nicht-trivialer Weise ermöglichen, Texte auf die Etablierung, Perpetuierung bzw. das implizite Mitführen binärer Oppositionen und Hierarchien hin zu analysieren (→ ASB SCHÖSSLER).

Spätestens ab dem Zeitpunkt, an dem man die drei Begriffe immer zusammen nannte – *race/class/gender* –, war klar, dass es keine privilegierten Opfer geben konnte. Damit wurde eine Vielzahl möglicher Subjektpositionen anerkannt, die selbst innerhalb eines Textes oder einer Person in oft konfliktreichem Verhältnis stehen. In diesem Zusammenhang wurde die Vorstellung einer festen und unveränderlichen Subjektposition einerseits als Zuschreibung von außen entlarvt, andererseits aber auch im Falle der Selbstauthentisierung kritisiert. Daher einigte man sich darauf, eine entscheidende Aufgabe bestünde in der Deessentialisierung und Dynamisierung bzw. Flexibilisierung aller Kategorien.

Gegen den Essentialismus

Im Jahr 1971 führte der kanadische Premierminister Pierre Elliott Trudeau den Grundsatz des Multikulturalismus im Parlament ein, und 1988 verabschiedete das kanadische Parlament den *Canadian Multiculturalism Act*, der feststellt, dass in Kanada mehrere Sprachen und Kulturen friedlich koexistieren und gemeinsam eine plurale kanadische Kultur ausmachen. Dieser Begriff und der sich daraus entwickelnde Diskurs prägten die literaturwissenschaftliche Diskussion der 1990er-Jahre in außerordentlichem Maße. Die Frage bestand darin, wie eine Literatur, eine Kultur, eine Gesellschaft vorzustellen sei und wie sie funktionieren kann, wenn sie nicht mehr als einheitlich verstanden wird und auch nicht mehr davon auszugehen ist, dass die Einwandererkulturen mit der jeweils dominanten Kultur verschmelzen. Man musste also Pluralität praktisch wie auch theoretisch zulassen und handhabbar machen. Der Kanon wurde überarbeitet und erweitert, und die Literatur von bisher marginalisierten Gruppen wurde aufgenommen, wenn auch gegen den aufgeregten Widerstand konservativer Kreise, die den Untergang abendländischer Werte beschworen.

Multikulturalismus

In Großbritannien verlief die Entwicklung etwas anders. Die britischen *Cultural Studies* orientieren sich stark an populärer Kultur wie Fernsehen und Rockmusik, sodass hier Methoden zur Analyse der Popkultur entwickelt wurden. Außerdem entstand hier der postkoloniale Ansatz, der auch in Bezug auf Globalisierungsprozesse bedeutsam ist. Ein entscheidender Beitrag war der von Bill Ashcroft und

Cultural Studies und Postkolonialismus

anderen herausgegebene Band *The Empire Writes Back* aus dem Jahre 1989, in dem Literatur aus den ehemaligen Kolonien Großbritanniens zusammengetragen und als Auseinandersetzung mit der Situation nach dem Ende des Kolonialismus gelesen wird. Hier ist die Frage der nationalen und kulturellen Identitätsfindung genau so wichtig wie die Auseinandersetzung mit den Folgen der kulturellen Dominanz der Kolonisatoren, die ausgehend von den Arbeiten des Psychiaters und Autors Frantz Fanon auch sozialpsychologisch analysiert werden. Dabei werden nicht nur Machtstrukturen untersucht, sondern auch internalisierte kulturelle und damit psychische Formen der Abhängigkeit, der Selbstabwertung und der Identifikation mit den Herrschenden. Postkoloniale Studien dienen jedoch keineswegs allein dazu, die Vergangenheit aufzuarbeiten, sondern werden auch von Immigranten aus ehemaligen Kolonien in ihren Mutterländern verfolgt, um sich dort zu behaupten und akzeptiert zu werden. Dazu kommt der Versuch von Nationen, im Sinne der Nationenbildung eine eigene nationale und kulturelle Identität zu schaffen. Dies lässt sich besonders gut in Afrika, Indien und der Karibik verfolgen. Die Literatur ist hierbei ein wichtiges Medium; der einflussreiche Theoretiker des Postkolonialismus Homi K. Bhabha weist auf die enge Verknüpfung von Nation und Erzählen hin (vgl. Bhabha 1990).

Multikulturalismus und Postkolonialismus waren prägend für die Entstehung eines globalen Blicks auf die Kulturen der Welt. In den 1990er-Jahren wurde der Begriff der Diaspora in die Debatte eingeführt, um der zunehmenden Mobilität und dem Gefühl mehrfacher Zugehörigkeit neuer Wellen von Migranten Rechnung zu tragen. Der Autor Salman Rushdie schreibt in diesem Zusammenhang: „Wurzeln [...] sind konservative Mythen, die dazu entwickelt wurden, uns an unseren Plätzen zu halten." (Rushdie 1984, S. 125, Übers. d. Verf.) Da Menschen in der Diaspora eine Herkunft und einen gegenwärtigen Aufenthaltsort haben, der ihre aktuelle Wirklichkeit darstellt, leben sie in mehreren Kulturen und Gesellschaften gleichzeitig. Sie lassen sich insofern weder hier noch dort eindeutig zuordnen.

Diaspora

In einer Studie zum „Schwarzen Atlantik" betont der britische Soziologe Paul Gilroy daher, sowohl Wurzeln (*roots*) als auch Wege der Migration (*routes*) seien gleichermaßen in Betracht zu ziehen, wenn man von kultureller Identität spreche (vgl. Gilroy 1993, S. 190). Das Ziel besteht darin, die Vorherrschaft identitätspolitischer Überlegungen zu relativieren, da diese die Grenzen, statt sie aufzulösen, nicht nur verschieben, sondern auch neue Grenzen zwischen Gruppen einführen. Das Diasporakonzept bietet die Möglichkeit, sich wandelnde

Roots and routes

Allianzen und Positionierungen innerhalb neuer Situationen zu beschreiben. Damit wird auch die Konzeption der Identität dynamisiert, die dem britischen Kulturwissenschaftler Stuart Hall zufolge nie abgeschlossen, sondern immer in Entwicklung begriffen ist (vgl. Hall 1996, S. 119f.). Es ist evident, dass hiermit die Brücke zu globalen, transnationalen Zusammenhängen hergestellt ist.

5.4 *Cultural turns:* Globalisierung *als* kulturwissenschaftliche Perspektive

Cultural turns

Postkoloniale und *race/class/gender*-Studien erfordern inter- und transdisziplinäre Forschung. Die Literatur- und Kulturwissenschaftlerin Doris Bachmann-Medick hat die neuere Entwicklung der Kulturwissenschaften unter dem Blickwinkel einer Folge von *cultural turns* kartiert, der den *linguistic turn* relativiert und in weitere Entwicklungen einreiht. Sie beschreibt einen *interpretative, performative, reflexive/literary, postcolonial, translational, spatial* und einen *iconic turn*, wobei inzwischen auch von einem *sonic turn* gesprochen wird. Im deutschen Wissenschaftskontext wird mit diesen *turns* zudem der Übergang von den europazentrierten Geisteswissenschaften zu inter- und transnational geprägten Kulturwissenschaften vollzogen:

„Die Kulturwissenschaften [...] richten die Aufmerksamkeit verstärkt auf Materialität, Medialität und Tätigkeitsformen des Kulturellen, um genauer zu erkennen, wie und in welchen Prozessen und kulturspezifischen Ausprägungen Geistiges und Kulturelles in einer jeweiligen Gesellschaft überhaupt produziert werden. Dabei öffnen sie sich einem längst nicht mehr auf Europa fixierten Pluralismus des Kulturellen [...]." (Bachmann-Medick 2006, S. 9)

Mit den sogenannten *turns* werden neue Themenkomplexe in die Untersuchung einbezogen. Bachmann-Medick ist jedoch darin zuzustimmen, dass diese erst dann eine neue Perspektive ermöglichen, wenn sie methodisch wirksam werden:

Konzeptueller Sprung

„Von einem *turn* kann man erst sprechen, wenn der neue Forschungsfokus von der Gegenstandsebene neuartiger Untersuchungsfelder auf die Ebene von Analysekategorien und Konzepten ‚umschlägt', wenn er also nicht mehr nur neue Erkenntnis*objekte* ausweist, sondern selbst zum Erkenntnis*mittel* und -*medium* wird. [...] Ein solcher konzeptueller Sprung durch *turns* ist deshalb so wirkungsmächtig, weil er zumeist mit der Transformation von zunächst *beschreibenden* in *operative* Begriffe, eben in wirklichkeitsverändernde Konzepte, einhergeht." (Bachmann-Medick 2006, S. 26)

Auch wenn es noch verfrüht erscheint, schon einen *global turn* zu konstatieren, so geht es doch darum, die Globalisierung nicht nur als neues Themengebiet vorzustellen, das auch *aus* kulturwissenschaftlicher Perspektive beschrieben werden kann, sondern vielmehr darum, Globalisierung *als* kulturwissenschaftliche Perspektive einzuführen. Sie wird nicht nur als Erkenntnisobjekt, sondern selbst als Erkenntnismedium betrachtet. Das heißt, wenn auf Globalisierung, Globalität und globale Zusammenhänge geachtet wird, wenn der Globus im Sinne einer Vielzahl unterschiedlicher Weltbilder mitgedacht und Vernetzung und Interdependenz, Transkulturalität und Austausch immer in die Reflexion einbezogen werden, dann wird man diese Zusammenhänge nicht nur in Texten und an Phänomenen erkennen, die explizit auf Globales abstellen. Vielmehr können auch literarische Texte und kulturelle Formen anderer Zeiten und solche, die zunächst nur Einzelphänomene darstellen, unter dieser Perspektive neu betrachtet und interpretiert werden.

<small>Globalisierung als Perspektive</small>

Während in Strukturalismus, Semiotik und Poststrukturalismus sprachliche Prozesse und Formationen im Vordergrund stehen, wurde die Auffassung, dass Bedeutung relational, konventionell und arbiträr ist, auch in den stärker politisch und kontextuell konzipierten *race/class/gender*- und postkolonialen Studien aufgenommen und über den auch hier grundlegenden Begriff der Differenz operationalisiert. Wenn auf Differenz umgestellt wird, dann verlieren Vorstellungen von Ursprung, Wesen, Authentizität und Hochkultur an Bedeutung und die Machtstrukturen, welche deren Herrschaft begründen, werden beobachtbar. Es erweist sich als sinnvoller, in Relationen und Wechselverhältnissen, in Austauschbeziehungen und Mischungsverhältnissen zu denken, die am besten mit der Metapher der Vernetzung erfasst werden können. Diese hat zweifellos viel mit den Medien zu tun, mit denen Menschen miteinander kommunizieren.

<small>Zusammenfassung</small>

Fragen und Anregungen

- Warum ist es sinnvoll, sich mit Literatur- und Kulturtheorie zu befassen?

- Erklären Sie mit Bezug auf Ferdinand de Saussures Zeichenmodell, was die Konventionalität und Arbitrarität des Zeichens bedeutet und welche Folgen diese Bestimmung hat.

- Mit welchen Fragestellungen und Kategorien untersuchen die postkolonialen und *race/class/gender*-Studien literarische Texte?
- Was zeichnet *cultural turns* aus und wie verändern sie die Sichtweise der Kulturwissenschaften? Nennen Sie Beispiele.
- Diskutieren Sie, warum „Differenz" und „Relation" zu den Leitmetaphern der neueren Theorieformen wurden.

Lektüreempfehlungen

- Doris Bachmann-Medick: **Cultural Turns. Neuorientierungen in den Kulturwissenschaften**, Reinbek bei Hamburg 2006. *Der Band kartiert die Entwicklungen in den Kulturwissenschaften seit den 1970er-Jahren als Folge von „cultural turns".*

- Jonathan Culler: **Literaturtheorie. Eine kurze Einführung**, Stuttgart 2002. *Diese kurze Einführung ist nicht nach Schulen, sondern nach Themen und Sachgebieten geordnet. Klar, präzise, sehr hilfreich, mehr auf binnenliterarische denn auf Kontextfragen fokussiert.*

- Terry Eagleton: **Einführung in die Literaturtheorie**, 4. Auflage, Stuttgart 1997. *Obwohl schon 1983 zuerst veröffentlicht, immer noch eine der besten und verständlichsten Einführungen in die Literaturtheorie; darüber hinaus mit Humor, allgemeinverständlich, von einer dezidiert politischen Position aus und teilweise auch polemisch geschrieben.*

- Jürgen Fohrmann/Harro Müller (Hg.): **Literaturwissenschaft**, München 1995. *Der Band versammelt Aufsätze zu einer Vielzahl literaturwissenschaftlicher Begriffe aus unterscheidungstheoretischer Sicht und versteht sich als Selbstreflexion der germanistischen Literaturwissenschaft.*

- Wolfgang Welsch: **Unsere postmoderne Moderne**, 2. Auflage, Weinheim 1988. *Philosophisch und ästhetisch orientierte frühe Darstellung der Postmodernetheorie.*

6 Medien/-Welten

Abbildung 6: Paying out the land end of the cable from the stern of the „Niagara" – Verlegung des transatlantischen Kabels (1857)

Das Bild zeigt eine Szene aus dem Jahr 1857, als zwischen Großbritannien und den USA das erste transatlantische Kabel verlegt wurde. 1835 hatte der New Yorker Kunst- und Design-Professor Samuel Morse den Morsecode (kurz–lang) erfunden und kurz darauf gezeigt, dass diese Zeichen elektromagnetisch durch Draht übertragen werden können. Damit erhöhte sich die Übertragungsgeschwindigkeit von Informationen um den Faktor 10 000. Bis dahin waren Pferd bzw. Schiff die schnellsten Transportmedien, während nun Informationen, wenn auch zunächst nur einfache Aussagen, zeitnah übertragen werden konnten. Der erste Satz war: „What hath God wrought?" (4. Mose, 23, 23: „[Zu rechter Zeit wird Jakob und Israel gesagt,] welche Wunder Gott tut.") Wenn diese erste elektronische Fernkommunikation noch als Wunder erschien, so wurde der Untergang der Titanic 1912 schon binnen weniger Stunden weltweit miterlebt, und der Beginn des Ersten Weltkriegs ist eng mit der implodierenden Zeitverdichtung sich zeitlich überschneidender (telegrafischer) Depeschen („Juli-Krise 1914") verbunden (vgl. Kern 1983).

Medien und die Entstehung weltweiter Kommunikationsnetze sind eng miteinander verknüpft. Die Infrastruktur der Globalisierung besteht aus Transport- und Kommunikationsmitteln wie Pferden, Schiffen, später auch Flugzeugen, Briefen, Post, Telegraf, Telefon, Radio, Fernsehen und Internet, schließlich den ihrerseits schon mobilen Geräten Laptop und Mobiltelefon. Entfernungen können schneller überbrückt werden, und Fernbeziehungen und -kommunikationen werden sowohl möglich als auch üblich. Die heutige Zeit-Raum-Verdichtung basiert auf Medien. Diese sind jedoch nichts Neues; schon die Erfindung der Schrift veränderte menschliche Kulturen fundamental. Wenn Wissen und Kulturen nie unabhängig von den Medien, mit denen sie arbeiten, verstanden werden können, wenn diese das Wissen mitformen, dann kann ein Prozess wie die Globalisierung nur beschrieben werden, wenn er im Kontext eines tiefgehenden Medienwandels situiert wird. Neue Medien verändern Gesellschaft und Individualität genauso, wie sie die Künste und andere kulturelle Darstellungsformen beeinflussen.

6.1 **Medien, Kultur, Wissen**
6.2 **Oralität und Schrift**
6.3 **Transport und Geld**
6.4 **Gleichzeitigkeit und Netzwerkgesellschaft**

6.1 Medien, Kultur, Wissen

Marshall McLuhan publizierte 1962 *The Gutenberg Galaxis* (*Die Gutenberg-Galaxis*, 1968), Norbert Bolz 1993 ein Buch mit dem Titel *Am Ende der Gutenberg-Galaxis: Die neuen Kommunikationsverhältnisse* und Manuel Castells 2001 *The Internet Galaxy: Reflections on the Internet, Business, and Society*. Die Autoren verweisen mit dem Begriff der Galaxis auf Weltverhältnisse, die grundlegend durch Medien bestimmt sind: die Welt der Neuzeit seit der europäischen Erfindung des Buchdrucks durch Gutenberg in den 1440er-Jahren und die vernetzte Welt des Internets seit den 1990er-Jahren. Damit werden gleichzeitig die beiden entscheidenden Phasen der Globalisierung markiert: die erste Phase, die mit der Entdeckung Amerikas 1492 beginnt, jedoch ohne Buchdruck nicht in dieser Form vorstellbar wäre, und die gegenwärtige aktuelle Phase der Globalisierung, die eng mit der Entstehung des Internets verknüpft ist (→ KAPITEL 2).

Von der Gutenberg- zur Internet-Galaxis

Der erste entscheidende Gedanke besteht daher darin, dass Medien nicht nur äußere Technologien darstellen, sondern mit und durch die Übertragungsform ihrerseits kulturelle Formen und Inhalte modellieren:

Medien und Kulturentwicklung

„Wesen, Gepräge, Zustand, Funktion und Funktionsweise einer Kultur bilden sich stets in engstem Zusammenhang mit den Medien heraus, in denen kulturelles Geschehen sich vollzieht." (Engell / Vogl 1999, S. 8)

Medien sind also keineswegs nur Werkzeuge, sind nicht und nie transparent, selbst wenn sie dazu tendieren, sich selbst unsichtbar zu machen und habituell übersehen zu werden; vielmehr sind Form bzw. Medium und Inhalt immer zwei Seiten einer Medaille:

„Beginnend mit Lautsprache, Bild, Schrift und den frühen Zahlsystemen über die Codierungen photographischer und kinematographischer Bilder und der Fernmitteilung bis zur heute stipulierten ‚computer literacy' sind es noch stets die historisch, technisch, epistemologisch und vor allem medial bestimmten Kulturtechniken, die nicht nur die Instrumente, sondern gerade als Instrumente selbst Quellen kultureller Praxis sind." (Engell / Vogl 1999, S. 8)

Ein kulturwissenschaftlicher Zugang zur Globalisierung muss deshalb zum einen die medientheoretischen und -historischen Grundlagen weltweiter kommunikativer Konnektivität bzw. Vernetzung darlegen, zum anderen erläutern, wie transkulturelle Kommunikation mit Blick auf Medialität zu beschreiben ist. Denn es waren zuerst die Schrift und dann die elektronischen Medien, die weit voneinander

Medientheorie, Mediengeschichte und transkulturelle Kommunikation

entfernt liegende Orte miteinander verbanden. Unterschiedliche Medienkulturen implizieren jedoch auch unterschiedliche Weltzugänge. Neue Medien verändern zunächst die Erfahrung und Vorstellung von Raum und Zeit, wie Heinrich Heine schon 1843 bei der Eröffnung einer neuen Eisenbahnlinie bemerkte:
> „Welche Veränderungen müssen jetzt eintreten in unserer Anschauungsweise und in unseren Vorstellungen! Sogar die Elementarbegriffe von Zeit und Raum sind schwankend geworden. Durch die Eisenbahnen wird der Raum getötet, und es bleibt uns nur die Zeit übrig." (Heine 1843 in: Großklaus 1995, S. 7)

Durch die schnelle Erreichbarkeit selbst entlegener Orte und heute auch Kontinente ist das Weitentfernte und Fremde inzwischen immer auch präsent und gleichzeitig; Ungleichzeitiges wird synchronisiert.

Medienbegriff

Was ist nun ein Medium? Alltagssprachlich versteht man unter Medien Zeitungen, Fernsehen und Radio, also Organe, in denen öffentliche Meinung produziert wird. Ohne Medien kann man sich nicht aktuell informieren, gleichzeitig steht man ihnen oft jedoch eher skeptisch gegenüber und unterstellt ihnen Manipulation und ‚Meinungsmache'. Ein ernstzunehmender, nicht-trivialer Medienbegriff muss jedoch abstrakter ansetzen. Dem Germanisten und Medienwissenschaftler Jochen Hörisch zufolge können Medien als Körperextensionen, Interaktionskoordinatoren sowie Speicher- und Übertragungsmedien definiert werden; schließlich dienen sie auch zur Datenverarbeitung. Dabei lösen Speichermedien Zeitprobleme, während Übertragungsmedien die Überwindung von Distanzen betreffen (vgl. Hörisch 2001, S. 61–72).

Medien und Wissen

Weil Medien jedoch auch das Denken und Wahrnehmen beeinflussen und die Daten, das Wissen bzw. die Information, die sie verarbeiten, selbst mit formen, können sie nicht unabhängig von diesen Daten und daher auch nicht zeit- und kontextfrei bestimmt werden:
> „Sucht man in den neueren Positionen der Medientheorie nach einem gemeinsamen Horizont, so muß man in Medien nicht bloß Verfahren zur Speicherung und Verarbeitung von Information, zur räumlichen und zeitlichen Übertragung von Daten erkennen; sie gewinnen ihren Status als wissenschaftliches, d. h. systematisierbares Objekt gerade dadurch, daß sie das, was sie speichern, verarbeiten und vermitteln, jeweils unter Bedingungen stellen, die sie selbst schaffen und sind." (Engell/Vogl 1999, S. 10)

Die bekanntesten Formen dessen, was übertragen wird, sind Bild, Ton, Text und Zahl. Allerdings verweist der französische Medientheoretiker Régis Debray darauf, dass die Erfindung einer medialen Technologie noch keineswegs dazu ausreicht, dass sich diese auch durchsetzt; vielmehr ist hierzu ein passendes politisch-soziales Milieu nötig. Neue Entwicklungen können daher nicht allein auf die Materialität des Mediums zurückgeführt werden. Ein Beispiel wäre, dass der Buchdruck mit beweglichen Lettern schon im China des 11. Jahrhunderts erfunden wurde, jedoch erst die Wiedererfindung in Europa, nun mit Bleilettern, zur Verbreitung in großem Maßstab führte (vgl. Debray 1999, S. 70). Medien sind also eng mit sozialen Kontexten verknüpft; deshalb kann eine Medienwissenschaft nicht von den technischen Möglichkeiten allein ausgehen. Vielmehr muss sie auch historisch erforschen, wie Technologien, Kultur und Gesellschaft zusammenwirken und ineinander greifen. In Bezug auf die Globalisierung heißt dies, dass zwar die erste Phase der Globalisierung ohne schnelle Schiffe und die Schrift, die heutige Phase ohne elektronische Medien und Internet nicht möglich gewesen wären, dass jedoch erst ein Blick auf das nicht technologisch determinierte Zusammenspiel der verschiedenen Bereiche der Gesellschaften ein Verständnis globaler Prozesse ermöglicht.

Medien und Milieus

6.2 Oralität und Schrift

Den wenigsten von uns ist bewusst, dass auch die Schrift ein Medium ist. Über die Medialität der Schrift wurde erst in dem Moment wieder nachgedacht, als neue elektronische Medien deren Definitionshoheit zu brechen drohten. Es war Marshall McLuhan, der 1962 einen Paradigmenwechsel einleitete, als er vom Ende der durch den Buchdruck bestimmten Epoche als Folge der zunehmenden Verbreitung von elektronischen Kommunikationsmedien und den Konsequenzen für die Kultur sprach (vgl. McLuhan 1968a).

Schrift als Medium und Kulturtechnik

Während das Sprechen eine evolutionär erworbene Fähigkeit des Menschen ist, wurde die Schrift erst ca. 5000 v. Chr. erfunden und ist daher eine menschliche Kulturtechnik. „Mehr als jede andere Erfindung hat das Schreiben das menschliche Bewusstsein verändert." (Ong 1999, S. 95) Auch dem Medium der Schrift begegneten die Menschen zunächst kritisch. Einen guten Einblick in die Widerstände gegen die Schrift aus Sicht der Authentizität von Mündlichkeit, gleichzeitig aber auch in die Aporien jeder Medienkritik, bietet Platons siebter Brief im *Phaidros* (um 360 v. Chr.). Dort argumentiert Sokrates, durch das Schreiben werde das Denken geschwächt, es führe zu Vermittlungsproblemen, weil auch Unkundige den Text lesen könnten, und es sei unmenschlich, weil ein Prozess, der nur im Den-

Platons Schriftkritik im Phaidros

ken selbst stattfinden könne, ausgelagert werde. Außerdem sei es passiv und äußerlich, weil wirkliches Reden nur in einem interpersonalen Kontext möglich sei (vgl. Ong 1999, S. 96). All diese Einwände werden heute, wie der amerikanische Medienwissenschaftler Walter Ong zu Recht anmerkt, auch gegen den Computer erhoben. Problematisch ist zudem, dass Platon selbst seine Kritik in einem geschriebenen Text formuliert:

> „Darüber hinaus wird die neue Technologie nicht nur dazu benutzt, die Kritik zu befördern, sie erzeugt vielmehr erst die Kritik. Platos philosophisch-analytisches Denken, einschließlich seiner Kritik des Schreibens, wurde [...] durch Auswirkungen des Schreibens auf die mentalen Prozesse erst ermöglicht." (Ong 1999, S. 97)

Auf die heutigen Verhältnisse übertragen könnte man argumentieren, dass auch die Kritik an Computer und Internet auf Computern bzw. online und vernetzt geführt wird. Eine neue Medientechnologie beeinflusst also auch die kritische Auseinandersetzung mit derselben.

Buchdruck und das Individuum

Die Erfindung des Buchdrucks ist ein entscheidender Faktor in der Ausbildung der europäischen Moderne, ja unserer heutigen Welt. Es ist keineswegs unplausibel, wenn die Reformation, die Entstehung des modernen Individuums sowie des Nationalismus (vgl. McLuhan 1968b) mit ihm in Verbindung gebracht werden. Ong verweist hier auf den Übergang von einer oral und aural, also über das Hören koordinierten Welt zu einem primär visuellen Weltzugang und bringt das neu entstehende Individuum auf die (nur in der englischen Fassung plausible) Formel „The Eye = I", also, das Auge entspricht dem Ich (Ong 1967 in: Jay 1994, S. 67). Der entscheidende Effekt der Typografie auf die entstehende Bewusstseinsform besteht McLuhan zufolge in einer Position der Distanz und der Nichtteilnahme, die am deutlichsten in René Descartes' Beschreibung seiner Denkhaltung der visuellen Distanz gefasst wird (vgl. Jay 1994, S. 81). Der französische Philosoph, der im 17. Jahrhundert lebte, vertrat einen Dualismus, der Geist und Materie trennt und einander entgegenstellt. Das beobachtende (oder lesende) Auge wird dabei gleichsam als körperlos vorgestellt. Gleichzeitig entstand jedoch mit der Verbreitung des privaten und einsamen Lesens eine Form der Innerlichkeit, die erst in den letzten Jahren durch die Ausbreitung der elektronischen Medien wieder zurückgedrängt wird.

Alphabetische Schrift

Die Verwendung einer alphabetischen Schrift brachte ihren Nutzern erhebliche Vorteile. So hat Jared Diamond die Frage, warum der Inka-König Atahualpa mit seiner immensen militärischen Übermacht den spanischen Conquistador Francisco Pizarro 1532 in Cajamarca nicht festgenommen hat, mit dem Verweis beantwortet, dass die Spanier Feuerwaffen, Pferde und auch die Technologie der Schrift besaßen: „Bei der Erklärung spielt letztlich die Schrift eine nicht unerhebliche Rolle." (Diamond 1999, S. 85) Das griechische Alphabet stellte das erste Notationssystem dar, das völlig unabhängig von Sinn und Inhalt war; Saussure brachte dies auf den Nenner, die Sprache sei arbiträr und konventionell (→ KAPITEL 5.2). Sie besteht also aus Zeichen, die in keinem Ähnlichkeits- oder Nachbarschaftsverhältnis zum Dargestellten stehen, die nicht durch die ‚Sachen' direkt motiviert sind. Daraus ergibt sich der entscheidende Vorteil, dass man nun auch Texte mit Wörtern lesen kann, die man nicht kennt (vgl. de Kerkhoeve 1999, S. 118). Es entsteht eine neue Freiheit beim Schreiben, und die Kritik an Autorität und Dogmatik wird erst jetzt möglich. Schließlich kann man „alle denkbaren Kombinationen zur Beschreibung realer oder imaginärer Erfahrung ausprobieren" (de Kerkhoeve 1999, S. 119), sodass dem Denken durch das Schreiben ein weiter Möglichkeitsraum geöffnet wird.

Die beinahe uneingeschränkte Herrschaft der Schrift als Leitmedium ging mit der Erfindung der audiovisuellen Aufzeichnungs- und Übertragungsmedien und schließlich mit dem interaktiven Medium Internet zu Ende. Heute ist sie nur noch ein (wenn auch vielleicht immer noch das wichtigste) Element innerhalb eines multimedialen Mix, der audiovisuell und zunehmend auch interaktiv funktioniert. Damit verändern sich die Raum- und Zeitrelationen noch einmal radikal:

Das Ende der Gutenberg-Galaxis

„Die neue Medienrealität lässt die Konturen der traditionellen und uns vertrauten soziokulturellen Topografie verblassen; die alte ‚kognitive Karte' (Downs/Stea) verliert zunehmend ihre Bedeutung für die soziokulturelle Orientierung: die der Karte zugrunde liegenden räumlichen Entwürfe von Grenzen, Distanzen und Feldern entsprechen offenkundig den ‚Geschwindigkeitsverhältnissen' (Virilio) ‚langsamer' vorindustrieller Gesellschaften. Es scheint nun, daß die alte *Raum*-Karte in den schnellen Gesellschaften unseres elektronischen Zeitalters abgelöst wird durch eine neue *Zeit*-Karte." (Großklaus 1995, S. 103)

Simultan übertragene bild- und klangliche Kommunikation ist, anders als Lesen und Schreiben, öffentlich. Das Verhältnis von Distanz und Nähe verändert sich ebenso wie das von Privatheit und Öffentlichkeit. Das symbolische Speichermedium der Schrift ist in der Zeitdimension durch Nachträglichkeit charakterisiert und macht den

Medienwandel als Bewusstseinswandel

Menschen zum solitären Leser. Ong zufolge ist inzwischen eine zweite Oralität entstanden, die eine Form der Mündlichkeit parallel zur Schrift und auch in Verbindung mit dieser darstellt (vgl. Ong 1982, S. 136).

6.3 Transport und Geld

Um die medialen Vehikel der Globalisierung besser verstehen zu können, muss ein weiter, umfassender Medienbegriff angesetzt werden. Drei Medienbereiche sind ganz wesentlich am Zusammenwachsen des Globus beteiligt:
- Verkehrsmittel – Schiffe, Eisenbahnen, Flugzeuge,
- die Kommunikationsmedien der Schrift sowie Telegraf, Telefon, Radio, Fernsehen, Computer, Internet,
- und schließlich das Medium Geld, das, wie Niklas Luhmann anmerkt, „auf dem Weg zu sein [scheint], das Medium schlechthin zu werden." (Luhmann 1998, S. 723)

Transport, Kanäle, Übertragung

Transport bzw. noch allgemeiner; Übertragung im weitesten Sinne bildet also den ‚Kern' jeden Mediums. Dabei sollte nochmals hervorgehoben werden, dass auch unser wichtigstes Medium, die Sprache, mit Übertragung zu tun hat; Metapher bezeichnet eine sprachliche Bedeutungsübertragung.

Der Wirtschaftshistoriker Harold Innis hat die enge Verknüpfung von Verkehrs- sowie Übertragungstechnologien und Machtstrukturen auf eine Weise aufgezeigt (vgl. Innis 1951), die sich so zusammenfassen lässt:

„Die Transportwege und Transportmöglichkeiten der Güter – der materiellen wie der immateriellen – bestimmen, was in welcher Zeit wohin gelangen kann, ja sogar, was überhaupt als Handels- und Übertragungsgut identifizierbar ist. Eine Herrschaft und eine Kultur strukturiert sich nach diesen Maßgaben." (Engell 1999, S. 128)

Verkehrsmittel

Während die Seidenstraße zwischen Europa und China noch mit Pferden passiert wurde, folgte der erste Globalisierungsschub zunächst den portugiesischen und spanischen Karavellen über die Ozeane, ging im 19. Jahrhundert auf Dampfschiffe und im 20. Jahrhundert schließlich auf Flugzeuge über. Der Historiker Peter Linebaugh bemerkte einmal sehr treffend, dass „das Schiff vielleicht der wichtigste Kanal panafrikanischer Kommunikation vor der Erfindung der Langspielplatte war." (Linebaugh 1982 in: Gilroy 1993,

S. 13, Übers. d. Verf.) Es ist zweifellos richtig, dass globale Vernetzung und Distanzverringerung in großem Maße mit schnell zirkulierenden Verkehrsmitteln zu tun haben, die raum-zeitliche Konstellationen neu definieren. So werden heute Entfernungen oft in Stunden statt in Kilometern angegeben.

Um zu skizzieren, in welcher Weise Geld globale Kommunikationen ermöglicht, was zunächst ja unmittelbar evident ist, soll kurz die Konzeption symbolisch generalisierter Kommunikationsmedien des einflussreichen Soziologen Niklas Luhmann erläutert werden:

> „Die allgemeine Funktion generalisierter Kommunikationsmedien, reduzierte Komplexität übertragbar zu machen und für Anschlußselektivität auch in hochkontingenten Situationen zu sorgen, gehört zu den Grundvoraussetzungen des Aufbaus komplexer Gesellschaftssysteme." (Luhmann 2001, S. 39)

Geld ist dieser Sicht zufolge ein Kommunikationsmedium, das es ermöglicht, auch mit Menschen oder Institutionen in ein Austauschverhältnis zu treten, die man nicht versteht und über die man nichts weiß. Geld ist abstrakt und potenziell in alles andere übersetzbar; es ist ein Zeichen, nicht der Sachverhalt bzw. Wert selbst. Auch wenn es gerade diese Abstraktheit ist, hinter der der einzelne Mensch verschwindet und die die Geldkommunikation oft kontextlos erscheinen lässt, so ermöglicht Geld doch grenzenlose Fernkommunikation, die heute den gesamten Globus fast simultan verschaltet.

Geld als Medium

Darüber hinaus erfüllt Geld beinahe alle Anforderungen der Globalisierung: es ist mobil, abstrakt und daher höchst ortsungebunden, also bestens de- und reterritorialisierbar, transportabel und überall verwendbar, und es ist ein transnationales wie auch transkulturell verstehbares Zeichen, ja heute beinahe ein Universalzeichen. Wenn Geld das globale Medium schlechthin ist, dann beeinflusst dies auch die Entwicklung und die Formen der Kultur in nicht geringem Maße. Denn kulturelle Produkte (und Künstler wie auch Wissenschaftler) zirkulieren immer auch unter Maßgabe von Geldwerten. „Geld ist eher mental als Metall." (M. Taylor 2004, S. 107, Übers. d. Verf.) Paradoxerweise ist Geld gerade deshalb so nützlich, weil es selbst nutzlos ist (vgl. M. Taylor 2004, S. 106). Sein Wert besteht ausschließlich in seinem Tauschwert. In seiner heutigen oft elektronischen Form wird die Virtualität dieses Mediums noch weiter potenziert. Geld und der den Geldwert von Waren bezeichnende Barcode werden weltweit verstanden. Gleichzeitig ist Geld auch eines der privilegierten Medien der globalen Machtausübung und Einflussnahme.

Geld als Leitmedium der Globalisierung

6.4 Gleichzeitigkeit und Netzwerkgesellschaft

Elektronische Medien

Wenn man von einer gemeinsamen Welt spricht, so meint man damit die medial generierte Möglichkeit, Informationen weltweit in Echtzeit zu übertragen und zu erhalten:

„Die beherrschende Kategorie ist die der Simultaneität: der Gleichzeitigkeit der vielen ortsspezifischen Gegenwarten. Im televisionalen Echtzeit-Fenster erscheint das räumlich Getrennte in simultaner Verdichtung." (Großklaus 1995, S. 141)

Konnektivität, Netzwerk und Fluss

Drei Hauptmetaphern des Globalisierungsdiskurses auch hinsichtlich der Medienkommunikation sind „Konnektivität, Netzwerk und Fluss" (vgl. Hepp/Krotz/Moores/Winter 2006). Wenn die Konzeption des Netzwerks als plausibles Modell für den Operationsmodus der globalen Welt vorgeschlagen wurde, so sind die Medien – insbesondere die vernetzten Medien – die Übertragungskanäle und stellen die Verbindungen zwischen den jeweiligen Knoten her. Dies erklärt die herausgehobene Bedeutung der Konnektivität als Leitdifferenz der Globalisierung (nicht des Globalen). Wer nicht angeschlossen und vernetzt ist, bleibt weitgehend vom Globalisierungsprozess ausgeschlossen bzw. erleidet nur dessen Konsequenzen. „Fluss" schließlich ist eine Metapher für die mobile Daseinsform dessen, was zwischen den Knoten durch die Medien zirkuliert, also in erster Linie Informationen und Daten. Deshalb kann der Soziologe Manuel Castells auch mit einigem Recht von einer informationellen Netzwerkgesellschaft sprechen. Ihm zufolge haben Informationen und Wissen Produkte als „Schlüsselelemente für das Wirtschaftswachstum" abgelöst (Castells 2001, S. 106). Wesentlich für ein Verständnis der neuen Medienwelt ist, dass Netzwerke „im Sinne des nichtlinearen Hypertextes" verstanden werden. Dies bedeutet, „dass Knoten in beliebiger Reihenfolge aufgesucht werden können, also nicht hierarchisch geordnet sind und zu allen anderen eine Verbindungslinie aufnehmen." (Schelske 2007, S. 76) So verstanden haben Netzwerke keine Kontrolle; Ordnung und Strukturen müssen sich weitgehend immanent ergeben.

Interaktivität

Die genannten Möglichkeiten der Rückmeldung und der Interaktivität sind entscheidend. Denn das Internet bzw. die vernetzten Medien zeichnen sich gerade durch die mögliche Interaktivität aus, erlauben also, im Gegensatz zu Radio und Fernsehen, direktes Reagieren und eigene Beiträge. Potenziell entsteht so eine neue weltweite Öffentlichkeit, die nur schwer kontrolliert werden kann und die jedem und jeder offen steht. Allerdings sind die Zugangsbedingungen äußerst ungleich verteilt. Denn die meisten Root-Server stehen in den USA, und eine große Anzahl von Menschen, besonders in den Entwicklungsländern bzw. im sogenannten globalen Süden sind aufgrund fehlender technischer Möglichkeiten aus den medienvermittelten globalen Kommunikationsverhältnissen ausgeschlossen. Man spricht von einer digitalen Kluft (*digital divide*). Das globale Dorf weist also große weiße Flächen auf, Regionen, die nur indirekt über deren Effekte mit globalen Entwicklungen verknüpft sind. Daraus folgt ebenfalls, dass das Wissen und die Kultur vernetzter Personen und Gesellschaften global zirkulieren, während etwa das Wissen der Amazonasindianer keinen Einfluss hat.

The digital divide

Auch wenn sicherlich immer noch ein großer Teil der Medienmacht in den USA und in Europa konzentriert ist (→ KAPITEL 7), so lassen sich doch viele der heutigen medialen Kommunikationsprozesse nicht monokulturell erklären. Denn inzwischen hat sich eine Vielzahl hybrider Lebensstile und Kulturen entwickelt, und viele Menschen kommunizieren über kulturelle Grenzen hinweg bzw. zwischen Kulturen. Globalisierung der Medienkommunikation bedeutet jedoch auch, dass Kommunikationsereignisse, so auch ‚Texte', sich nicht (mehr) allein von einem Ort her verstehen lassen. Sie werden hybride und verbinden Menschen an weit voneinander entfernten Orten. Es lässt sich daher von der Notwendigkeit einer „transkulturellen Vergleichssemantik" sprechen (Hepp 2006, S. 80), welche Medienkulturen und -systeme als miteinander verbunden und an bestimmten Punkten verdichtet, jedoch nicht mehr (primär) durch nationale Grenzen definiert auffasst. Transkulturelle Kommunikation verweist daher auf deren zunehmende Deterritorialisierung:

Transkulturelle Kommunikation

„Die Netzwerke global agierender Medienkonzerne decken sich nicht mehr mit den territorialen Grenzen einzelner Nationalstaaten, ebenso wie verschiedenste mediale Repräsentationen translokal über die unterschiedlichen Territorien hinweg verfügbar sind und sich in deren Aneignung Netzwerke von Publika konstituieren, deren Bedeutungsproduktion territoriale Grenzen durchschreitet. Selbiges gilt für Prozesse der Regulation und Identitätsartikulation." (Hepp 2006, S. 139)

Der Medienwandel hat inter- und transkulturell betrachtet weitere weitreichende Folgen. Denn wenn es richtig ist, dass sich auch Vorstellungswelten und Modi des Weltzugangs mit den vorherrschenden Medien verändern, so folgt daraus, dass die Dominanz der europäischen Kultur mit der Umstellung auf Bild- und Tonmedien abnimmt. Solange diese allein bestimmend war, mussten Andere die europä-

Von Schrift zu Text/Bild/Ton

ischen Kolonialsprachen lernen, wenn sie mitsprechen wollten. Bilder und Töne sind zwar keineswegs semantisch arm oder jedem verständlich, sie haben jedoch niedrigere Zugangsbarrieren als dies bei Sprachkenntnissen der Fall ist. Zwar sind den meisten Menschen in erster Linie die Codes der eigenen und benachbarter Kulturen bekannt, doch sind Denotate fremder Bilder und Klänge einfacher zu verstehen als eine fremde Sprache, weil sie ikonisch oder indexikalisch (nach Charles S. Peirce) operieren. Audiovisuelle Medien erleichtern auch Nicht-Europäern den Zugang zum globalen Kommunikationsnetzwerk. So kann man Marshall McLuhan zumindest vorsichtig zustimmen, wenn er von der Entstehung eines globalen Dorfes im Kontext der elektronischen Medien spricht. Auch wenn nicht alle Menschen und Kulturen die Möglichkeit haben, sich medial selbst zu repräsentieren, so sind Mitglieder westlicher Gesellschaften inzwischen an nicht-westliche Menschen und Kulturformen gewöhnt.

Diese Entwicklung hat auch Konsequenzen für die Geisteswissenschaften. Wenn diese sich bis vor kurzem vor allem mit Texten befassten, so wird das in der heutigen Welt nicht mehr ausreichen. Lesen als Kulturtechnik hat Zukunft, verliert jedoch den Alleinvertretungsanspruch bezüglich des Denkens und Darstellens. Auch in den philologischen Disziplinen kann der Fokus nicht mehr ausschließlich auf Texten bzw. der Literatur liegen, die nun ebenfalls als Medium erscheint. Die Philologien müssen durch den Einbezug anderer Medien erweitert werden (was ja großenteils schon geschehen ist). In vielen Fällen hat man es heute mit multimedialen Kommunikations- und Repräsentationsformen zu tun. Ein wichtiger Schritt in diese Richtung wurde in den letzten Jahren mit der Forschung zu Mündlichkeit und Schriftlichkeit bereits getan.

Konkrete Untersuchungen können die Ebenen der Produktion, der Rezeption und der Aneignung von globalen Medienprodukten unterscheiden, transnationale, also globale Medienereignisse wie Olympische Spiele, Fußballweltmeisterschaften und weltweit übertragene Konzerte analysieren, aber auch Formen der medial erzeugten Teilnahme – etwa des Fernmitleids bei den Anschlägen des 11. September 2001 oder bei natürlichen Katastrophen wie dem Tsunami im Dezember 2004 – erforschen. Schließlich sollten auch wirtschaftliche und politische Aspekte der globalen medialen Vernetzung untersucht werden.

Fragen und Anregungen

- Skizzieren Sie, was ein Medium ist.
- Was sind die wichtigsten Auswirkungen von Mündlichkeit, Schriftlichkeit und (interaktiven) elektronischen Medien auf Individuum, Gesellschaft und Wissen?
- Skizzieren Sie, was transkulturelle Kommunikation ist?
- Warum ist Beschleunigung ausschlaggebend für den Medienwandel? Was bedeutet hier Gleichzeitigkeit und Instantaneität?
- Überlegen Sie, warum vernetzte Medien für die Entwicklung der Globalisierung wichtig sind.

Lektüreempfehlungen

- Lorenz Engell / Joseph Vogl: Kursbuch Medienkultur: Die maßgeblichen Theorien von Brecht bis Baudrillard, Stuttgart 1999. *Eine gut kommentierte Auswahl wichtiger neuerer Medientheorien.*

- Götz Großklaus: Medien-Zeit, Medien-Raum. Zum Wandel der raumzeitlichen Wahrnehmung in der Moderne. Frankfurt a. M. 1995. *Großklaus beschreibt den Medienwandel als entscheidenden Aspekt des Modernisierungsprozesses, wobei er mit Blick auf die Übertragung von Bildern und Tönen und die Simulation das Herstellen von Nahverhältnissen und Gleichzeitigkeit betont.*

- Andreas Hepp: Transkulturelle Kommunikation, Konstanz 2006. *Dieses Lehrbuch stellt transkulturelle Kommunikation in Bezug auf Medienpolitik, Medienproduktion wie auch -aneignung vor und thematisiert Fernsehen, Film und Internet.*

- Jochen Hörisch: Der Sinn und die Sinne. Eine Geschichte der Medien, Frankfurt a. M. 2001. *Diese gut geschriebene Mediengeschichte präsentiert von Stimme und Bildern über Schrift und Buchdruck, Fotografie, Fonografie und Telegrafie, Film, Radio, Fernsehen und Computer / Internet alle wichtigen Medien und situiert sie in einer Vielzahl von Kontexten.*

7 Kulturelle Globalisierung und Populärkultur

Abbildung 7: *The greatest crowd puller – Television* [Der größte Publikumsmagnet – Fernsehen]. Fotografie von Ranveig Thattai (2008)

KULTURELLE GLOBALISIERUNG UND POPULÄRKULTUR

Die Fotografie zeigt eine Gruppe von Indern, darunter Kinder und Jugendliche, die Fernsehen schauen. Damit kommen Informationen, Geschichten, Bilder und Klänge von weit her, möglicherweise von der anderen Seite des Globus aus Hollywood, zu den Zuschauern. Sie sitzen und stehen dicht gedrängt im Freien, auf dem blanken Boden, und blicken sehr konzentriert auf den Bildschirm. Die Gemeinschaftlichkeit unterstreicht, dass das neue Medium Funktionen eines älteren, etwa eines Geschichtenerzählers, übernimmt; die Jugendlichkeit vieler Zuschauer verweist zudem darauf, dass dem elektronischen Medium und dem Blick in die Welt die Zukunft gehört. Ebenfalls lässt sich vermuten, dass das Fernsehprogramm leicht verständlich ist, ohne größere sprachliche oder bildungstechnische Zugangsbarrieren. Das Fernsehen bringt die Welt an beinahe jeden Ort der Erde und verbindet diesen mit ihr, tut das jedoch auf einer semantisch relativ einfachen Ebene.

Kulturelle Globalisierung meint zunächst die weltweite Verbreitung von sogenannter Populärkultur. Elektronische Medien erreichen potenziell jeden noch so entlegenen Winkel des Globus und lassen dort lebende Menschen am Weltgeschehen teilnehmen. Kritiker würden allerdings einwenden, dass die Menschen auf dem Foto, allen voran die Kinder, gleichzeitig auch beeinflusst werden, etwa durch westliche Vorstellungen und Werte, und dass sie hierdurch manipuliert würden. Sie werden dann später ihre traditionelle Kultur nicht mehr ‚authentisch' vertreten, sondern westlich-moderne Ziele erreichen wollen. Andererseits ist der Kontext, in dem medial vermittelte Formate und Inhalte aufgenommen werden, jeweils sehr spezifisch. Es ist zwar nicht möglich zu beobachten, was diese Menschen denken, aber man kann davon ausgehen, dass mediale Inhalte durch Rezeption und Gebrauch in einem anderen kulturellen Umfeld verändert werden. Globale populäre Kultur steht in der Spannung zwischen Invasion, Information und je eigener Aneignung.

7.1 **Populär- und Massenkultur**
7.2 **Amerikanisierung und kreative Aneignung**
7.3 **Standardisierung, Differenzierung, Hybridisierung**
7.4 **Methode globaler Interpretation**

7.1 Populär- und Massenkultur

Die bisherigen Überlegungen haben Elemente und Dimensionen von Globalisierungsprozessen und Weltkonstruktionen zwar aus kulturwissenschaftlicher Perspektive betrachtet, die Kultur jedoch noch nicht direkt in den Blick genommen. Dieses Vorgehen basierte auf der Annahme, dass Globalisierung ein multidimensionaler Prozess ist. Globalisierung der Kultur selbst meint zunächst, dass bestimmte Formen weltweit verfügbar und zugänglich sind. Es gibt kulturelle Formen, die an (fast) allen Orten der Erde verstanden werden und bekannt sind (etwa Donald Duck, McDonald's, Fußball, Hollywood-Filme und Popmusik): Kulturelle Globalisierung

„Globalität und Popularität von Kultur scheinen wie von selbst aufeinander zu verweisen: Nur was überall erfolgreich ist, kann wirklich populär sein; und Popularität zeigt sich nicht zuletzt an der weltweiten Verbreitung von kulturellen Artefakten. Deshalb dient in der Globalisierungsdebatte ein bestimmter Typus von kulturellen Phänomenen als Beweis dafür, dass Globalisierung nicht nur Finanzströme, sondern auch Kultur betrifft." (Stäheli 2000, S. 85)

Damit weist der Soziologe Urs Stäheli auf den entscheidenden, jedoch auch äußerst kontroversen Sachverhalt hin, dass kulturelle Artefakte nur dann global wirksam sein können, wenn sie auch auf der anderen Seite des Globus verstanden und gebraucht werden können. Es muss sich also um Formate wie auch Inhalte handeln, die ‚gut reisen', ‚gut zu verpacken', ‚wieder auszupacken' und dann auch in den neuen Umgebungen wieder zu verwenden sind. Dadurch werden ‚unhandliche', sehr ortsspezifische und nur Spezialisten zugängliche Formate ausgeschlossen. Semiotisch betrachtet heißt dies, dass die Encodierung der Kultur, das Medium der Übertragung und die Möglichkeit zur Decodierung besonders wichtig sind. Globale Verständlichkeit

Im Allgemeinen wird zwischen Massen- und Populärkultur so unterschieden, dass erstere nach kommerziellen Kriterien produzierte Produkte umfasst, während letztere durch den Gegenentwurf zu den Ausschlusskriterien der Hochkultur definiert wird. „Massenkultur hängt ab von Technologien der Massenproduktion und Massenreproduktion und daher von der Homogenisierung der Unterschiede." (Huyssen 1986, S. 9, Übers. d. Verf.) Dem britischen Kulturwissenschaftler Raymond Williams zufolge ist Massenkultur ein spezifisch modernes Phänomen und meist mit Konsum assoziiert. Populäre Kultur dagegen sei eine Kultur, die von den Leuten für die Leute ge- Massenkultur und populäre Kultur macht wird, impliziere jedoch immer auch ein Moment der Simplifizierung (vgl. Williams 1976).

Für den der Frankfurter Schule zugerechneten Philosophen Theodor W. Adorno ist das primäre Kriterium der Unterscheidung zwischen autonomer und kommerzieller Kultur die Differenz zwischen Standardisierung und Nicht-Standardisierung. Seinem Aufsatz *Zeitlose Mode. Zum Jazz* (1953) zufolge entkleidet der Jazz, den er der Massenkultur zuordnet, den Zuhörer seiner Spontaneität und fördert konditionierte Reflexe. Er betrachtet den Jazz – und damit populäre Musik – als eine Mode und spricht von einer „Form des standardisierten Massenprodukts" sowie dem „Ausdruck der Immergleichheit". Dies führe bei den Zuhörern zu einer „Pseudoindividualisierung" (Adorno 1977, S. 128f.). Damit meint Adorno, dass die Massenproduktion den Konsumenten mit der Illusion einer freien Wahl einlulle. Den Rezipienten fasst er als passiven Konsumenten auf. Kulturkritische Argumente, die von einem amerikanischen Kulturimperialismus sprechen, beziehen sich seitdem meist auf die Frankfurter Schule.

In den britischen *Cultural Studies* werden Produktion und Rezeption gleichermaßen in Betracht gezogen, und das Publikum wird als aktiver Mitproduzent gesehen.

„Wir müssen anerkennen, dass die Beziehung zwischen Publikum und populären Texten zum größten Teil aktiv und produktiv ist. [...] Ein Text trägt seine eigene Bedeutung oder Politik nicht in sich selbst [...]. Die Leute kämpfen unablässig, nicht nur um herauszufinden, was ein Text bedeutet, sondern auch um ihn dazu zu bringen, dass er etwas bedeutet, das ihn mit ihren Leben, Erfahrungen, Bedürfnissen und Wünschen verbindet. [...] Ein Text kann nur etwas im Kontext der Erfahrung und Situation seines jeweils besonderen Publikums bedeuten. Genauso wichtig ist, dass Texte nicht schon im Vorhinein definieren, wie sie verwendet werden sollen oder welche Funktionen sie erfüllen können. Sie können unterschiedliche Verwendungen für unterschiedliche Leute in unterschiedlichen Kontexten haben." (Grossberg 1992 in: Storey 1996, S. 6f., Übers. d. Verf.)

Während Massenkultur sich also in erster Linie auf Produkte bezieht, die nach Kriterien der Marktgängigkeit und des Profits erzeugt werden, wird Populärkultur durch das definiert, was die Menschen mit diesen kulturellen Produkten tun:

„‚Die Leute' werden also besser durch das erkannt, was sie *tun*, als durch das, was sie *sind*, und die Populärkultur wird analog

besser durch das erkannt, was sie *tut*, als durch das, was sie *ist*.
Die Populärkultur ist mehr eine Kultur des Prozesses denn von
Produkten." (Fiske 1995, S. 323, Übers. d. Verf.)
Diese Position der *Cultural Studies* steht der Kulturindustrie zwar
auch kritisch gegenüber, geht jedoch nicht davon aus, dass die Menschen dieser nur hilflos ausgeliefert sind. Die Populärkultur ist dem
Kulturwissenschaftler John Fiske zufolge an die Produkte und die
Technologien der Massenkultur gebunden, aber ihre Kreativität basiert auf der Weise, in der sie diese Produkte und Technologien als
Material verwendet. Ihre ‚Texte' werden erst im Gebrauch ‚fertig' gestellt. Populäre Kultur lässt sich also nicht auf der Ebene des ‚Textes'
fassen, sondern wird vielmehr als eine Weise des Umgangs mit industriell gefertigtem Material gesehen. Entscheidend ist auch die Auswahl. So werden etwa 80 Prozent der Produkte der Massenindustrie
zurückgewiesen; acht von zehn Hollywood-Filmen fallen durch, vier
von fünf TV-Shows überleben ihre erste Saison nicht (vgl. Fiske
1995, S. 326f.).

<small>Gebrauch kultureller Produkte</small>

Wenn hier einer tendenziellen Einebnung der Unterscheidung zwischen Hoch- und Populärkultur das Wort geredet wird, so geht es
darum, dass bis vor nicht allzu langer Zeit alles, was nicht der Hochkultur zugerechnet wurde, entweder als kommerziell oder allein ethnologisch bzw. soziologisch relevant betrachtet wurde. Daraus folgte,
dass Kulturelles aus anderen Erdkreisen entweder als flach und kommerziell eingeschätzt wurde oder im Völkerkundemuseum endete. In
der heutigen Kulturlandschaft greift diese Differenzierung jedoch nur
noch sehr bedingt, da sich komplexe Kunstwerke und Kulturprodukte wie auch Kommerz und massenhafte Verbreitung auf beiden Seiten
finden lassen.

<small>Europäische Hochkultur und der ‚Rest'</small>

Wenn Simplifizierung, weite Verbreitung und der Schwerpunkt
auf kulturellem Gebrauch zentrale Elemente des Populären darstellen, so müssen Elemente globaler (populärer) Kultur darüber hinaus
die folgenden Kriterien erfüllen:
- Sie sollten sich in einem schnellen und global präsenten Medium
  übertragen lassen; digitale Formate erfüllen dieses Kriterium.
- Sie müssen sich in Geld übersetzen lassen.
- Und schließlich sollten sie möglichst leicht an unterschiedliche kulturelle Kontexte anschließbar sein.

<small>Kriterien für global anschließbare kulturelle Formate</small>

In der Terminologie der Semiotik impliziert dieses dritte Kriterium,
dass die Denotate, also die buchstäblichen Bedeutungen, einfach, also auch von Menschen zu verstehen sind, die in ganz anderen Gesellschaften leben und somit die kulturellen Kontexte und Konnotatio-

nen nicht kennen. Symbolische Medien (im Sinne der Semiotik von Charles S. Peirce) wie die Sprache und die Schrift setzen deutlich mehr kulturelle Kenntnisse voraus als ikonische oder indexikalische Zeichen wie Bilder und Klänge.

Hip-Hop global   Ein gutes Beispiel für die weltweite Zirkulation einer kulturellen Form ist die Entstehung und Verbreitung der Hip-Hop-Kultur. In den späten 1970er-Jahren brachten afrokaribische Immigranten aus Jamaika die dort entstandene Dub-Musik – eine Form des rhythmischen Sprechens zur Musik von Schallplatten – mit nach New York City in die South Bronx, einen Slum, in dem vor allem Afroamerikaner wohnten. Die jamaikanische Musik war jedoch selbst schon eine Mischung aus musikalischen Elementen und prosodischen, also sprachlichen klanglich-rhythmischen Gesten, die aus Afrika importiert, in der Karibik jedoch mit britischen Elementen und mit moderner Soundtechnologie verbunden worden waren. In der Bronx wurden diese Elemente mit afroamerikanischen gemischt und an die neue Umgebung angepasst. So entstanden Rapmusik, Graffiti und Breakdance sowie DJing. Diese musikalischen und kulturellen Formen wurden dann ihrerseits über Tonträger, MTV und andere Medien weltweit verbreitet, sodass Hip-Hop heute zweifellos ein globales Idiom darstellt. Und selbst nach Afrika wurde diese Musik (re-)importiert und mit den ‚Ausgangszutaten' erneut hybridisiert. Hip-Hop wurde schließlich auch zu einem Medium, das Nike, Adidas und Tommy Hilfiger zur Profilbildung ihrer Marken benutzten.

Hybridität und   An diesem Beispiel kann man ablesen, wie kulturelle Formen
Mobilität   durch Mischung, durch Hybridisierung und kulturellen Transfer entstehen, aber auch die Weisen beobachten, in denen sie sich dabei verändern. Die globale Kultur ist also eine mobile und hybride Kultur, die ihre Form laufend verändert:

„Rückhalt in einer Herkunft und Spaß am Konsum. Die Volkskultur der Vorstädte holt sich aus der Massenkultur, was ihr gefällt, setzt Elemente anders zusammen und gibt sie in Gestalt von trickreichen Kombinationen und witzigen Einfällen an die riesige Maschine unserer gemeinsamen populären Kultur zurück." (Bude 1995 in: Wagner 2001, S. 19)

7.2 Amerikanisierung und kreative Aneignung

Auch im Hinblick auf die Kultur sind die entscheidenden Kennzeichen der Globalisierung das Zusammenwachsen und die Synchronisierung:

> „Durch die Globalisierungsprozesse von Ökonomie und Kommunikation entsteht zunehmend eine weltweite Kultur ohne nationale Schranken mit universellen Bilderwelten und gleichen Mustern vor allem von Popularkultur. Mehr als 500 Satelliten bestreichen gegenwärtig mit vielfach uniformen Bildern, Videoclips und Popmusik die Erde. Sportveranstaltungen und Musiksendungen werden gleichzeitig weltweit ausgestrahlt [...]." (Wagner 2001, S. 11)

Synchronisierung

Globalisierung, und insbesondere deren kulturelle Komponente, wird häufig mit einer Amerikanisierung gleichgesetzt. Richtig ist, dass ein Großteil der global agierenden Firmen ihren Hauptsitz in den USA hat und sehr viele der Produkte der globalen Populärkultur amerikanischen Ursprungs sind. Die US-amerikanische Kultur wurde so zum „Weltidiom der populären Künste" (Maase 1992, S. 26).

Amerikanische Popkultur als Weltidiom

Der Verweis auf die Amerikanisierung im Rahmen der Kulturimperialismusthese der Frankfurter Schule ist jedoch zu einfach, um den Siegeszug des amerikanischen Populären im 20. Jahrhundert zu erklären. Zum einen wird Kultur nie eins zu eins übernommen und zum anderen ist die amerikanische Kultur alles andere als monolithisch. Denn sie war schon immer multikulturell und daher in gewissem Sinne strukturell auf Globalisierung eingestellt:

Geschichte der amerikanischen Popkultur

> „Plausibler ist die Annahme, dass es bestimmte Elemente sozialer, psychischer und ästhetischer Gratifikation gibt, die die Basis dieser Resonanz bilden und damit auch die Basis für ihre kommerzielle Nutzung." (Fluck 1999, S. 58)

Die amerikanische Gesellschaft war in besonderem Maße dazu prädestiniert, leicht verständliche kulturelle Formen herauszubilden, wie der Amerikanist Winfried Fluck hervorhebt:

> „Aufgrund der multi-ethnischen und multikulturellen Zusammensetzung der amerikanischen Gesellschaft, insbesondere in den Jahren der Entstehung der modernen Unterhaltungskultur um 1900, stand die amerikanische Populärkultur von Anfang an vor der Herausforderung eines Marktes, der den heutigen globalen Markt sozusagen im kleinen vorwegnahm. Diese Konstellation führte frühzeitig zur Optimierung möglichst allgemeinverständlicher, nicht-verbaler, performativer, vorrangig visueller und auditiver Ausdrucksformen." (Fluck 1999, S. 60)

Amerikanische Gesellschaft um 1900

Die heute weltweit verständliche Popkultur basiert auf Formen, die zu einer Zeit entstanden, als beispielsweise in New York viele Menschen zusammenlebten, die weder eine gemeinsame Kultur und Gebräuche hatten noch dieselbe Sprache sprachen. Es mussten daher Ausdrucksformen gefunden werden bzw. nur solche setzten sich durch, die von all diesen Menschen verstanden wurden und als Material zur Verhandlung ihrer Erfahrung verwendet werden konnten. Dabei profitierte die neue Kultur, also Formen, die über nationale und ethnische Traditionen hinausgehen, vom Nebeneinander unterschiedlicher kultureller Traditionen und von Subkulturen, z. B. von schon existierenden Mischformen wie der afroamerikanischen Kultur. Multikulturalismus kann so auch als Einübung und Experimentierfeld für Globalisierung aufgefasst werden.

> Multikulturalität der amerikanischen Kultur

Ein weiteres Moment der amerikanischen Kultur, das sich als globalisierungsaffin erweist, ist ein „modularisierender" und „fragmentierender" Umgang mit Elementen verschiedener Kulturen (van Elteren 1996, S. 61). Dies lässt sich ebenfalls auf ihre hybride ‚Zustandsform' zurückführen. Kulturelle Formen werden in ihre Komponenten zerlegt und dann nach neuen Mustern angeordnet und zusammengeführt. Man nimmt, was man vorfindet, und probiert aus, was zusammenpasst, nimmt auseinander, setzt neu zusammen und ist dabei wenig von den Traditionen beeindruckt, aus denen die Elemente stammen. Wenn von Amerikanisierung die Rede ist, so müssen auch Prozesse der selektiven Übernahme, der Übersetzung und der Einpassung in den heimischen Kontext mitbedacht werden.

> Modularisierung, selektive Übernahme

Mit diesem Moment der Modularisierung wird ein Modell skizziert, mit dem sich der Prozess des kulturellen Transfers beschreiben lässt. Denn die grundlegende Frage kultureller Globalisierung heißt: Was geschieht, wenn kulturelle Formen und Inhalte weltweit zirkulieren? Jede Übernahme kultureller Objekte und Praktiken ist selektiv und bedeutet immer auch eine spezifische Adaption und Reinterpretation. Im Falle der Globalisierung werden beispielsweise amerikanische Texte oder Produkte nicht nur durch andere Kulturen übernommen, sondern dabei auch verändert und an die jeweiligen Kontexte angepasst. So bildet die amerikanische Populärkultur inzwischen ein Reservoir an Lebensstilen, Bildern und Symbolen für Menschen auf der ganzen Welt, die nach Zeichen und Formen suchen, mit denen sie sich in einer modernisierten Welt verständigen können; die amerikanische Popkultur wurde somit zu einer Art ‚Selbstbedienungsladen'. Ihre Formen haben sich inzwischen teilweise vom amerikanischen Kontext abgelöst.

> Adaption und Reinterpretation

Um das Phänomen einer globalen Populärkultur begrifflich fassen zu können, ohne sich sogleich in Wertungen zu verlieren, übernimmt Urs Stäheli von dem Kulturwissenschaftler Simon During (vgl. During 1997) den Begriff des „globalen Populären". Damit möchte er „die Funktionsweise globaler Kommunikationsformen" aufschließen (Stäheli 2000, S. 86). Er legt eine systematische Beschreibung des Musters vor, das in Bezug auf die historische Entwicklung in den USA expliziert wurde. Dabei geht es ihm um einen

Das globale Populäre

„diskursiven Mechanismus, der sich nicht auf eine eigene kulturelle Identität zurückführen lässt. Während sich spezifische Kulturen stets durch ihre Partikularität auszeichnen und gerade durch den Vergleich mit anderen Kulturen ihre ‚Eigenart' erhalten, verweist das globale Populäre auf Mechanismen, welche über die Partikularität je spezifischer Kulturen hinausweisen und dennoch über einen konstitutiven Zusammenhang mit den partikularen Kulturen verfügen." (Stäheli 2000, S. 87)

Das globale Populäre kombiniert dieser Interpretation zufolge die Bindung an einzelne Kulturen mit der Möglichkeit, gleichzeitig in einer Vielzahl von Kulturen verstanden und verwendet zu werden. Entscheidend ist die erhöhte Anschlussfähigkeit einzelner Elemente, wobei jeder Vergleich ein Gemeinsames voraussetzt. Wenn Stäheli auf die „multiple[] Kontextualisierbarkeit von Vergleichsarrangements" hinweist (Stäheli 2000, S. 92), so hebt er hervor, dass keine Standardisierung entsteht.

In Bezug auf Untersuchungen des Kulturanthropologen Richard Wilk zu Schönheitswettbewerben in Belize schreibt Stäheli, dass es um die Inszenierung von Unterschieden gehe, die jedoch für zunehmend mehr Menschen verständlich sind. Dabei nimmt er einen Bezugspunkt des Vergleichs an, den er als „leeren Signifikanten" (Stäheli 2000, S. 94) bezeichnet. Nur so könnten etwa weltweite Schönheitswettbewerbe stattfinden, auch wenn die Schönheitsvorstellungen stark divergierten. So werden potenziell alle Menschen über den Bezug auf ein nicht genau definiertes Kriterium „Schönheit" inkludiert; er spricht von einer Doppelung von „Zugehörigkeit zu einem universalen Vergleichsarrangement sowie [von einer] differentielle[n] Partikularität". Natürlich sind nicht alle gleich, sondern sie sind nur in der Hinsicht gleich, dass sie „implizit Schönheit als leeren Signifikanten" akzeptieren (Stäheli 2000, S. 95). Dabei wird implizit verhindert, dass das Vergleichskriterium („Schönheit") kulturell spezifiziert wird. Mit der Konzeption eines globalen Populären lassen sich kulturelle Prozesse beschreiben, die lokale kulturelle Identitäten

Strukturen des gemeinsamen Unterschieds

intakt lassen und sie gleichzeitig mit Entwicklungen der globalen Kultur verknüpfen. Dass dabei auch wieder politische und soziale Machtasymmetrien greifen, soll hier nur konstatiert werden.

<small>Keine Standardisierung</small>

So entsteht keine neue Globalkultur, in der alle Unterschiede verschwinden, sondern vielmehr eine „Form des globalen Umgangs mit semantischen Formen und Vergleichsstandards" (Stäheli 2000, S. 103). Es geht also darum, eine bestimmte Kommunikationsweise zu beschreiben und für die Untersuchung und Interpretation verfügbar zu machen. Zusammenfassend kann man sagen, dass durch die semantische Reduktion, also ein Zurücknehmen von kontextuell hoch aufgeladenen konnotativen Bezügen, die Rekontextualisierung und semantische Neufüllung jeweils vor Ort ermöglicht wird. Neutralisierungspotenzial ist insofern ein funktionaler Vorteil.

7.3 Standardisierung, Differenzierung, Hybridisierung

(Kultur-)Politisch am meisten umkämpft ist die Frage, ob die kulturelle Globalisierung zu einer Standardisierung nach dem Modell von McDonald's und Microsoft führt oder ob sie nicht im Gegenteil geradezu die Ausbildung neuer Differenzen und damit einen „Kampf der Kulturen" (Samuel Huntington) befördert. Für die erste Position stehen etwa George Ritzer mit seiner These der „McDonaldisierung" (*Die McDonaldisierung der Gesellschaft*, 1997) und Benjamin Barber in seinem Buch *Jihad vs. McWorld* (1995; *Coca-Cola und Heiliger Krieg. Wie Kapitalismus und Fundamentalismus Demokratie und Freiheit abschaffen*, 1996). Die zweite These einer Teilung der Welt in sich nach dem Ende der bipolaren Weltordnung feindlich gegenüberstehende Kulturen wurde am vehementesten von dem amerikanischen Politologen Samuel Huntington vertreten (*Kampf der Kulturen. Die Neugestaltung der Weltpolitik im 21. Jahrhundert*, 2006); das Problem, so Huntington, sei, dass nicht die Magna Charta, also die Grundakte der modernen Demokratie, global verbreitet wurde, sondern vielmehr der Big Mac. Beide Seiten gehen jedoch von einem statischen, somit essentialistischen Kulturbegriff aus, der der Dynamik und permanenten Vermischung von Kulturen nicht gerecht zu werden vermag (vgl. Wagner 2001, S. 15).

<small>Ritzers „McDonaldisierung" ...</small>

<small>... versus Huntingtons „Kampf der Kulturen"</small>

<small>Hybridisierung</small>

Das überzeugendste Modell ist das der Mischung, der Hybridisierung, der Kreolisierung bzw. der *métissage*. Der Prozess muss im Gerundium benannt werden, da er unabschließbar ist und jedes Hybrid weiteren Kontakt haben und damit weitere Mischung erfahren wird. Das Modell der Hybridisierung ermöglicht es zu beschreiben, wie Neues entsteht, und zwar im Sinne der Emergenz aus schon bekannten Zutaten, aber in einer nicht-vorhersehbaren Form. Hybridisierung ist daher auch ein Überbegriff für Transferprozesse, die bereits durch den Hinweis auf selektive Aneignung und Adaption charakterisiert wurden. Dies ist das Grundmodell zur Beschreibung globaler Kulturprozesse.

„Globalisierung/Hybridisierung stellt zuerst eine empirische These auf: dass Prozesse der Globalisierung, vergangene und gegenwärtige, zutreffend als Prozesse der Hybridisierung beschrieben werden können. Zweitens stellt es ein kritisches Argument dar: dagegen, die Globalisierung als Homogenisierung oder Modernisierung/ Verwestlichung zu betrachten [...]." (Pieterse 2000, S. 104, Übers. d. Verf.)

Der Begriff der Glokalisierung (→ KAPITEL 4.1) weist darauf hin, dass jedes global zirkulierende Element lokal interpretiert und aufgenommen wird. Dabei verändern sich globale Formen, aber gleichzeitig verändert sich auch das Lokale:

Lokale Anschlussfähigkeit

„In der Zeit zunehmender Mobilitäten, von Enttraditionalisierungsprozessen und dem Verschwinden räumlicher Distanzen [...] wird die Anschlussfähigkeit von kulturellen Angeboten zum zentralen Kriterium und nicht die Bindung an generationenübergreifende Traditionen, nationale Sprache und lokale Geschichte, denn das Lokale ist heute ein Ort wechselnder Bezugspunkte und vervielfältigter Identitäten." (Wagner 2001, S. 34)

So wird die radikale Entgegensetzung der beiden Pole hinfällig; wir haben es vielmehr mit einer Beziehung der gegenseitigen Durchdringung und Konstitution zu tun, ohne dass Globales und Lokales ineinander übergehen würden. Diese Transferprozesse, die auch mit den Begriffen der De- und Rekontextualisierung umschrieben werden können, beinhalten immer Elemente der Übersetzung (→ KAPITEL 4.1).

7.4 Methode globaler Interpretation

Populärkultur lässt sich mit Bezug auf Parameter analysieren, die sich von den der Hochkultur nur teilweise unterscheiden, doch erfordert der Blick auf Globales eine zusätzliche Perspektive. Ein entscheidender Ausgangspunkt besteht darin, dass das Autonomiepostu-

Das Populäre lesen

lat vor allem der modernistischen Kunst hier keinen Bestand hat. Populäre Kultur ist immer funktional gebunden. Doch lassen sich die Funktionen populärer Kultur nicht eindimensional abrechnen; so ist etwa die Rock- und Popmusik zwar kommerziell orientiert, wird jedoch von Jugendlichen und vielen Erwachsenen auch als Raum der Rebellion und der nicht-konformen Identitätsbildung verwendet. Diese Spannung zwischen Kommerzialisierung und Subversionspotenzial lässt sich nicht auflösen und muss deshalb immer reflektiert werden.

Produktion und Rezeption – Priorität des Gebrauchs

Wenn die bisherigen Überlegungen richtig sind, dann sollten ‚Texte' der Populärkultur immer hinsichtlich der Produktion, der Textebene und der Rezeption untersucht werden. Damit verliert die Autorebene, im Gegensatz zur traditionellen Literatur-, Kunst- und Musikwissenschaft, an Gewicht (wie dies in der Filmwissenschaft schon immer der Fall war), während die Produktions- und vor allem die Rezeptionsseite stärker in den Vordergrund treten. Zwar ist es wichtig zu beschreiben, wie etwa eine Fernsehserie entsteht, wer sie finanziert, wer die Textbücher schreibt und die Regie führt, aber schon dies wird eine Vielzahl (oft anonymer) Agenten umfassen. Auf der Rezeptionsseite können empirische Studien verschiedene Versionen der jeweiligen selektiven Aneignung und Rekontextualisierung untersuchen, die eher auf performative ereignishafte als auf strukturelle und textuell bedingte Formen achten. Zwei Dimensionen sind hier zu beachten: Zum einen haben wir gesehen, dass populäre ‚Texte' Individualisierungsprozessen Material, Geschichten, Symbole und Kontexte bieten, die dann je performativ realisiert und umgesetzt werden können. Zum anderen wurde deutlich, dass sie auch gemeinschaftlich verwendet werden und eine Gruppenidentität oder Solidarität herzustellen vermögen.

Semiotik und kulturelle Codes

Für die Textebene ist ein Rückgriff auf die Semiotik sinnvoll (→ KAPITEL 5.2). Diese bietet ein hilfreiches Inventar an Begriffen und Beschreibungsweisen an, weil sie potenziell jede Form kulturellen Handelns zu beschreiben vermag. Dabei erklärt die Unterscheidung zwischen Denotation und Konnotation, wie beispielsweise die Oberflächenbedeutungen eines Hollywood-Films global zirkulieren können, während die Konnotationen kultur- und damit ortsspezifisch bleiben. Dazu kommt, dass zwischen Zeichen und den jeweils geltenden kulturellen Codes unterschieden wird (vgl. Eco 1972, S. 93), Codes also, die in bestimmten Gebrauchszusammenhängen zum Einsatz kommen. Zentral sind die Operationen des En- und des Decodierens (vgl. Hall 1974). So wird es möglich, sich zwischen Kulturen hin- und herzubewegen, die aufgrund sehr unterschiedlicher Ausdifferenzierungsstadien, Weltvorstellungen und kultureller Vorannahmen nur formal, nicht jedoch in Bezug auf Bedeutungswelten vergleichbar sind, wenn anders nicht eurozentrische Wertmaßstäbe auf diese projiziert werden sollen.

Zu unterscheiden sind vier Ebenen der Analyse:

- Die erste betrifft die ‚Text'-Struktur und lässt sich mit formalistischen und strukturalistischen Ansätzen (u. a. Vladimir Propp, Edmond Jolles, Claude Lévi-Strauss und Roland Barthes) untersuchen.
- Auf der zweiten Ebene können anhand der Semiotik mit Blick auf kulturelle Codes Bedeutungsdifferenzen erklärt werden.
- Auf der dritten Ebene wird die politische und gesellschaftliche Funktion angesetzt, zu deren Bestimmung u. a. Winfried Fluck, Stuart Hall, Urs Stäheli und Raymond Williams Vorschläge erarbeitet haben.
- Und schließlich müsste der Kontext mit Blick auf ökonomische Bedingungen und vor allem in Bezug auf Machtrelationen untersucht werden.

Ebenen der Analyse popkultureller Globalkultur

Beispielhaft kann John Fiskes Modell zur Decodierung von TV-Material aufgegriffen werden. Fiske definiert das Fernsehen als semiotisches Medium, wobei dieses den dominanten Interessen der Gesellschaft dient und sich festgelegter Codes bedient:

Fernsehen als Exemplum

„Ein Code ist ein regelgeleitetes System von Zeichen, dessen Regeln und Konventionen von den Mitgliedern einer Kultur geteilt werden und das dazu verwendet wird, Bedeutungen in und für diese Kultur zu erzeugen und auszutauschen. [...] Codes sind Verbindungen zwischen Produzenten, Texten und Publika sowie Träger der Intertextualität, durch die Texte in einem Netzwerk von Bedeutungen, das unsere kulturelle Welt bildet, miteinander verbunden sind." (Fiske 1987, S. 4, Übers. d. Verf.)

Die gesamte ‚Welt', die im Fernsehen erscheint, ist bereits codiert. Fiske unterscheidet zwischen sozialen, technischen, darstellerischen und ideologischen Codes. Das extreme *close-up* ist zum Beispiel eine kodifizierte Darstellungsweise von Bösewichten, der Code der Kameradistanz kann also Bedeutung transportieren. Ein weiteres Beispiel ist der Schnitt: Fiske zeigt exemplarisch, dass die Helden in der Regel mehr Zeit und mehr Einstellungen als die Bösewichte bekommen. Dieser festgelegte Rhythmus hat sich im Fernsehen etabliert und gilt bei Nachrichten, Spielfilmen und Sport (vgl. Fiske 1987, S. 7f.). Auch hier wird der Zuschauer als aktiver Teilnehmer aufgefasst. Fernsehen, populäre Kultur generell, kann semiotisch analysiert werden,

KULTURELLE GLOBALISIERUNG UND POPULÄRKULTUR

die verwendeten Codes sind festgelegt und deshalb beschreibbar. Damit werden sie jedoch auch interkulturell beobachtbar.

Zusammenfassung — Transkulturelles ‚Lesen' bedeutet, ‚Texte' als Treffpunkte und Vorlagen zur inter- bzw. transkulturellen Verhandlung zu verstehen, ohne dabei zu übersehen, dass die Kommunikation meist asymmetrisch verläuft und der Westen dominiert. Es lässt sich gleichermaßen untersuchen, wie ‚Texte' durch Plots und formale Verfahren Anschlussstellen für Mitglieder anderer Gesellschaften aufbauen. Popkultur setzt dabei in erster Linie auf Inklusion und verwendet daher semantisch wie auch formal einfache Formen, sollte jedoch ebenso genau analysiert werden wie die kanonisierte Hochkultur. Zudem nimmt die nationenbildende Funktion der Kultur in einer global vernetzten Welt ab (→ KAPITEL I.4) und die transnationale Kommunikations-, ja Verständigungsfunktion tritt in den Vordergrund. Dass auch hier wieder ungleiche Machtverhältnisse existieren und Auseinandersetzungen stattfinden, ist dabei nicht zu vergessen. Standardisierung und die Einebnung aller regionalen, sprachlichen und kulturellen Unterschiede sind jedenfalls nicht das Ergebnis globalen ‚Lesens'. Vielmehr werden gerade hierdurch Differenzen sicht- und hörbar, die bisher durch den eurozentrischen Blick überformt wurden.

Fragen und Anregungen

- Führen Sie einige Argumente an, warum die Rezeption für eine Untersuchung populärer Kultur besonders wichtig ist.

- Diskutieren Sie einige Aspekte des Amerikanisierungsarguments bezüglich der Globalisierung.

- Diskutieren Sie den Prozess kulturellen Transfers im Hinblick auf Prozesse der Aneignung von Populärkultur.

- Warum verlieren im globalen Umfeld die Unterschiede zwischen Hochkultur und populärer Kultur an Gewicht?

- Erklären Sie den Begriff der Hybridisierung und erläutern Sie, warum er hilfreich ist.

Lektüreempfehlungen

- Mel van Elteren: Conceptualizing the Impact of US Popular Culture Globally, in: Journal of Popular Culture 30.1, 1996, S. 47–89. *Darstellung der verschiedenen Facetten der amerikanischen Populärkultur aus der Sicht eines europäischen Sozialwissenschaftlers.*

- John Fiske: Popular Culture, in: Frank Lentricchia / Thomas McLaughlin (Hg.), Critical Terms for Literary Study, Chicago 1995, S. 321–335. *Verständliche, knappe Definition und Skizze der Funktionsweise populärer Kultur.*

- Winfried Fluck: Amerikanisierung und Modernisierung, in: Transit 17 (Sommer 1999), S. 321–335. *Beitrag eines Amerikanisten, der den heutigen globalen Einfluss der amerikanischen Populärkultur historisch und hinsichtlich des Zusammenlebens von Menschen aus vielen verschiedenen Kulturen in den USA erklärt.*

- John Storey: Cultural Studies & the Study of Popular Culture, Athens 1996. *Gut lesbare und umfassende Einführung in das Studium der Populärkultur*

- Bernd Wagner (Hg.): Kulturelle Globalisierung. Zwischen Weltkultur und Fragmentierung, Essen 2001. *Sammelband mit Beiträgen zu verschiedenen Aspekten der kulturellen Globalisierung, der eine sehr gute Einführung bietet.*

8 Repräsentationen des Globalen

Abbildung 8: Mona Hatoum: *Plotting Table* (1998)

Die Installation „Plotting Table" der palästinensischen Künstlerin Mona Hatoum zeigt eine Weltkarte ohne Grenzen, die von unten beleuchtet wird, wobei die Kontinente aufgrund des phosphoreszierenden Lichtes zu vibrieren scheinen. Die Darstellung der Erdoberfläche in einem Zustand vor jeglichen menschlich-politisch gezogenen Grenzunterscheidungen steht im Gegensatz zur Kartografie seit dem 15. Jahrhundert, die immer auch den Sinn hatte, den Betrachter selbst und seinen Standpunkt in der Welt zu verorten. Man könnte daher hier von einem beinahe utopischen Versuch eines Zurückgehens vor Nationalstaaten, ja vor jede Form von auf Grenzziehungen basierenden Kulturen und Gemeinschaften sprechen. Der Titel des Werkes „Plotting Table" verweist jedoch auf eine weitere Dimension: Er meint den Planungstisch der Generäle, die ohne Rücksicht auf bestehende Grenzen Territorien aufteilen und strategisch neu ordnen. Auf dieser Karte gibt es kein ‚Hier', aber die Möglichkeit der Aufteilung von Territorien ist impliziert und schon angelegt. Dass eine solche Vision von einer Künstlerin kommt, die aus dem vielleicht am stärksten durch Grenzziehungen limitierten Gebiet der Erde stammt, ist symptomatisch.

Repräsentationen des Globalen sind in einem weiten Spektrum anzutreffen und lassen sich sicherlich nicht auf Fotografien des Planeten vom Mond aus reduzieren. Im Folgenden wird unterschieden zwischen Darstellungen vom Weltganzen und Ausschnitten, die auf das Ganze verweisen sollen, Mischungen, welche auf die Dynamik eines weltumspannenden Austauschs und globaler Migrationen sowie Kommunikationen verweisen, Korrekturen westlich usurpierter Weltvorstellungen sowie schließlich auch Repräsentationen der konkreten Prozesse, die bisher thematisiert wurden. Dabei ist immer mitzudenken, dass jede Repräsentation, auch eine solche von Globalisierung, Globalem und der Welt, diese immer wiederzugeben versucht, sie in diesem Versuch aber gleichzeitig auch überhaupt erst konstruiert. Dieses Kapitel führt in das Spektrum der möglichen Darstellungen des Globalen (Muster, Formen, Topoi) ein, ohne schon auf medienspezifische Besonderheiten einzugehen.

8.1 **Zum Repräsentationsbegriff**
8.2 **Weltkarten und Weltbilder**
8.3 **Hybridität, Pluralität und Raum**
8.4 **Alejandro González Iñárritu:** *Babel*

8.1 Zum Repräsentationsbegriff

Von der Welt und vom Planeten Erde gibt es viele Bilder und sehr unterschiedliche Darstellungen. Wenn man Modelle, Darstellungen oder künstlerische Entwürfe betrachtet, dann sieht man nicht mehr Prozesse und Ausformungen der Globalisierung selbst, sondern Beobachtungen des Globalen und damit ‚Beobachtungen zweiter Ordnung'. Zu fragen ist daher, wie die global vernetzte Welt von Regisseuren, Schriftstellern und Malern gesehen und dargestellt wird, welche ‚Bilder' im weitesten Sinne, welche Darstellungen von der ‚Welt', vom Planeten Erde und von weltumspannenden Prozessen bisher vorliegen und wie sie systematisch geordnet werden können. Die Künste haben Weltentwürfe und Darstellungen des Globalen entwickelt, die, wenn auch medien-, kultur- und zeitspezifisch unterschiedlich, gemeinsame Elemente enthalten.

Von der Globalisierung zu Bildern der Globalisierung

Seit den Schriften der antiken griechischen Philosophen Platon und Aristoteles bildet der Begriff der Repräsentation den Bezugspunkt jeglichen Nachdenkens über die Künste. Dabei ist das Präfix „Re-" genauso entscheidend wie problematisch. Denn es besteht zwar stets eine Relation des Wiedergebens, es handelt sich jedoch nicht um ein Verhältnis des Kopierens, sondern immer auch um einen Akt der Konstruktion und Interpretation.

Repräsentation

Der amerikanische Literaturwissenschaftler und Bildtheoretiker W. J. T. Mitchell unterscheidet zwei Hauptbedeutungen des Begriffs „Repräsentation":

W. J. T. Mitchell

- „Dinge ‚stehen für' andere Dinge" („ästhetische oder semiotische Repräsentation"),
- „Personen ‚handeln für' andere Personen" („politische Repräsentation") (Mitchell 1990, S. 11, Übers. d. Verf.).

Die erste, semiotische Bedeutung ist hier wichtiger, weil sie sich auf Texte und Bilder bezieht. Repräsentationen vermitteln Wissen über die Welt, aber sie kontrollieren dieses auch, indem sie es vorformen, auswählen und die Teile neu kombinieren. Sie sind gebunden an kulturelle Kontexte, sie wirken jedoch auch auf Kultur und damit auf Denk- und Verhaltensformen ein und prägen diese. Dabei basiert die Art und Weise, in der etwas für etwas anderes stehen kann, auf Codes, die man gelernt haben muss, wenn man den Repräsentationsakt verstehen will (vgl. Mitchell 1990, S. 13). Der Literaturtheoretiker Wolfgang Iser zieht den deutschen Begriff der Darstellung vor, weil er nicht mimetisch, also nicht im Sinne von Widerspiegelung misszuverstehen sei. Es handle sich vielmehr immer um einen performativen

Wolfgang Iser

Akt; Darstellungen werden immer den Umständen entsprechend und aktiv hergestellt (vgl. Iser 1989, S. 249–261).

Zu einer Poetik des Globalen

Eine Poetik des Globalen muss zunächst Inhalte, Themen, Bilder, Topoi, also wiederkehrende Formen der Darstellung von Welt(en), erdumspannenden Beziehungen und Globalisierungsprozessen vorstellen. Elemente, die das Ganze darstellen sollen, operieren metaphorisch, basieren also auf Ähnlichkeit, während solche, die einen Teilaspekt thematisieren, der wiederum Aufschluss über Beziehungen und Austauschverhältnisse innerhalb eines globalen Netzwerkes gibt, metonymisch motiviert sind; der Teil steht dabei für das Ganze. Hier geht es also um wiederkehrende Muster, Formen, Prozesse, Strukturen, Elemente, die Globales entweder direkt darstellen oder darauf verweisen. Da es keinen privilegierten, ‚richtigen' Standort der Beobachtung von Welt geben kann, müssen Repräsentationen von Globalität weiterhin hinsichtlich der gewählten Blickwinkel untersucht werden. Wenn Globalität bedeutet, eine Vielzahl von Standpunkten und Evidenzsystemen zu akzeptieren, so sollten deren Darstellungen unterschiedliche Perspektiven aufweisen oder zumindest die eigene als solche kennzeichnen.

Welt- und Raumbezug

Die Minimalanforderung an Repräsentationen des Globalen besteht darin, dass ein ‚Text' sich (auch) auf die Welt anstatt (nur) auf Lokales und Partikulares bezieht. ‚Welt' verweist auf einen (sich gleichwohl immer wieder entziehenden) Horizont des Ganzen. Vielheit, Grenzüberschreitung, Mischung und Bewegung sind wiederkehrende Grundelemente. ‚Tiefe' entsteht hier weniger historisch als vielmehr räumlich durch das Nebeneinander von Unterschiedlichem, durch Differenzen. Unterschiedliche Länder, Kontinente, Kulturen bilden in ihrer Verschiedenheit die Basis der Formen wie auch des Dargestellten, als Bezugsrahmen sollte jedoch immer auch ein Weltbezug vorliegen. Ein solcher Ansatz steht allerdings noch aus:

> „Eine Poetik, die den zugrunde liegenden Kultur- bzw. Literaturbegriff und die besonderen ästhetischen Strategien interkultureller Schreibweisen systematisch-typologisch analysiert, gibt es noch nicht." (Schmeling 2002, S. 274)

Kategorien, die der Literatur und anderen Kunstformen in der globalen Konstellation adäquat sind, müssen erst noch entwickelt werden.

8.2 Weltkarten und Weltbilder

Der Ausgangspunkt für einen solchen Ansatz besteht darin, dass Vorstellungen von der Welt und vom Globus nicht auf direkter Anschauung basieren, sondern immer über Repräsentationen vermittelt sind. Dabei stimmen Territorium und Karte nie überein, und ihr Verhältnis lässt sich nur mit Bezug auf bestimmte, je kulturell definierte Codes verstehen. Menschen entwickelten schon immer eine Vielzahl von ‚Weltbildern'. Seit der Erkenntnis der Kugelgestalt der Erde und der Entdeckung Amerikas sind es jedoch Weltkarten und Globen, die immer stärker das Weltbild der Europäer prägen. War bis in die Frühe Neuzeit hinein die Erde noch in einem göttlichen Zusammenhang aufgehoben, der den auf ihr lebenden Menschen Sinn und Halt gab, so führte die fortschreitende Erforschung der gesamten Oberfläche des Planeten immer mehr dazu, dass die Erde zur einzigen ‚Welt' des Menschen wurde. Der Philosoph Jean-Luc Nancy spricht daher von „Transimmanenz" und schreibt: „Der Globalisierung [*mondialisation*] ist eine ‚Verweltlichung' [*mondanisation*] vorausgegangen." (Nancy 2003, S. 35) Der Soziologe Niklas Luhmann bemerkt hierzu: „Bis weit in die Neuzeit hinein hatte man die Welt kosmologisch begriffen als Gesamtheit des Sichtbaren und Unsichtbaren, als Ab-Teilung der Dinge, die dann an den Plätzen, an die sie ihrer Natur nach gehören, angetroffen werden können [...]. In allen relevanten Sinndimensionen wird der kosmologische Weltbegriff und mit ihm die ontologische Metaphysik [in der Neuzeit] gesprengt." (Luhmann 1990, S. 7)

    Weltbilder

In neuzeitlicher Sicht kann die Welt nicht mehr als Ganzes, als Menge von Teilen verstanden werden, die unabhängig von den sie beobachtenden und messenden Operationen zu erfassen wäre. Es gibt keinen Betrachter der Welt von außen mehr, „weil sich die Welt dem Rahmen der möglichen Vorstellung entzogen hat." (Nancy 2003, S. 33) Mit dem konkreten Prozess der Globalisierung als Erforschung des gesamten Globus wird die Welt gleichzeitig endlich und kontingent.

    Beobachtungsabhängigkeit der Welt

Die erste Weltkarte wurde 1507 von Martin Waldseemüller gezeichnet (→ ABBILDUNG 2), und der erste Globus entstand wenig später in Nürnberg. Seither prägten Karten die Vorstellung des Verhältnisses zwischen den verschiedenen Ländern und Kontinenten. Doch geben sie immer einen bestimmten Blickwinkel vor und sind zentriert: der Beobachter wird in der Mitte platziert, und sein Blickpunkt dominiert das Weltbild. Das Zentrum ist insofern innerweltlich angesetzt.

    Weltkarten

Die Geografin Doreen Massey betont: „Karten sind Mittel der Repräsentation, und jede einzelne Karte verkörpert ein bestimmtes Verständnis, eine bestimmte Interpretation des Ortes, den sie darstellt." (Massey 1995 in: Cochrane/Pain 2000, S. 30, Übers. d. Verf.). Die einflussreichste und den meisten bekannte Darstellung, die Mercator-Projektion – Gerhard Mercator war ein deutscher Kartograf, der 1569 eine große Weltkarte entwarf –, setzt den Greenwich Meridian (bei London) als Null an, Europa damit ins Zentrum und gibt die Nordhalbkugel im Vergleich zum Süden unverhältnismäßig groß wieder, während die äquatornahen Gebiete viel kleiner erscheinen.

Alternative Weltkarten

Auch die uns natürlich erscheinende Vorstellung, dass sich der Norden oben auf der Weltkugel befindet, ist keineswegs notwendig. Eine andere Abbildung der Erde platziert Australien in der oberen Mitte, was Europa zu einem kleinen Wurmfortsatz Asiens auf der rechten unteren Seite werden lässt. Weitere Karten könnten andere Gewichtungen vornehmen und die Größe der Länder etwa über die Höhe des Bruttosozialproduktes oder die Einwohnerzahlen organisieren (vgl. Cochrane/Pain 2000). Bestimmte Aspekte werden in einer Karte jeweils dominant gesetzt. Dabei handelt es sich um politische Handlungen, die Ausdruck von Machtverhältnissen sind. Während die meisten Weltkarten verschiedenfarbige Gebiete zeigen, die durch Staatsgrenzen voneinander getrennt sind, lässt der Blick vom Mond auf das ‚Raumschiff Erde' keine politischen Grenzen erkennen. Ist dieses Bild realistischer? Bilder der Welt wie auch Weltkarten sind an der Erzeugung eines globalen Bewusstseins genauso beteiligt wie sie dieses ihrerseits formen, wobei meist machtpolitischen Interessen beteiligt sind.

Repräsentationen der Welt als Welterschließung

Während in der Literatur verschiedene Entwürfe vorliegen, die (gesamte) Welt zu beschreiben – beispielsweise die Bibel, Dantes *Göttliche Komödie* (*Divina Commedia*, 1308–21), Johann Wolfgang von Goethes *Faust* (zweiter Teil, 1832) und Herman Melvilles *Moby Dick* (1851), Utopien und Science Fiction (→ KAPITEL 11.4) –, so gibt es in der Musik nur Sphärenklänge und Atmosphären als unbewegliche Klangräume, die eigene kleine ‚Welten' bilden. In der Kunst kennt man Bilder von der Erde, vom Globus, den Sphärenschalen, die Formen für die Welt als Ganzes finden (→ KAPITEL 12.2). Wenn Jürgen Habermas hinsichtlich der Literatur und Kunst von „Kapazitäten der Welterschließung" spricht (Habermas 1989, S. 243), so meint ‚Welt' die symbolische Bedeutungsbildung, durch die materielle Phänomene zu umfassenden, aber nicht totalisierenden Sinnhorizonten zusammengeschlossen werden.

8.3 Hybridität, Pluralität und Raum

Die häufigste (aus den Überlegungen zur globalen Populärkultur (→ KAPITEL 7) schon bekannte) Form der Repräsentation globaler Verhältnisse ist die Hybridität. Der Komparatist Manfred Schmeling hat „die sachlichen Bereiche" aufgeführt, „die sich aus der interkulturellen Praxis der modernen Literatur ergeben und die ein systematisches Arbeitsgebiet komparatistischer Analyse darstellen." (Schmeling 2002, S. 278) Sie stellen einen guten Bezugsrahmen für die transkulturelle Dimension einer Poetik des Globalen dar:

- Erzählperspektive als fremdkulturelle Perspektive
- Transkulturelle Intertextualität
- Transkulturelle Intermedialität
- Sprachfremdheit [und Multilingualität]
- Fremdwahrnehmung und Textsorte
- Kulturelle Stereotypisierung (vgl. Schmeling 2002, S. 278–280).

Diese Punkte lassen sich von der Literatur abstrahieren und poetologisch verallgemeinern. Sie weisen auf Darstellungsstrategien hin, die Formen der Kulturmischung und des Kulturkontakts, jedoch auch der Konfrontation mit kulturell Fremdem (Alterität) verarbeiten.

Ausgangspunkt ist die doppelte Einsicht, dass zum einen eine isolierte, ‚reine' kulturelle Form niemals existierte und zum anderen eine kommunikativ, personal und ökonomisch vernetzte Welt nicht in monokulturell angesetzten und nur einer Kultur oder Nation zuzurechnenden Formen zum Ausdruck gebracht werden kann: „[…] am Anfang muß die Einsicht stehen, daß keine Kultur von der globalen Zirkulation von Menschen, Dingen, Zeichen und Informationen unberührt geblieben ist; heutige Kultur *ist* hybrid." (Bronfen / Marius 1997, S. 18) Globalität bedeutet Kontakt, Austausch, Transfer und Übersetzung, das heißt immer auch Vielheit und Mischung. „Flüsse" und „Scapes" (vgl. Appadurai 2000), „Mobilitäten" (vgl. Urry 2007), Hybridität und ähnliche Metaphern verweisen auf Konstellationen, Identitäten und künstlerische Formen, die sich aus mehreren kulturellen Traditionen zusammensetzen und von diesen durchflossen werden.

> „Die *hybride Struktur* bietet einen Raum für *unterschiedliche Rationalitätskontinuen und Referenzsysteme*, deren Differenzen nicht auf einen gemeinsamen Koordinatenraum reduzibel sind, die aber doch *in stimmiger Form* zusammenpassen." (Bronfen / Marius 1997, S. 17)

Hybridität impliziert auch Pluralität; sie lässt sich auf die überzeugende Formel „irreduzibel, aber nicht inkompatibel" bringen (Bronfen/Marius 1997, S. 23). Die Unterschiede bleiben erhalten und formgebend, aber sie existieren nebeneinander, ja bilden sogar eine gemeinsame Struktur. Dies läuft nicht immer ohne Konflikte ab.

Der indisch-britische Autor Salman Rushdie weist auf einen weiteren wesentlichen Aspekt der Kulturmischung hin, wenn er sie als Medium der Entstehung von Neuem versteht:

Mélange und Neuheit

„*Mélange*, Mischmasch, ein bisschen von diesem und ein bisschen von jenem, *so betritt Neuheit die Welt*. Dies ist die große Chance, die die Massenemigration der Welt bietet [...]." (Rushdie 1991, S. 394; Übers. d. Verf.)

Die entscheidende Dimension des Hybriditätskonzepts besteht darin, dass die Unterschiede in der Mischung nicht aufgelöst werden („Schmelztiegel"), sondern dass sie erhalten bleiben („Salatschüssel"). Die politische wie auch theoretische Stoßrichtung des Konzeptes besteht darin hervorzuheben, dass Differenzen nicht verschwinden, also keine Homogenisierung stattfindet (die gefürchtete amerikanisierte McWorld also gar nicht entsteht); vielmehr bieten hybride Existenzen oder Räume gerade die Möglichkeit, das gleichzeitige Nebeneinander von Differentem zuzulassen. Hybridität ist explizit ein Differenzkonzept.

Differenz

Weiterhin ist zwischen individueller und kollektiver Hybridität sowie zwischen Hybridität in inhaltlicher und formaler Hinsicht, also dargestellter Hybridität und Formen, die selbst Mischungen darstellen, zu unterscheiden. Sie alle sind sowohl in räumlichen als auch in zeitlichen Dimensionen anzutreffen. So steht im Zentrum transnationaler Romane und Filme die Erfahrung von Menschen, die als Transmigranten mehrere Kulturen und Bezugsräume in sich verbinden, deren Erfahrungen auf unterschiedliche Kontexte verweisen und die deshalb die sie umgebenden Zeichen mit mehr als einem Code ‚lesen'. Globale Städte (→ KAPITEL 13) stellen an sich schon hybride Gebilde dar, in denen sich Menschen aus allen Nationen treffen und in einem räumlich umgrenzten heterogenen Gebiet zusammenleben – auch wenn dieses oft wieder in voneinander abgegrenzte Wohnviertel zerfällt. Künstlerisch kann dies in einem Raum, an Personen innerhalb eines Beziehungsgeflechts, in Familienverhältnissen, autobiografisch oder anhand eines Ereignisses gezeigt werden. Dabei können die Differenzen hinsichtlich ihres kreativen Potenzials präsentiert, sie können jedoch auch hinsichtlich resultierender Konflikte dargestellt werden. Schließlich kann die Mischung auch als ein Prozess beschrie-

Muster und Formen der Darstellung von Hybridität

ben werden, innerhalb dessen sich immer wieder Neues ergibt oder auch hybride Identitäten sich ganz unterschiedlich entwickeln; man denke etwa an die Kinder von Migranten im Gegensatz zu ihren Eltern.

Welches sind nun die wichtigsten Formen, in denen globalisierte Verhältnisse dargestellt werden? Beispiele für Genres, die es ermöglichen Hybridität zu inszenieren, sind der Reisebericht, der Stadtroman, der die Ansammlung, den Transit und die Bewegungen von Menschen inszeniert und auf Kontaktsituationen abhebt; die Autobiografie, die ein Oszillieren zwischen und das Aufeinandertreffen von Menschen, Kulturen und Orten zeigen kann; die Migrantenliteratur, die im Einwanderermilieu spielt, und nicht zuletzt quasi-ethnologische Beobachtungen des Fremden und des Eigenen sowie deren Ineinandergreifen. Dasselbe gilt für Filme zu diesen Themenbereichen.

Hybride Genres

Doch auch die Formen der Darstellung können explizite Mischformen sein und verschiedene Stile kombinieren, die sich kulturell zuordnen lassen. Hier zeigt sich eine auffällige Verwandtschaft zum Eklektizismus, also der Stilmischung des Postmodernismus (→ KAPITEL 5.2). Wechselnde Erzählperspektiven erlauben es, unterschiedliche ‚Welt'sichten zu dramatisieren; Wechsel zwischen Innen- und Außenperspektiven dienen ebenfalls dazu, monologische Konstruktionen der Wirklichkeit zu verhindern und unterschiedliche, ja selbst sich widersprechende kulturelle Sichtweisen vorzuführen. Dabei können Stereotypisierungen beobachtbar gemacht bzw. als Effekte von Beobachtungen vorgeführt werden. Eine vor allem in der Literatur, aber auch im Film verwendete Strategie ist die Vielsprachigkeit. Vielheit der Perspektiven, der Orte, der Menschen und Kulturen ist deshalb ein genauso entscheidendes Kennzeichen von Globalität in Texten wie die Beschreibung von Reisen und allgemeiner, von Mobilität. In Bezug auf die Zeitstruktur dürften sich Darstellungsweisen als besonders erfolgreich erweisen, die Ungleichzeitiges synchronisieren und hierdurch auch in temporaler Hinsicht Pluralität erzeugen. Achronizität des Erzählens und im Film ineinander geschnittene parallele Sequenzen sind deshalb zu erwarten.

Hybride Formen

Ein weiteres Merkmal ist die transkulturelle Intertextualität. Romane, Bilder, Filme oder Musikstücke enthalten dann ‚Texte' aus anderen Kulturkreisen bzw. aus anderen Zusammenhängen, schneiden also Heterogenes ineinander. Schmeling spricht von „Formen des Transfers von Texten über die Grenze eines Kulturraumes hinaus" und betont: „Weil Kultur in Texten eingefangen ist, durch sie zum

Intertextualität

Erscheinen gebracht wird, gerät die Intertextualität für Dichter wie [Salman] Rushdie oder [Patrick] Chamoiseau zu einem geradezu existentiellen Anliegen." (Schmeling 2002, S. 278f.) Über ‚Texte', die aus verschiedenen Traditionen kommen, werden ganz unterschiedliche Sinn- und Verweisungshorizonte miteinander verbunden, manchmal auch konfrontiert. Dieses Verfahren ermöglicht nicht nur ein quasi-enzyklopädisches Nebeneinander, sondern auch die kreative Kombination von (kulturell) Heterogenem, die neue Bedeutungsdimensionen freisetzt. Im Gegensatz zu, oder auch in Fortführung von avantgardistischen Verfahren liegt der Akzent hierbei auf der kulturellen und räumlichen Differenz der Herkunft der Textversatzstücke. Hierdurch entsteht jedoch kein neuer gemeinsamer Traditionszusammenhang; vielmehr bleiben die unterschiedlichen Traditions- und somit auch Verstehenshorizonte erhalten.

Auch zwischen verschiedenen Medien ist ein Changieren möglich.

Intermedialität — Transkulturelle Intermedialität ist deshalb interessant, weil verschiedene Kulturen unterschiedlich medienbasiert sind (vor allem oral-literal oder aural-visuell), jedoch inzwischen durch die Digitalisierung beinahe alle Medien im gleichen Format verfügbar sind. Wenn es richtig ist, dass verschiedene Medien auch unterschiedliche Weltzugänge mit sich bringen, so kann die Pluralität des Globalen auch dadurch erfasst werden, dass man verschiedene Medien miteinander verbindet. Dabei kommt es weniger darauf an, die Medialität hervorzuheben, sondern vielmehr darauf, über unterschiedliche Medienwelten/-kulturen/-traditionen heterogene sich gegenseitig perspektivierende Bedeutungsuniversen in einer Textwelt zusammenzuführen.

Raumdarstellungen — Besondere Bedeutung kommt Raumdarstellungen zu. Dies gilt trotz oder gerade wegen der Rede von der gegenwärtigen Zeit-Raum-Verdichtung: „Auch in der Netzwerkgesellschaft bleibt Territorialität als eines der organisierenden Prinzipien sozialer Beziehungen elementar von Bedeutung." (Döring/Thielmann 2008, S. 15) Kulturwissenschaftlich besonders interessant sind Topografien, also Beschreibungen des Raumes, die man ‚lesen', also semantisch entziffern kann. Entscheidend ist dabei die Beobachtung, dass sich Globalität (fast) immer durch den Verweis auf räumliche Verhältnisse und Beziehungen erst ergibt. So werden in globalen Texten nicht nur semantische Beziehungen (Macht, Kultur, Geschlechterbeziehungen) räumlich symbolisiert; vielmehr bezeichnen Verortung, Bewegung durch Räume hindurch, aber auch die Vergleichzeitigung von Entferntem ganz konkret Beziehungen und Bewegungen im globalen Raum.

Ein treffender und hilfreicher Begriff ist daher derjenige einer Geopoetik (der Literaturwissenschaftler Niels Werber spricht dagegen von der Geopolitik der Literatur; *Die Geopolitik der Literatur*, 2007). Raumordnungen und -zugehörigkeiten selbst betonen eine potenzielle Gleichgewichtigkeit der verschiedenen Teile der Erde, deren Verhältnis sich nicht mehr im Sinne der Modernisierungstheorie über Zuordnungen wie fortschrittlich oder rückständig historisieren lässt. Repräsentationen des Globalen verwenden daher Raumbeschreibungen, um den Gesamtzusammenhang der Erdoberfläche zu zeigen. Raum wird als dynamisch, emergent aufgefasst, als sozialer Handlungsraum, der auch kreativ verändert werden kann, zudem als Raum, der medial vermittelt oder gar medial erst geschaffen sein kann. ‚Flüsse' und „Scapes" sind ebenfalls in erster Linie geografische, räumliche Phänomene. Im Sinne einer Geopoetik ist hierbei entscheidend, dass Elemente aus verschiedenen Regionen der Erde zusammenkommen, dass also der Wandel durch die Synchronisation von weit Entferntem erfolgt. Räume sind als Orte des Treffens wichtig, während Distanzen im digitalen Zeitalter weniger zählen.

<small>Geopoetik</small>

Schließlich gilt es noch auf Repräsentationen hinzuweisen, die konkret die beschriebenen Globalisierungsphänomene, also wirtschaftliche, mediale, finanzielle, verkehrstechnische und politische Aspekte darstellen und verhandeln. Dazu gehören Romane und Filme über die Wall Street, ein Ort, der metonymisch für ein ganzes Finanzsystem steht, aber auch globalisierungskritische ‚Texte', welche die negativen Auswirkungen der weltweiten Verflechtungen ausmessen. Auch abstrakte Prozesse wie Interkonnektivität, Rückkoppelung, Beschleunigung und Netzwerkstrukturen können visuell, textuell und akustisch dargestellt werden. Kunst und Literatur nehmen an diesen Entwicklungen teil und können sie ihrerseits auch repräsentieren. Schließlich können auch sich verändernde Raumverhältnisse wie Zeithorizonte repräsentiert und in ihren Auswirkungen dargestellt werden. Wie wirkt sich die Globalisierung auf die einzelnen Menschen, auf Arbeitssituation, Beruf, (Fern-)Beziehungen aus, welche Folgen haben Beschleunigung, ökologische Gefahren, Verlust an Authentizität, Heimatsehnsucht für die Menschen an verschiedenen Orten? Es gibt viele Erfahrungsbereiche von Menschen, die nicht Migranten sind, die sich aufgrund der global vernetzen Verhältnisse verändern und die nicht erfasst werden, wenn Globalität allein auf Migration und Transkulturalität reduziert wird. Auch die heimische Sprache und Kultur wandeln sich, und das Eigene wird manchmal fremd.

<small>Interkonnektivität</small>

8.4 Alejandro González Iñárritu: *Babel*

Babel (2006) Am Film *Babel* des mexikanischen Regisseurs Alejandro González Iñárritu, der 2006 in die Kinos kam, lassen sich viele Möglichkeiten aufzeigen, wie globale Interdependenzen konkret dargestellt werden können. Er eignet sich deshalb besonders gut für eine Beschreibung des Spektrums von Darstellungsoptionen, weil er globale Vernetzung explizit thematisiert und dies als Film auf der narrativen, symbolischen, visuellen, musikalischen und sprachlichen Ebene tut, globale Verhältnisse sich jedoch auch in Bezug auf Produktion und Distribution zeigen.

Die Story Schon der Titel weist mit dem im Alten Testament beschriebenen Turmbau zu Babel auf die verlorene Einheit der Menschheit und deren Sprachverwirrung hin, die auch kulturelle Differenz markiert. Der Plot verbindet drei Geschichten auf drei Kontinenten und motiviert sie im Sinne des chaostheoretischen Schmetterlingseffekts, demzufolge eine kleine lokale Ursache global weitreichende Wirkungen zeitigen kann. Ein japanischer Manager und Hobbyjäger, dem seine eigene, taubstumme Tochter fremd geworden ist, hat bei einem Marokkourlaub ein Gewehr an seinen Reiseführer verschenkt, der dieses an einen anderen Bauern verkauft. Dessen Söhne schießen aus Versehen auf einen Reisebus und verletzen eine amerikanische Touristin lebensgefährlich. Die Kinder dieser Frau und ihres Mannes sind bei der illegal in San Diego lebenden mexikanischen Nanny zurückgeblieben, die vom Unfall erfährt, die Kinder aber dennoch zur Hochzeit ihres Sohnes nach Tijuana / Mexiko mitnimmt. Bei der Rückkehr kommt es zu einem Konflikt mit der US-amerikanischen Grenzpolizei und letztlich wird die Nanny ausgewiesen. Die Amerikanerin Susan überlebt die Schussverletzung, aber die Mexikanerin Amelia verliert Haus, Arbeit und Wohnort, einer der marokkanischen Söhne wird von der Polizei erschossen, während der japanische Geschäftsmann und seine Tochter sich am Ende wieder näher kommen. Die Machtverhältnisse bleiben erhalten, das scheinbare Happy End ist ein solches nur für die Gewinner der Globalisierung.

Die Geschichte kommt dadurch ins Rollen, dass die Kugel aus dem Gewehr der Jungen eine Scheibe des Reisebusses durchdringt und so die Illusion des distanziert-panoramatischen Blicks auf die exotische Landschaft und Kultur Marokkos zerstört wird. Plötzlich sind die beiden Amerikaner mit dem Lokalen direkt konfrontiert und
Raum und Grenzüberschreitung auf dieses angewiesen. Lokales und Globales vermischen sich und interagieren direkt. Grenzen werden zwar nicht aufgelöst, aber zumin-

dest temporär durchlässig. Räumlich werden mit Marokko, Tokio, San Diego und Tijuana vier weit entfernte Orte eng vernetzt; Mobilität wird in der Urlaubsreise des kalifornischen Ehepaars, der Grenzüberquerung der mexikanischen Kinderfrau und der Jagdreise des japanischen Vaters gezeigt. Zeitlich gesehen werden die Teilgeschichten ineinander geschnitten, sodass auch hierdurch deren Interpenetration und Gleichzeitigkeit hervorgehoben wird.

In *Babel* wird Englisch, Spanisch, Japanisch, Arabisch, Französisch und Berber gesprochen sowie die japanische Gebärdensprache verwendet. Es gibt keine Szene, in der nicht zwei Sprachen gleichzeitig verwendet werden. Die Zuschauer sind daher auf Untertitel und die Übersetzung angewiesen. Dabei geht es nicht nur um die babylonische Sprachverwirrung, sondern auch um Kommunikationsprobleme zwischen Menschen, die individuell bedingt sind. Die Taubstummheit des japanischen Mädchens macht dies eindringlich deutlich. Alles ist mit allem verbunden, doch macht dies die Verständigung nicht leichter.

Vielsprachigkeit

Der wichtigste Aspekt der filmischen Inszenierung ist die globale Vernetzung, die anhand von drei parallel geschalteten Schicksalen dramatisiert wird. Der Kontakt erfolgt über Reisen (Tourismus), Migration (illegaler Arbeitsaufenthalt/‚Tortilla Curtain'), den Transfer von Objekten (Gewehr, Kugel) sowie durch das Telefon und die Medien. Das Geschenk des Japaners, die Kugel der marokkanischen Jungen, die Verletzung von Susan, Amelias Fahrt zur Hochzeit des Sohnes jenseits der Grenze mit den Kindern, der Konflikt mit der Polizei bei der Rückkehr, das Trauma des japanischen Mädchens aufgrund des Selbstmords der Mutter, all diese Ereignisse stehen miteinander in Verbindung, werden jedoch nicht einfach kausal aufeinander zugerechnet. Es gibt immer mehrere Kontexte und Ursachen, sodass die einzelnen Ereignisse polykontextural konturiert sind, auf verschiedene Länder, Kulturen, Gesellschaften und Individualitätskonzeptionen verweisen, also hybride sind, auch wenn die Charaktere dies nicht so wahrnehmen. Der Film macht fiktional die weltweite Vernetzung beobachtbar.

Vernetzung und Interdependenz

Die Hauptstrategie besteht in der Narrativisierung des Faktums globaler Interdependenz. Dies kann nicht innerhalb einer Geschichte erfolgen, sondern erfordert die Verknüpfung von mehr als zwei Geschichten. Hinsichtlich der narrativen Sequenz werden die drei Teilgeschichten zeitlich ineinander verwoben, sodass Synchronizität suggeriert wird. Mediale Instantaneität (das Fernsehen in Tokio berichtet sogleich von dem Unfall) und lokale Eigenzeit (das langsa-

Strategien der Darstellung

me Tempo im marokkanischen Dorf) überlagern sich und führen zu einer temporalen Mehrschichtigkeit, die Pluralität und Hybridität auch auf der Zeitschichtoberfläche deutlich werden lässt. Die Mehrsprachigkeit der teilweise misslingenden Kommunikation zeigt ebenfalls nicht nur die sprachliche Pluralität, sondern auch das Aufeinandertreffen differenter Denk- und Wahrnehmungsmuster, die eindeutig auf Machtgefälle verweisen (USA und Japan versus Marokko und Mexiko). Während die Medien und US-Diplomaten den Schießunfall sofort auf einen terroristischen Hintergrund beziehen, können die Zuschauer auch andere Perspektiven sehen und hören, etwa wenn in der ersten Viertelstunde des Films der Blickwinkel der marokkanischen Jungen eingenommen wird, die nichts von Geopolitik wissen, oder wenn der Film die Erfahrung des japanischen Mädchens in einer Diskothek zeigt, in der es nichts zu hören vermag. Der Film setzt sich also aus mehreren heterogenen Perspektiven und Erfahrungen zusammen, die nebeneinander gestellt werden. So zeigt er die Vernetzung, fokussiert auf je einzelne ‚Knoten' im Netzwerk, dramatisiert deren Eigenzeiten und Perspektivität und inszeniert die verschiedenen (Lebens-)Welten in der einen, global vernetzten Welt. Dabei insistiert er trotz der Interdependenz der Einzelschicksale auf der irreduziblen Pluralität innerhalb einer durch asymmetrische Machtbeziehungen und die ungleiche Verteilung von Reichtum verzerrten unauflösbar transnationalen Kommunikationssituation.

Schauspieler und Produktionsinstanz

Zwar werden die amerikanischen Hauptrollen von den Hollywood-Stars Cate Blanchett und Brad Pitt gespielt, aber es wirken auch viele Laienschauspieler mit. Schon durch die ethnische und nationale Zugehörigkeit der Charaktere und ihrer Darsteller wird eine globale Mélange suggeriert. Allerdings ist *Babel* ein Hollywood-Film, sodass die Produktionsinstanz oder das „Subjekt der Äußerung" (wie bei jedem Film) zwar aus einer Vielzahl von Agenten besteht, doch in erster Linie durch das System Hollywood bestimmt ist. Dies gilt auch, obwohl der Regisseur als Mexikaner eigene Codes mitbringt, die sich von den Konventionen Hollywoods teilweise unterscheiden. Die Produktion ist US-amerikanisch, die Drehorte wie auch die Schauspieler international. Kulturelle, ethnische, räumliche Pluralität und Hybridität finden innerhalb eines filmischen Raumes statt,

Klangräume

der von Kalifornien aus auf Vielheit zugreift. Die Musik, die mehrere Preise gewann, stammt von einem Mexikaner, ist jedoch kulturell nicht eindeutig zuzuordnen, sondern könnte als kinoadaptierte Form von Weltmusik bezeichnet werden. Jedenfalls schafft sie akustisch einen globalen, nicht kulturspezifischen Klangraum und verbindet die drei Kontinente klanglich. Allerdings gibt es andere Klänge wie die mexikanische Mariachi-Musik, die TechnoSzenerie im Tokioter Club, die Ruhe im nordafrikanischen Dorf. Man kann deshalb feststellen, dass der Film eine ganz spezifische Version des Globalen zeigt.

Globalisierung lässt sich also repräsentieren, wobei auch hier deutlich werden dürfte, dass Repräsentationen von Weltzusammenhängen diese immer auch interpretieren und mitformen, indem sie Vorstellungen darüber vorlegen. Es zeigt sich, dass nicht nur transnationale, grenzüberschreitende Ereignisse und verschiedene Orte, Sprachen und Kulturen nötig sind, um Globalität darzustellen, sondern auch und vor allem Polyperspektvität, Polykontexturalität und die Betonung von Komplexität und Kontingenz. So unterstreicht *Babel*, dass die in den Kulturwissenschaften meist als einzige Eigenschaft hervorgehobene kulturelle Hybridität ein zwar notwendiges, keineswegs jedoch ein hinreichendes Kriterium für Globales darstellt. Erzählform, Bildlichkeit, Sprache, Klangwelt etc. müssen auf Pluralität umgestellt werden.

Zusammenfassung

Fragen und Anregungen

- Woran erkennt man Weltbezug? Stellen Sie eine Checkliste auf.
- Was heißt Hybridität in den Künsten – inhaltlich und formal?
- Sehen Sie sich *Babel* an und interpretieren Sie den Film mit Blick auf die Globalisierung.
- Wie kann ‚Welt' als Gesamtheit dargestellt werden? Diskutieren Sie metonymische und metaphorische Versionen.
- Überlegen Sie, ob (und wenn ja: warum) Orte und räumliche Beziehungen in Bezug auf Globalität wichtiger sind als zeitliche.

Lektüreempfehlungen

- Alejandro González Iñárritu (Regie): Babel, USA 2006. *Spielfilm, der als paradigmatisch für die Möglichkeiten angesehen werden kann, Globalisierung filmisch zu erfassen.*

  Film

- Elisabeth Bronfen / Benjamin Marius / Therese Steffen (Hg.): Hybride Kulturen: Beiträge zur anglo-amerikanischen Multikulturalis-

  Forschung

musdebatte, Tübingen 1997. *Vor allem der Einführungstext von Bronfen/Marius gibt einen sehr guten Überblick über Hybridität, Multikulturalismus und Postkolonialismus in Literatur und Kultur; enthält Beiträge u. a. von Homi K. Bhabha.*

- **Allan Cochrane/Kathy Pain: A Globalizing Society?**, in: David Held (Hg.), A Globalizing World? Culture, Economics, Politics, London 2000, S. 5–46. *Guter Einführungstext, der im Unterkapitel „Mapping Globalization" Hinweise auf und Beispiele zu Repräsentationsfragen des Globalen gibt.*

- **W. J. T. Mitchell: Representation**, in: Frank Lentricchia/Thomas McLaughlin (Hg.), Critical Terms for Literary Study, Chicago 1990, S. 11–22. *Kurze, präzise und gut verständliche Darstellung der Geschichte und des Bedeutungsspektrums des Repräsentationsbegriffs mit einem Interpretationsbeispiel.*

- **Manfred Schmeling: Differenz, Hybridisierung, Globalisierung: Interkulturelle Poetik heute**, in: Djelal Kadir/Dorothea Löbbermann (Hg.), Other Modernisms in an Age of Globalization, Heidelberg 2002, S. 265–284. *Essay eines Komparatisten, der diskutiert, welche Konsequenzen die interkulturellen Entwicklungen für die Literaturwissenschaft haben.*

9 Interpretationen des Globalen

Abbildung 9: Albert Eckhout: *Tairiu-Frau („Tapuya")* (1641)

Das von dem niederländischen Maler Albert Eckhout in Brasilien angefertigte Bild (1641) zeigt eine interessante Mischung: Der Versuch einer relativ realistischen Darstellung der Bewohner der Neuen Welt wird kombiniert mit der Projektion europäischer kultureller Stereotype auf diese. Die umgebende Natur ist sehr genau und harmonisch, ja beinahe idyllisch dargestellt, während die Nacktheit der Indianer genauso wie deren Kannibalismus als abscheulich präsentiert wird. Die Tapuya-Frau scheint jedoch mit den abgeschnittenen menschlichen Gliedmaßen ganz entspannt umzugehen. Bildet also dieser Maler, sicherlich keineswegs untypisch, die Welt der Anderen seinem Vorwissen und seinen kulturellen Vorstellungen entsprechend ab, so ‚liest' er auch ‚fremde Zeichen' und repräsentiert sie interpretierend in seiner bildlichen Übersetzung.

Eckhouts bildliche Interpretation seiner Eindrücke der Neuen Welt überträgt das Fremde in die Bildsprache des Eigenen. Die Fremdheit wird dabei allerdings betont, durch den Kannibalismushinweis und die Aktmalerei, die zu Eckhouts Zeit (in Nordeuropa) nicht verbreitet war. Wenn dieses Gemälde heute betrachtet wird, so lassen sich die visuellen Zeichen des Bildes in mehrere Richtungen gleichzeitig interpretieren: Aus europäischer Sicht wird die Wildheit der Indianer im Übergang zum ‚edlen Wilden' hervorgehoben, während aus indianischer Sicht eher die Domestizierung ihres Lebensstils in Richtung auf europäische Manieren betont wird.

Interpretationen des Globalen bedürfen neuer Methoden, die die Mehrfachcodierung von Darstellungen anderer Kulturen bzw. der Kulturbegegnung aufschließen können, die eigene Beobachterposition zumindest problematisieren und es darüber hinaus ermöglichen, Repräsentationen sowohl auf implizierte Weltentwürfe/-vorstellungen wie auch auf die implizit verarbeitete Vernetzung mit anderen Weltteilen hin zu befragen. Eine solche Methode existiert noch nicht und soll deshalb im Folgenden skizziert werden.

9.1 **Methodische Skizze einer globalen Lektüre**
9.2 **Inhaltliche Interpretationsebene – plurale (Kon-)Texte**
9.3 **Formale Interpretationsebene – Übersetzung, Semiotik und fremde Zeichenwelten**
9.4 **Perspektivität und Perspektivenwechsel**

9.1 Methodische Skizze einer globalen Lektüre

Mit dem Begriff der Interpretationen des Globalen wird ein bestimmter Blickwinkel bezeichnet, der sich potenziell auf alle Texte anwenden lässt. Dabei geht es nicht um Eigenschaften von Texten, sondern um Verfahren und Perspektiven, die es ermöglichen, Weltbezüge und globale Prozesse zu erkennen und zu beschreiben. Eine tragfähige Methode zur Interpretation des Globalen muss folgende Aspekte berücksichtigen:

Ein neuer Blickwinkel

- die Vervielfachung der Kontexte, die zur Interpretation herangezogen werden;
- Phänomene der Intertextualität und der Art, wie Texte selbst oft Übersetzungen leisten oder darstellen;
- die Semiotik, mit deren Hilfe auch formal Bedeutung bestimmende kulturelle Codes analysiert werden können;
- spezifische Metaphern und andere Figuren, die häufig Globalität anzeigen;
- die Instrumentarien der Beschreibung mit Blick auf ihre Kontextabhängigkeit;
- schließlich auch die Interpreten selbst, also die Beobachter, und ihre Position, die ja wiederum ihren Blickwinkel mitbestimmt.

Damit werden Hinweise für globale Lektüren gegeben; eine ausgearbeitete Methode gibt es jedoch (noch) nicht. ‚Text' wird hier in einem weiten Sinne verstanden, der auch Filme, Bilder und Musikstücke einschließt, wobei ‚lesen' ihre Interpretation bedeutet. Deshalb lassen sich die folgenden Überlegungen zur Frage des Lesens mit Blick auf Globalität auch auf andere Kunstformen übertragen.

Mit Bezug auf den durch seine Untersuchungen zum „Orientalismus" bekannt gewordenen Literaturwissenschaftler Edward Said schreiben die Literaturwissenschaftler Elisabeth Bronfen und Benjamin Marius:

„Der kulturelle Wert des literarischen Textes [...] ergibt sich aus seiner Mehrfachcodierung innerhalb einer plural verstandenen Welt. So bietet der intertextuell geprägte Umgang mit literarischen Texten ein Modell und Trainingsfeld für den Umgang mit mehrfach codierten, komplexen Identitäten – imaginären Gemeinschaften –, die sich innerhalb des pluralen Bezugsrahmens ‚Welt' ansiedeln." (Bronfen/Marius 1997, S. 7)

Mehrfachcodierung

9.2 Inhaltliche Interpretationsebene – plurale (Kon-)Texte

Der erste Punkt, den eine globale Lektüre zu beachten hat, besteht darin, dass in einer global vernetzten Welt verschiedene Bezugssysteme des Verstehens sowie unterschiedliche Bedeutungs- und Zeichenuniversen koexistieren, sodass Texte oft mehrfach codiert sind und verschiedene Bedeutungswelten verhandeln. Dabei zirkulieren sie in einer globalisierten Welt und treffen so auch auf gänzlich unterschiedliche Verstehenshorizonte. Der Interpret muss dies in Betracht ziehen und Romane, Filme, Gemälde oder Musikstücke so beschreiben, dass er der potenziellen Polykontexturalität sowohl der Texte als auch des Rezipientenspektrums zumindest annähernd gerecht wird.

Weltbezug und Pluralisierung der Bezugsrahmen

Jede globale Lektüre muss einen doppelten Weltbezug mitdenken. Zum einen gilt es, den ‚Text' nicht auf einen einzigen Bezugsrahmen, wie die Nation, das autonome Subjekt oder die Modernisierung zu beziehen, sondern ihn als Schnittpunkt mehrerer, auch geografisch und kulturell unterschiedlicher Bezugssysteme und – formaler gesprochen – Codes zu lesen. Zum anderen bedeutet Globalität immer auch, die ganze Welt als offenen Horizont mitzubedenken. Dies erfordert, Fremdes im Sinne nicht nur kultureller, sondern auch kognitiver Alterität anzuerkennen. Der Mediävist Peter Haidu spricht von einer „Nebeneinanderstellung als einer Verbindung, die nicht zu einer Verschmelzung führt, sondern auf einer Disjunktion [Trennung, Verschiedenheit] insistiert, die eine Konfrontation der beiden Modelle bleibt." (Haidu 1990, S. 688, Übers. d. Verf.) Der Leser erkennt die Fremdheit, versucht die Bedeutung zu verstehen, aber die Andersheit nicht dadurch aufzulösen, dass er sie in seine eigene kulturelle Sinnwelt eingliedert und damit vertraut macht.

Damit verschieben sich die Kontexte, auf die Texte bezogen und durch die sie interpretiert werden. Zwar bilden beispielsweise nationale Geschichte, Individualisierung und Geschlechterbeziehungen zweifellos auch hier wichtige Bezugspunkte der Interpretation, allerdings mit einem strengen Blick auf globale Vernetzung und Welterzeugung. Andere Kontexte werden innerhalb eines globalen Kontextes verortet, relativiert und in ein globales Verhältnis gesetzt. Individualisierung etwa ist so betrachtet eine folgenreiche, jedoch nicht notwendige und keineswegs alternativlose Entwicklung. So werden ‚Texte' in der Interpretation implizit immer auch mit anderen Möglichkeiten verglichen. Die Kriterien hierzu stammen aus dem Vergleich verschie-

Andere Kontexte

dener geografischer Orte, Kulturen, Erfahrungen, können also ihrerseits nur dynamisch konzipiert werden.

Hierdurch werden Basisannahmen der Interpretationstheorie infrage gestellt. Der Philosoph Hans-Georg Gadamer geht in seiner Hermeneutik davon aus, dass in der deutenden Lektüre eine Horizontverschmelzung zwischen den „Vorurteilen" des Lesers und der Wissenswelt des Textes stattfindet, die über einen gemeinsamen Traditionszusammenhang vermittelt ist. Diesen stellt die europäische Geistesgeschichte dar. Weil gegenwärtiges Denken mit dieser verbunden ist, auf dieser aufbaut und sie fortführt, können auch zeitlich weit entfernt liegende, beispielsweise antike Texte verstanden werden (vgl. Gadamer 1990; → ASB JOISTEN, KAPITEL 10). Die Vorstellung eines gemeinsamen Erwartungshorizontes kann jedoch in einer global vernetzten Welt nicht aufrechterhalten werden. Wie etwa Eckhouts Bild unterstreicht, war sie auch schon früher nur dann zu haben, wenn die andere Kultur innerhalb der Vorstellungen der eigenen interpretiert wurde. Zeichen und ‚Texte' global zu lesen bedeutet, gerade nicht von einem gemeinsamen Traditionszusammenhang, sondern vielmehr von einer Vielzahl, seit dem Beginn der Neuzeit jedoch zunehmend enger miteinander verknüpfter und interagierender Traditionen auszugehen, die teilweise Schnittmengen bilden (z. B. Popkultur, Konsum, Technik, Weltenglisch), teilweise jedoch auch miteinander in Konflikt geraten und inkommensurable Vorstellungswelten bilden (z. B. Werte, Religion, Position von Frauen). Man muss also davon ausgehen – und danach Ausschau halten –, dass sich in einem Text mehrere Semantiken überlagern und unterschiedliche Kontexte zu rekonstruieren sind. Die Erfahrungen der überwältigten Indianer lassen sich beispielsweise zwar indirekt aus den Berichten der europäischen Eroberer rekonstruieren, werden aber zweifellos von deren Erzählungen nicht adäquat erfasst; ein indischer oder chinesischer Text, in dem Demokratie verhandelt wird, mag mit dem Demokratiebegriff (auch) andere Vorstellungen und Erwartungen verbinden, als ein Europäer dies tut; er kann beispielsweise gleichzeitig als Metapher für westliches Machtstreben verstanden werden und als Bezugspunkt für politische Opposition dienen.

Jenseits der Hermeneutik – kein gemeinsamer Verstehenshorizont

Ein weiterer Kerngedanke von Interpretationen des Globalen besteht darin, dass ein Bezug zur (ganzen) Welt hergestellt wird. Da es die ‚eine Welt' nicht gibt, sie vielmehr ein beobachterbedingter und daher sich wandelnder Horizont ist, kann sie auch keinen festen Bezugsrahmen darstellen. Was ‚Welt' ist, changiert – von kosmologischen und theologischen Weltvorstellungen bis zur zunehmenden Im-

Historische und kulturelle Veränderung von Welten

manenz- und Globusorientierung. Doch auch kulturell stehen sich widerstreitende Weltvorstellungen gegenüber. Für globales Lesen folgt hieraus, dass eine Version der ‚Welt' nie konklusiv sein kann, sondern immer mehr als zwei Versionen betrachtet und kritisch ineinander gespiegelt werden sollten.

Der Komparatist Frank Damrosch schreibt: „*Weltliteratur ist nicht [etwa] ein festgesetzter Kanon von Texten, sondern eine Form des Lesens; eine Form des distanzierten Engagements mit Welten jenseits unseres eigenen Ortes und unserer eigenen Zeit.*" (Damrosch 2003, S. 281, Übers. d. Verf.)

Was heißt „globales Lesen"?

Die Komparatistin Vilashini Cooppan fasst zusammen:
„Globalisiertes Lesen versucht nicht so sehr einen alternativen Kanon zu schaffen, als die vorherrschende Positionierung des Kanonischen und des Nicht-Kanonischen als Gegensatz des jeweils anderen zu verändern, wobei die Wahl des einen das Verschwinden des anderen zu diktieren scheint. Wenn man einen Text nimmt, der als weltbildend aufgefasst wird, und ihn neben einen anderen aus einer anderen Tradition und Zeit setzt, so verändert globalisiertes Lesen die Weise, wie wir sehen. Es verdrängt die hegemoniale Vorstellung von ‚Welt' als einer fiktiven Universalität zugunsten einer Vision von vielen Welten, die individuell verschieden und in vielfältiger Weise verbunden sind." (Cooppan 2001, S. 32, Übers. d. Verf.)

Wenn mit Cooppan viele unterschiedliche, dennoch miteinander verknüpfte Welten als Bedeutungshorizont(e) angesetzt werden, so folgt daraus, dass eine (quasi-)ethnologische Position sowohl gegenüber fremden wie auch eigenen Standpunkten eingenommen werden sollte. Auch andere Grenzziehungen und Bewertungen wären möglich. Entscheidend ist, dass das Globale in der Literatur, der Kunst, dem Film oder der Musik zu nicht geringen Teilen eine Interpretationsweise, also einen Blickwinkel darstellt.

Intertextualität

Auch die Analyse intertextueller Bezüge stellt ein wichtiges Verfahren dar, um sich überlagernde, heterogene und verdeckte Schichten in Texten aufzufinden. So entstehen relationale Interpretationen. Mit Verweis auf die Arbeiten der Slawistin Renate Lachmann, die hinsichtlich der Intertextualität von einer „Doppelkodierung" spricht, schreibt der Germanist Markus Fauser:

„Nicht der gegebene Text bestimmt die Deutung, sondern sein Zeichenvorrat verweist auf einen anderen, der ihn programmiert. Es sind zwei verschiedene Kodes, die sich kreuzen. Man muss also einkalkulieren, dass hier Zeichen zweier Kontexte aufeinandertref-

fen, die bei der Berührung der Texte eine ‚semantische Explosion‘ bewirken." (Fauser 2003, S. 151)
Texte, Filme und Bilder werden so als Netzwerke von ineinander gewobenen Texten, also als Textur aufgefasst. Dabei sind dialogische bzw. sogar polyloge, also mehrstimmige Strukturen zu beobachten, die den Text hinsichtlich seiner Bedeutungsebenen vielstimmig machen und so als Verhandlungen lebensweltlicher und kultureller Differenzen aufgefasst werden können.

Mehrstimmigkeit

Interessante Anregungen sind den Arbeiten des Literaturwissenschaftlers Edward Said zu entnehmen, der seinen auf „Komplementarität und Wechselseitigkeit" (Said 1994, S. 148) basierenden Interpretationsansatz eine kontrapunktische Lesart nennt. Er bezieht sich damit auf die polyphone, also mehrstimmige Form der europäischen Musik etwa von Johann Sebastian Bach. In dieser laufen mehrere Stimmen parallel, sind also tonal aufeinander bezogen, agieren jedoch gleichzeitig eigenständig und könnten auch als eigene Melodien gehört werden. Analog dazu entwickelte Said die kontrapunktische Methode der Lektüre, um die Stimmen der Kolonisierten in britischen Romanen, die dort nur implizit zu erkennen sind, aufzuspüren.

Kontrapunktische Lektüre

„Praktisch bedeutet ‚kontrapunktisches Lesen' die Lektüre eines Textes mit wachem Verständnis für das, was im Spiele ist, wenn ein Autor beispielsweise darlegt, dass eine koloniale Zuckerplantage wichtig für die Aufrechterhaltung eines besonderen Lebensstiles in England ist." (Said 1994, S. 112)

Eine solche Lektüre muss nach Said beide Prozesse, sowohl den Imperialismus wie auch den Widerstand dagegen, in Betracht ziehen. Dies könne dadurch erreicht werden, dass Lektüren auch das einbezögen, was gewaltsam ausgeschlossen wurde. Als Beispiel nennt er den Roman *L'Etranger* (1942; *Der Fremde*, 1948) von Albert Camus, in dem die gesamte algerische Kolonialgeschichte ausgespart sei (vgl. Said 1994, S. 112). Weil der Gegendiskurs der Kolonisierten und der Minderheiten unterdrückt oder ausgeblendet wurde, muss er in Form von Spuren, in Form von impliziten Wirkungen auf die westlichen Romanfiguren oder auch die Text- und Erzählform selbst, vor allem jedoch über Kontexte rekonstruiert werden. Kontexte sind andere Texte, etwa historische Beschreibungen, oder Texte, die von Mitgliedern von Minderheiten selbst verfasst wurden und die im Zuge der Interpretation als Gegenstimmen mit dem Text in Beziehung gesetzt werden können und ihn vielstimmig machen. So werden Romane als implizite Dialoge bzw. Auseinandersetzungen gelesen, auch wenn dies auf der Oberfläche nicht immer zu erkennen ist. Saids Modell kann auf globale Verhältnisse übertragen werden.

9.3 Formale Interpretationsebene – Übersetzung, Semiotik und fremde Zeichenwelten

Wenn ein globaler Interpretationsansatz auf der inhaltlichen Ebene Vielstimmigkeit über eine Vervielfachung der Bezugshorizonte und Kontexte zu erreichen sucht, die in ihrer oft nur impliziten Interaktion zu beobachten sind, so kann auch auf der konkret textlichen Ebene der Form – das heißt der Sprache, der Romanfiguren, des Erzählens, aber auch der bildlichen und klanglichen Zeichen, Formen und Gattungen – der Bezug auf Globales hergestellt werden:

Textstruktur und Formebene

„Die Arrangements postkolonialer Texte bedienen sich höchst verschiedener Semantiken, die, wie Salman Rushdie sagt, vom ‚Übersetzen' zwischen den Kulturen profitieren. Sie leben von den veränderten und sich verändernden Geschichten, von der Umdeutung bekannter Poetiken und der Vermischung mit ‚eigenen' literarischen Traditionen." (Fauser 2003, S. 39)

Die von Rushdie vorgeschlagene Übersetzungsmetapher ist nützlich, weil innerhalb von Texten immer ein Transfer von Vorstellungen und Beschreibungen, von Geschichten und Erfahrungen, von Formen und Traditionen stattfindet, also eine Übertragung von einem Ort bzw. Standpunkt an einen anderen, geografisch und konzeptuell.

Übersetzung als Interpretation und Transfer

Zu untersuchen sind daher Austausch- und Transferverhältnisse, die mehrere Texte, Kulturen und Autoren in ihren Wechselbeziehungen verbinden. Eine wesentliche Form der Übertragung nicht-materieller Werke besteht in der Übersetzung und dem Kopieren von Formen und Inhalten. Dem Literaturwissenschaftler Andreas Huyssen zufolge erlaubt der Blick auf Wiederholung, Überarbeitung und Übersetzung, die ebenfalls als ästhetisch komplexe Verfahren zu betrachten sind, die geltende Vorstellung von Innovation erheblich zu erweitern und erst so den Modernismus auch in einem globalen Sinne zu beschreiben. Auch der Transfer von Verhalten, nicht-sprachlichen Ausdrucksformen und Denkmustern müsse als Übersetzung verstanden werden (vgl. Huyssen 2007, S. 204f.). Wird die Privilegierung eines meist nur nachträglich als solches postulierten Originals zurückgenommen, so wird der Blick frei auf Transfer und Mischformen in der Kultur und den Künsten, die sich in westlichen wie auch in nicht-westlichen Kunstwerken finden. Wolfgang Iser bezeichnet die Interpretation ganz explizit als einen Akt der Übersetzung (vgl. Iser 2000, S. 5), und Doris Bachmann-Medick spricht von einem *translational turn*, der sich vor allem auf interkulturelle Übersetzungen bezieht (vgl. Bachmann-Medick 2006, S. 238–283).

Transferprozesse lassen sich anhand eines Vergleichs beobachten, der verschiedene Texte und kulturelle Bezugsrahmen nebeneinander stellt und die Übertragungen zwischen ihnen herauspräpariert, dabei jedoch auch zeigt, wie jeweils das eine durch das andere geprägt wird. Auch Übertragung und Übersetzung sollten als Akte der Verbindung, der Verhandlung, aber auch der selektiven und den eigenen Rahmenvorgaben entsprechenden Reinterpretation betrachtet werden.

Beobachtung von Übersetzungsprozessen in Texten

Man denke an William Shakespeares Verwendung italienischer Geschichten (Romeo und Julia), an die Neuinterpretation jüdischer Theologie innerhalb antiker griechischer Denkformen, an den Transfer von Vorstellungen der Individualität in die chinesische Kultur durch die Übersetzung westlicher moderner Romane (→ KAPITEL 4.4), die Erneuerung der westlichen Kunstästhetik durch die Rezeption afrikanischer und polynesischer Masken bei Pablo Picasso und im Kubismus oder die Konfrontation europäischer Musik mit nicht-westlicher, vor allem afroamerikanischer Polyrhythmik und die hieraus resultierenden Veränderungen im 20. Jahrhundert. Immer wurden Formen wie auch Inhalte in der ‚Übersetzung' verändert, sodass die kreative Transposition (vgl. Iser 2000, S. 7) als Innovationsfaktor deutlich wird. Methodisch kann man von Widersprüchen, Ungereimtheiten und Doppelungen ausgehen, die möglicherweise Zeichen einer Doppelcodierung sind und damit auch Spuren eines ästhetischen bzw. allgemeinen kulturellen Transfers darstellen. Klären lassen sich die Traditionszusammenhänge dann nur durch Kontextrekonstruktionen und den Vergleich von Werken aus verschiedenen Kulturwelten. Natürlich wurden derlei Übertragungen bereits von den einschlägigen Einflussstudien aufgezeigt. In einer globalen Perspektive geht es jedoch weniger um das „inter" – also den Austausch zwischen zwei Traditionen, die Dekonstruktion von Original und Ursprung –, als vielmehr um den Nachweis von ‚Flüssen' kulturellen Materials, wie etwa von künstlerischen Formen. So können kulturelle ‚Ströme' auch in Texten beobachtet werden, die bisher nationalkulturell erklärt wurden.

Beispiele

Ob es möglich ist, vor die immer schon kulturell und historisch geprägten Beobachtungsformen und Analyseinstrumentarien zurückzugehen, ist fraglich („blinder Fleck"). Denkbar ist es jedoch, die Voraussetzungen von Beschreibungen beobachtbar zu machen, indem man sie als kontingente, also willkürliche und konventionelle Codes rekonstruiert. Die Semiotik (→ KAPITEL 5.2) postuliert, dass die erkannte Welt aus Zeichen besteht – nicht der Stein an sich ist schon ein Zeichen, wird er jedoch als Werkzeug verwendet oder als Hinweis auf einen vorbeiführenden Wanderweg (Steinmännchen), so bedeutet er (zeigt er, verweist er auf) ‚etwas'. Gelernten Codes folgend können Menschen die Bedeutung des Steins verstehen bzw. ‚lesen'. Entsprechend lässt sich auch die Verweisfunktion der Zeichen aufschließen und erklären. „Eine im strengen Sinne des Wortes ethnologische Kulturbeschreibung [...] müßte semiotisch verfahren, das heißt mit Referenz auf die Zeichen, die den Kulturkontakt so oder anders schwer oder leicht machen." (Baecker 2001, S. 17f.) Umberto Eco weist darauf hin, dass eine Kultur nur in Bezug auf die jeweiligen kulturellen Codierungen untersucht werden kann: „Die ganze Kultur erscheint in dieser Sicht als ein System von Zeichensystemen [...]. Die Semiotik wird somit zur wissenschaftlichen Form der Kulturanthropologie." (Eco 1977, S. 185f.)

Das deutsche Wort „Hund" kann beispielsweise, wenn es in andere Sprachen übersetzt wird, ganz andere Bedeutungen und Konnotationen aktualisieren – etwa einer Gottheit, eines Nahrungsmittels, vielleicht gar keines Haustieres –, und auch das Bellen eines Hundes wird in verschiedenen Sprachen mit verschiedenen Wörtern dargestellt. Wenn ein Hund abgebildet wird, das Wort in einem Gedicht auftaucht oder Hundegebell musikalisch imitiert wird, so wird dies in unterschiedlichen kulturellen Kontexten Verschiedenes bedeuten. Die Codes legen fest, was jeweils gemeint ist, was also möglicherweise Interferenzen im Verständnis ergeben könnte. Eine Untersuchung der kulturellen Codes bietet die Möglichkeit, Gemeinsamkeiten und Unterschiede beschreibbar und vor allem verhandelbar zu machen. Eco weist darauf hin, dass die kulturelle Einheit im Signifikanten, also im Zeichen (Wort, Bild, Klang etc.) empirisch greifbar sei. Wenn diese Codes rekonstruiert werden, so kann man die Mehrfachcodierung in Texten, aber auch in Identitäten beobachten.

Ein semiotischer Ansatz bietet weiterhin die Möglichkeit, die Probleme zu umgehen, die sich aus der Kontinuitätsannahme der Hermeneutik ergeben, die sich allein auf die europäische Geistesgeschichte bezieht. Im Gegensatz zu dieser geht die Semiotik von einer kulturellen und kognitiven Alterität, also Fremdheit von Texten aus, wie Peter Haidu in Bezug auf mittelalterliche Texte argumentiert: „Man sollte von Alterität nicht im Singular sprechen. [...] die einzig angemessene Form ist diejenige der *Alteritäten im Plural*, welche die Vielheit der Differenzkriterien im Verhältnis zu einem konkreten Gesprächspartner anerkennt." (Haidu 1990, S. 684, Übers. d. Verf.) Die anthropologische Verwendung der Semiotik geht immer von Alteritäten aus:

„Sie beginnt mit dem Erkennen dessen, was hinsichtlich der Interpretation textueller Bedeutungsprozesse im semiotischen Universum des Lesers störend ist. Der Leser [bzw. die Leserin] muss daher sein oder ihr semiotisches System nach außen kehren, um dessen Bedeutungsproduktionen in Kontrast zu den Leistungen [*performances*] des Objekts zu identifizieren, das durch seine Andersheit markiert ist. Es ist kaum nötig zu sagen, dass diese Identifikation des eigenen Decodierungsapparates auf der Gegenüberstellung mit einem anderen Bezeichnungssystem basiert: Der Prozess der Klärung beider Systeme ist in der Tat dialektisch. Dieser dialektische Prozess hängt davon ab, ein Nebeneinander als eine Verbindung zu erhalten, die nicht zu einer Verschmelzung führt, sondern auf einer Disjunktion insistiert, die eine Konfrontation der beiden Modelle bleibt." (Haidu 1990, S. 688, Übers. d. Verf.)

_{Verbindung ohne Verschmelzung}

So kann Haidu einen Prozess des Verstehens beschreiben, der die Fremdheit eines Textes nicht komplett auflöst und dennoch die Zeichen- und Bedeutungswelten von Leser und Text durch das Auffinden von Gemeinsamkeiten und Unterschieden aufeinander bezieht. Verbindungen werden hergestellt, ohne eine gemeinsame Tradition voraussetzen zu müssen. Die Differenz bleibt erhalten, ein (partielles) Verstehen wird ermöglicht.

Eine weitere Voraussetzung der formalen Analyse besteht darin, das Instrumentarium der Untersuchung kritisch zu reflektieren. Denn auch die Interpretationsverfahren sind kontextgebunden. Sie sind möglicherweise fremden Texten nicht adäquat, weil sie als Werkzeuge für ganz bestimmte kultur- und zeitspezifische Probleme entwickelt wurden. So ist beispielsweise die Interpretationsstrategie, ein lyrisches Gedicht als Ausdruck eines meist leidenden Subjekts zu lesen, selbst in Europa erst seit der Mitte des 18. Jahrhunderts ergiebig. Voraussetzung ist eine ausdifferenzierte Konzeption des autonomen, selbstreflexiven Subjekts, das sich als Individuum von seiner Rolle innerhalb der Gesellschaft zu unterscheiden vermag. Auch der Roman setzt eine bestimmte Form der Gesellschaft voraus, wie der britische Literaturwissenschaftler Ian Watt und andere nachgewiesen haben. Nicht zuletzt die Zentralperspektive und das europäische tonale Sys-

Kontextgebundenheit von Interpretationsverfahren

tem sind kulturell hoch spezifische Formen, die in der Kultur- und Kunstgeschichte Europas entwickelt und ausdifferenziert wurden. Interpretationen mit Blick auf globale Zusammenhänge können Gattungen, Formmuster und künstlerische Konventionen nicht als universal gültig voraussetzen, sondern müssen sie relational handhaben, also in Bezug auf und im Vergleich mit anderen Konventionen einsetzen.

Allerdings wird man wohl kaum noch auf authentische kulturelle Formen stoßen. Heute sind fast alle Kulturen mit westlichen oder anderen dominanten Formen schon in Berührung gekommen. Die meisten Formen enthalten daher in der gegenwärtigen globalisierten Welt Übersetzungen aus anderen Formenwelten. Deshalb kann von drei Ebenen ausgegangen werden:

Mikrostrukturen
- Auf der Mikroebene werden konkrete sprachliche, bildliche, filmische, musikalische Formen der Darstellung untersucht, wobei zunächst vom bekannten Inventar ausgegangen wird, das jedoch bei der Interpretation modifiziert werden kann.

Mesostrukturen
- Auf der Mesoebene werden Gattungen und Konventionen in aktuellen Ausformungen, aber auch Hybridisierungen und Austauschverhältnisse beschrieben (z. B. in der Populärkultur, → KAPITEL 7).

Makrostrukturen
- Auf der systematischen Makroebene werden die Entwicklung und der globale ästhetische Transfer von Großformen wie Roman, *soap opera*, Sonatenhauptsatzform, Portrait, afrikanische Rhythmik etc. untersucht. Auch hier bildet der ganze Globus den geografischen Rahmen, um die ‚Flüsse', ‚Ströme' und „Scapes" unter bestimmten Kriterien zu untersuchen. Konkret muss man natürlich auswählen. Man reduziert Komplexität und fokussiert auf den Roman, die Zentralperspektive, die Kalligrafie oder die Bollywood-Dramaturgie in deren globaler Zirkulation und Vermischung. Man kann hier von einer emergenten Koadaption ästhetischer Formen sprechen.

9.4 Perspektivität und Perspektivenwechsel

Repräsentationen und Modelle von Globalisierung, Globalität und Welt hängen von den jeweiligen Beobachtern und deren Standpunkten ab. Daher sollten Interpretationen des Globalen auch die Positionen untersuchen, von denen aus die Welten gesehen werden, also die Perspektivität. Dabei geht es um die implizite Optik der Welterzeu-

Perspektivität

gung bzw. den Blickwinkel des Textes (Ideologie). Es werden jedoch nicht nur subjektive Haltungen analysiert, sondern vielmehr die Leitunterscheidungen, die jeweils die ‚Welt' des Beobachters und dessen Texte bestimmen. Man kann daher das, was als Welt betrachtet wird, auf den Beobachter und dessen Unterscheidungen genauso beziehen wie auf das Dargestellte.

Am besten lässt sich dies herausarbeiten, wenn ‚Texte' neben andere gesetzt und mit diesen eng geführt werden, sodass immer mindestens zwei unterschiedliche Optionen miteinander konfrontiert werden. Man stellt beispielsweise Kunstwerke aus Europa neben solche aus Afrika, Asien und Amerika; die Bibel neben die Upanischaden; mittelalterliche Texte neben Geschichten der Inkas und Mayas; die Musik der Spanier des 16. Jahrhunderts neben Musik aus Asien und Mittelamerika. Im Englischen spricht man hier von einem *pairing* als einem ganz praktischen Mittel, Singularität aufzubrechen und auf der Objektebene Pluralität herzustellen. Allerdings reicht es nicht aus, Werke und Formen nur nebeneinander zu stellen. Es bedarf vielmehr der Vergleichspunkte, einer Fragestellung, also eines *tertium comparationis*, worüber das Unterschiedliche vergleichbar wird.

Pairing und Modelle der Relation

Ein solches Vorgehen kann mit dem im Folgenden vorgeschlagenen methodischen Modell konzeptualisiert werden. Wolfgang Iser beschreibt, wie die Perspektive des Lesers bei der Interpretation als wandernder und sich wandelnder Sichtpunkt vorgestellt werden kann (vgl. Iser 2000, S. 99–133). Sein phänomenologischer Ansatzpunkt ist, dass ein Leser beispielsweise nach der Hälfte eines Romans eine andere Sicht auf die Romanwelt hat als nach den ersten Seiten; genauer: dass sich mit jeder Seite weiteres Wissen einstellt, welches die Geschichte rückwirkend verändert. Er spricht von einer emergenten, weil nicht vorhersehbaren Entwicklung, die jeweils (rekursiv) das vorher Gelesene aus der Sicht des durch das Wissen des nächsten Kapitels modifizierten Blickwinkels auch rückwirkend auf frühere Episoden des Romans bezieht. Der Leser ist keine fixe Entität, sondern eine im kognitiven Prozess des Lesens sich immer wieder verändernde und anpassende Figur.

Modell des wandernden Sichtpunktes

Dieses Modell kann auch auf transkulturelle und globale Lektüren übertragen werden. Auf dem mehrfach rückgekoppelten, vorwärts schreitenden Weg durch einen Roman (bzw. Film, Bild oder Musikstück), der von mehreren Traditionen und kulturellen Vorstellungen bzw. Erfahrungen durchzogen wird, verändert sich der wandernde Sichtpunkt darüber hinaus jeweils vertikal mit Blick auf transkultu-

Übertragung auf transkulturelle und globale Lektüren

relle Kreuzungen, also das Aufeinandertreffen unterschiedlicher Codierungen und ‚Welten'. So kommt eine weitere Ebene der rekursiven Schleifen hinzu und muss mitgedacht werden. Das Ziel besteht darin zu beschreiben, wie ein Leseprozess konzeptualisiert werden kann, der flexibel durch einen Text wandert und sich immer wieder dem Neuen anpasst. Eine solche Haltung kann einen Schritt in Richtung auf globales Lesen bedeuten. In einer Checkliste zusammengefasst:

Globale Lektüren im Überblick

- Globale Lektüren müssen verschiedene Medien, Codes und Genres verstehen und aufeinander beziehen.
- Globale Lektüren müssen von einer Vielheit von Bezugsrahmen ausgehen.
- Globale Lektüren müssen unterschiedliche Zeichen, Referenzen und Codes entziffern.
- Globale Lektüren müssen unterschiedliche Vorannahmen erkennen und zulassen.
- Globale Lektüren müssen das Weltganze als Horizont ansetzen.
- Globale Lektüren dürfen sich nicht mit Partialansichten zufrieden geben.
- Globale Lektüren müssen vergleichen und übersetzen.

Fragen und Anregungen

- Überlegen Sie, was in globalisierten Konstellationen mit Erwartungshorizonten und Traditionszusammenhängen geschieht.
- Was meint Edward Said mit dem Begriff einer „kontrapunktischen Lektüre"?
- Diskutieren Sie den Zusammenhang von Übersetzung und Intertextualität als Modelle, um transkulturell zirkulierende Formen aufzuspüren.
- Warum können in einem Roman, Bild, Musikstück oder Film die Zeichen für verschiedene Rezipienten in unterschiedliche Richtungen (ver-)weisen? Begründen Sie Ihre Einschätzung anhand eines konkreten Beispiels.

Lektüreempfehlungen

- Umberto Eco: **Einführung in die Semiotik,** München 1972. *Immer noch eines der Grundlagenwerke der Semiotik, das mit Kapiteln zum visuellen Code und zur Architektur Beispiele enthält, die den semiotischen Ansatz in der Praxis vorführen.*

- Markus Fauser: **Einführung in die Kulturwissenschaft,** Darmstadt 2003. *Gut lesbare und umfassende Darstellung der wichtigen neueren Entwicklungen in den Kulturwissenschaften.*

- Peter Haidu: **The Semiotics of Alterity: A Comparison With Hermeneutics,** New Literary History 21.3, 1990, S. 671–691. *Kritik an der Hermeneutik und wichtige Überlegungen, wie die Interpretation mit fremden Zeichen umgehen kann, ohne sie den eigenen Vorstellungen unterzuordnen.*

- Wolfgang Iser: **The Range of Interpretation,** Taipeh 2000, New York 2000. *Umfassende Darstellung einer Theorie der Interpretation von einem der wichtigsten deutschen Literaturtheoretiker der zweiten Hälfte des 20. Jahrhunderts.*

- Edward Said: **Kultur und Imperialismus. Einbildungskraft und Politik im Zeitalter der Macht,** Frankfurt a. M. 1994. *Eines der zentralen Werke der postkolonialen Literaturkritik, das in vorbildlicher Weise genaue Textlektüre, historische Tiefenschärfe und politische Analyse verbindet; der Nachweis der Verknüpfung von Kultur und Imperialismus stellt auch eine Vorgeschichte des Globalen dar.*

10 Nationalphilologien und Globalisierung

Abbildung 10: Das Goethe- und Schiller-Denkmal in Weimar vor dem Nationaltheater (Ernst Rietschel, 1857). Fotografie von MjFe (2007)

Das Goethe-Schiller-Denkmal in Weimar erinnert nicht nur an zwei bedeutende deutsche Dichter, sondern es symbolisiert in ihnen auch den Beginn einer deutschen Nationalliteratur zu einer Zeit, als Deutschland noch gar kein Nationalstaat war. Die Weimarer Klassik wurde zum Inbegriff der Blüte deutschen Dichtens und Denkens; sie wurde jedoch auch zur Begründung von Deutschlands Status als einer Kulturnation verwendet, also eines Nationalstaates, der sich über eine gemeinsame Kultur definierte. Dabei werden oft die weltzugewandte, ja kosmopolitische Seite (etwa in Goethes „West-östlichem Divan" 1819) sowie die politische Dimension (etwa in Schillers „Die Räuber" 1781) vergessen, die bei Goethe und Schiller (ebenso wie bei Friedrich Hölderlin und anderen) durchaus stark vertreten sind.

Literatur hatte zumindest seit dem 19. Jahrhundert eine politische Funktion beim Aufbau und der Konsolidierung der nun entstehenden Nationalstaaten (*nation building*). Nationen sind Gemeinschaften, die für ihren Zusammenhalt einer gemeinsamen Kultur und Sprache bedürfen und in denen sich weit entfernt voneinander lebende, in mancher Hinsicht auch sehr unterschiedliche Menschen eine Gemeinsamkeit vorstellen können (vgl. Anderson 1993). Der Literatur fällt dabei eine besondere Rolle zu, wie sich auch in postkolonialen Konstellationen seit den 1960er-Jahren beobachten lässt. Im Verlauf des 19. Jahrhunderts entstanden die für die Nationalkulturen und -literaturen zuständigen Wissenschaften, wie etwa die Germanistik und Anglistik. Diese erforschen nicht nur die Literatur der jeweiligen Nationalkulturen, sondern arbeiten auch an deren Selbstdeutungsprozessen mit, die immer auch Abgrenzungsprozeduren sind. In der heutigen Situation haben sich jedoch die Grenzen zwischen Nationen und Öffentlichkeiten, zwischen Lesepublika und Märkten genauso verändert wie die Literatur selbst in hohem Maße auf transnationale Vernetzung reagiert. Ein globaler Blick auf Literatur muss diesem Wandel Aufmerksamkeit schenken und ihn konzeptualisieren.

10.1 **Ordnungen der Literatur/-wissenschaft**
10.2 **Literaturwissenschaft im globalen Zeitalter**
10.3 **Ausblick: Globalisierung der Literaturwissenschaft**

10.1 Ordnungen der Literatur/-wissenschaft

Wenn die vorangehenden Überlegungen noch potenziell alle Kunstmedien und Repräsentationsformen betreffen, so werden die beiden folgenden Kapitel direkt auf die Literatur eingehen. Weil diese immer Selbst- wie auch Fremdauslegung (im kollektiven wie auch im individuellen Sinne) ist, ermöglicht sie einen privilegierten Zugang zur Geschichte eines mehrfachen Funktionswandels. Nicht nur die Literatur verändert sich, sondern auch die Literaturwissenschaft muss sich den neuen Bedingungen anpassen. Dabei verschiebt sich auch das disziplinäre Verhältnis von Nationalphilologie, Regionalstudien und Vergleichender Literaturwissenschaft. Aufgrund der Zeit-Raum-Verdichtung sind heute die meisten Kulturen und damit Literaturen dem Lesepublikum zugänglich. Es gibt eine rege, wenngleich immer noch sehr asymmetrische Übersetzungstätigkeit, sodass ein Weltmarkt für Literatur entstanden ist.

<small>Literatur/-wissenschaft in einer globalisierten Welt</small>

Zudem besteht eine offensichtliche Diskrepanz zwischen der Literatur der Moderne, die international ist, und der Literaturwissenschaft, die sie in nationalen Kontexten studiert. Die moderne und auch die postmoderne Literatur haben selbst „Formen der nationalen bzw. kulturellen Grenzüberschreitung, der globalen Vernetzung von Wissen reaktiviert und ästhetisch fruchtbar" gemacht (Schmeling/Schmitz-Emans/Walstra 2000, S. 17); Literatur und andere Kunstformen haben immer schon grenzüberschreitende Formen und Themen entwickelt. Literatur an sich ist seit jeher auf das Überschreiten vorgegebener Begrenzungen hin angelegt; dies macht geradezu ein Definiens des Literarischen aus. Daher sollte sich auch die Literaturwissenschaft transnationalen Phänomenen öffnen.

<small>Internationalität von Literatur</small>

Die Literaturwissenschaft hat von Anfang an politische Funktionen erfüllt. Im 19. Jahrhundert hatten sowohl die Literatur als auch die Literaturwissenschaft große Bedeutung für die Entstehung und die Konsolidierung der Nationalstaaten. Nach dem Zweiten Weltkrieg bauten europäische Emigranten unter dem Eindruck der nationalsozialistischen Verbrechen der ersten Hälfte des 20. Jahrhunderts die Vergleichende Literaturwissenschaft an amerikanischen Universitäten auf, die jedoch in erster Linie mittel- und westeuropäisch orientiert ist. Zur selben Zeit entstanden die Regionalstudien (*Area Studies*) wie die Lateinamerika-, Nordamerika- oder Osteuropastudien. Schließlich reagierten die Fächer auf die seit den 1960er-Jahren in großem Maßstab einsetzende Immigration aus Asien, Afrika, der Karibik und Lateinamerika nach Nordamerika, in die europäischen

<small>Funktionen der Literaturwissenschaft</small>

Metropolen und nach Australien sowie auf die zunächst „Gastarbeiter" genannten Migranten in Europa. Parallel dazu entstanden im Zuge der Dekolonialisierung neue Literaturen. Wenn postkoloniale und ethnische Literaturstudien den ersten Schritt einer Öffnung hin zu neuen Gruppen und Kulturen markieren, so sollte die Literaturwissenschaft in einer globalisierten Welt nicht nur diesen jeweils noch national zu erfassenden Bewegungen (Multikulturalismus), sondern auch transnational operierenden globalen Entwicklungen gerecht werden. Es geht mithin um „Ordnungen der Literatur(wissenschaft)" (Dainat/Kruckis 1995), also den Zuschnitt der Disziplinen, innerhalb derer wir uns mit Literatur beschäftigen.

Was ist Literatur? Was gemeint ist, wenn von Literatur gesprochen wird, ist eine Frage, die sich im globalen Kontext mit erneuter Dringlichkeit stellt. Literatur lässt sich nicht zeitunabhängig oder kontextfrei definieren; vielmehr ist es so, „dass die Werturteile, die sie konstituieren, historisch veränderlich sind", zumal „diese Werturteile selbst eine enge Verbindung zu den gesellschaftlichen Ideologien haben." (Eagleton 1997, S. 18) Literatur kann als ein Feld aufgefasst werden, dessen Elemente im Sinne des Philosophen Ludwig Wittgenstein durch Merkmale der Familienähnlichkeit verbunden sind. Weder poetische Sprache noch Schönheit, weder Fiktionalität noch Selbstreferenzialität reichen zur Bestimmung aus. In einem globalen Sinne stellt nicht einmal die Schriftlichkeit ein notwendiges Kriterium dar, sodass der Literaturbegriff erweitert werden muss. Literatur muss auch mündliche Traditionen umfassen, wenn nicht ein sehr verengter europäischer Literaturbegriff zugrunde gelegt werden soll.

Nationalliteratur Der Bezugsrahmen, in dem die meisten von uns Romane, Gedichte oder Dramen kennenlernen, ist immer noch die Nationalliteratur. Schon in der Schule wird man mit dieser Kategorisierung konfrontiert, und an den Universitäten wird dies fortgesetzt. Sprache und Nationalkultur gehören zu den Hauptparametern, nach denen literarische Werke kategorisiert und geordnet werden. Historisch betrachtet hatte die Ausbildung einer Nationalliteratur bzw. die Zusammenfassung von Romanen, Dramen und Gedichten im ‚Behältnis' einer Nation die Funktion, deren Zusammenhalt und Eigenart zu betonen. Die Begründungsfigur hierzu findet sich bei dem deutschen Dichter und Philosophen des 18. Jahrhunderts Johann Gottfried Herder in seinem Text *Ueber die neuere Deutsche Litteratur* (1766/67): „Der Genius der Sprache ist also auch der Genius von der Litteratur einer Nation." (Herder 1913, S. 147) Nationalliteratur bildet einen Fundus von Geschichten, Formen von in Sprache sedimentierter Erfahrung, an Vorstellungen und Verhaltensweisen, die den Mitgliedern einer Nation bzw. Kultur gemeinsam gelten und die eine Gemeinsamkeit und Zusammengehörigkeit stiften sollen. Wie Benedict Anderson in seiner Studie *Imagined Communities. Reflections on the Origin and Spread of Nationalism* (1983; *Die Erfindung der Nation* 1993) erläutert, war der Bezug auf eine gemeinsame Schriftkultur ein entscheidendes Moment bei der Bildung von Nationen:

„Diese Schriftsprachen schufen [...] das Fundament für das Nationalbewußtsein. [...] Diese Mit-Leser, mit denen sie über den Buchdruck verbunden waren, bildeten in ihrer besonderen, diesseitigen und ‚ersichtlichen' Unsichtbarkeit den Beginn der national vorgestellten Gemeinschaft." (Anderson 1993, S. 51)

Das Studium einer Nationalliteratur in einer eigens hierfür bereitgestellten Disziplin, wie der Germanistik oder der Anglistik, diente dazu, die Nationalstaaten zu konsolidieren und durch die immer wieder neuen Interpretationen von literarischen Werken ihre Selbst- und Fremddeutung den jeweiligen Gegebenheiten anzupassen. Die Germanisten Holger Dainat und Hans-Martin Kruckis weisen darauf hin, dass „sich die Beschränktheit [...] des Nationalen als Vorteil" erweise, und erklären:

_{Nationalphilologien}

„In der Vielheit der historischen Erscheinungen stiftet sie [die Nation] Gemeinschaft. [...] erst seit der zweiten Hälfte des 18. Jahrhunderts wird die Nation zu einem Geschichte strukturierenden Sinnkonzept mit normativem Anspruch. [...] Das innere Leben der Nation spiegelt sich vorzüglich in der Poesie. [...] Aus dem Zusammenspiel des neuen Geschichts-, Nation- und Literaturkonzepts entsteht das Projekt der Nationalliteraturgeschichtsschreibung, welches das 19. Jahrhundert dominierte." (Dainat/Kruckis 1995, S. 126)

Zudem bieten Sprache und Nation ein nützliches Selektionskriterium und Navigationsmittel auf dem beinahe unübersehbaren ‚Meer' der Literatur. Auch heute sind viele Studienfächer noch durch dieses Konzept geprägt. Allerdings stellt die Idee der Nationalliteratur nur ein Ordnungsprinzip neben anderen dar. Eine hilfreiche Metapher findet sich in einem Beitrag der amerikanischen Literaturwissenschaftlerin und Historikerin Janice Radway, wenn sie betont, dass die Verbindung zwischen Nation und Literatur nicht mehr in der Form eines Behältnisses gedacht werden dürfe.

Sprache und Nation als Selektionskriterien

„[...] weit davon entfernt, nach dem Modell des Behältnisses [...] konzipiert zu werden, müssen Territorien und Geografien als räumlich situierte und eng miteinander verwobene Netzwerke so-

Netzwerke

zialer Beziehungen neu konzipiert werden, die spezifische Orte mit bestimmten Geschichten verbinden." (Radway 1999, S. 15, Übers. d. Verf.)

Netzwerke, ‚Flüsse', ‚Ströme', allerdings ohne Verlust des Bezugs zu lokalen und (national-)spezifischen Kontexten und Texten – dies ist eine wesentliche Richtung, in die sich länder- bzw. sprachspezifische Disziplinen verändern können.

Zwei weitere institutionelle Formen der Literaturwissenschaft bieten schon heute Zugriffe jenseits nationalphilologischer Konzepte: Die Vergleichende Literaturwissenschaft (Komparatistik), die von europäischen Philologen in den USA nach dem Zweiten Weltkrieg ins Leben gerufen wurde, beschäftigt sich mit mehreren Literaturen und setzt die Kenntnis verschiedener Sprachen wie des Englischen, Französischen und Deutschen voraus. Damit ist allerdings eine west- und mitteleuropäische Orientierung festgeschrieben; andere, kleinere europäische und nicht-europäische Sprachen und Literaturen kommen nicht vor. Dazu kommt eine starke Fokussierung auf formale Aspekte der Literatur, die einen Vergleich leichter machen als Kontextualisierungen. In den letzten Jahren hat jedoch ein Umdenken stattgefunden, sodass sich innerhalb dieser Disziplin derzeit die vielleicht interessantesten Überlegungen zur Weltliteratur finden lassen.

Komparatistik

Eine andere Form der Institutionalisierung sind die Regionalwissenschaften, beispielsweise die Nordamerika-, die Osteuropa- und die Südasienstudien, die sich einer Großregion widmen. Literatur gilt in diesen Disziplinen als ein Gebiet unter anderen, wie Kultur, Politik, Wirtschaft, Sprache, Geografie usw. In diesem Rahmen lassen sich zwar viele Formen der Literatur erfassen, die in diesen Räumen entstehen, sie werden allerdings immer mit Bezug auf die jeweilige Nation gelesen, nicht jedoch hinsichtlich der Herkunftsländer von Migranten oder als Elemente eines globalen Netzwerks der Literatur. Auch dies verändert sich derzeit zugunsten eines weiteren, globaleren Blickwinkels.

Regionalstudien

Ein für die Literatur spezifischer Aspekt ist natürlich die Sprachlichkeit des Mediums, die Menschen und Gemeinschaften voneinander trennt und Differenz sowie Variation mit sich bringt. (Der Bibel zufolge ist die babylonische Sprachverwirrung eine Strafe Gottes für die Überheblichkeit der Menschen beim Turmbau zu Babel; 1. Mose 11.) Deshalb sind Fragen der Sprachbeherrschung und der Übersetzung entscheidend, wenn Literatur im globalen Raum studiert werden soll, und deshalb sind Fächergrenzen hier schwerer zu überwinden. Aber die Sprachkompetenz als limitierender Faktor kommt auch

Sprache – Babel?

in neueren Unterteilungen zum Vorschein, wenn von neuen englischsprachigen Literaturen, Frankophonie, Hispanophonie und Lusophonie (Portugiesisch) gesprochen wird (vgl. Sturm-Trigonakis 2007) – eine Differenzierung, die zwar letztlich auf Sprache basiert, aber auch alten kolonialistischen und imperialistischen Grenzziehungen folgt und weiterhin auf den dominanten europäischen Sprachen gründet.

10.2 Literaturwissenschaft im globalen Zeitalter

Während die Konzeption einer Weltliteratur vor allem in der Vergleichenden Literaturwissenschaft diskutiert wird, richtet sich die Diskussion in den Einzelphilologien darauf, Vielstimmigkeit innerhalb der Sprach- bzw. Kulturkreise herzustellen, meist durch den Blick auf die Texte von Migranten. Folgende Unterscheidungen sind in Bezug auf Literatur in einem globalen Zusammenhang sinnvoll:

- Weltliteratur bezieht sich, analog zur Weltgeschichte, auf die literarische Produktion zu jeder historischen Zeit, an jedem Ort und in jeder Form, sowohl mündlich als auch schriftlich. *Weltliteratur*
- Globale Literatur bezeichnet Literatur, die Ereignisse, Prozesse oder Personen schildert, in denen sich globale Ströme schneiden, die also auf mehrere (kulturelle, geografische) Kontexte verweisen und die als lokale Schnittpunkte von globalen Prozessen durchzogen sind. *Globale Literatur*
- Literatur der Globalisierung thematisiert direkt Ereignisse derselben, wie die europäischen Explorationen, mediale Verflechtungen oder Wirtschaftsprozesse. *Literatur der Globalisierung*
- Als weltenschaffende Literatur schließlich werden Texte bezeichnet, die im Sinne der vielen Welten in der einen Welt (→ KAPITEL 1.3) die Welt als ganze beschreiben oder „Weisen der Welterzeugung" (Nelson Goodman) inszenieren. *Weltenschaffende Literatur*

In den neueren Debatten werden mit diesen Begriffen Zugänge zu medial, kontextuell, sprachlich und ideologisch sehr unterschiedlichen Literaturen gesucht, die in sich selbst heterogen sind und die durch den Blick von außen nicht im Sinne von Stereotypen vereinheitlicht werden dürfen.

Der direkte Gegenbegriff zur Nationalliteratur ist die Weltliteratur. Johann Wolfgang von Goethe, auf dessen Bemerkungen sich alle Herleitungen dieser Konzeption beziehen, meinte damit keinen Kanon herausragender literarischer Werke, sondern den Austausch zwischen verschiedenen Nationen durch die Literatur. Er hoffte, „daß *Weltliteratur nach Goethe* die lebendigen und strebenden Literatoren einander kennen lernen und durch Neigung und Gemeinsinn sich veranlaßt finden, gesellschaftlich zu wirken." (Goethe 1967, S. 363) Goethes in diesem Zusammenhang am häufigsten zitierte Aussage heißt:

> „Nationalliteratur will jetzt nicht viel sagen; die Epoche der Weltliteratur ist an der Zeit, und jeder muß jetzt dazu wirken, diese Epoche zu beschleunigen." (Goethe 1967, S. 362)

<small>Weltliteratur als Projekt gegenseitigen Verstehens</small>

Weltliteratur ist ein Projekt, das in die Zukunft weist und einen Prozess des zunehmenden gegenseitigen Verstehens darstellt. Goethe dachte dabei an Individuen und ging davon aus, dass die von ihm erwartete Weltliteratur „zu der immer mehr umgreifenden Gewerks- und Handelsthätigkeit auf das wirksamste beytragen [wird], denn aus uns bekannten übereinstimmenden Gesinnungen entsteht ein schnelleres, entschiedeneres Zutrauen." (Goethe 1907, S. 505) Den Kontext für diese Überlegungen bildet die beginnende Industrialisierung, was sich an den ökonomischen Metaphern erkennen lässt. Ähnlich argumentierten dann – ebenfalls im 19. Jahrhundert – Karl Marx und Friedrich Engels:

> „Die geistigen Erzeugnisse der einzelnen Nationen werden Gemeingut. Die nationale Einseitigkeit und Beschränktheit wird mehr und mehr unmöglich, und aus den vielen nationalen und lokalen Literaturen bildet sich eine Weltliteratur." (Marx/Engels 1848 in: Steinmetz 1985, S. 8)

Der Begriff der Weltliteratur wird hier eingeführt im Sinne eines Mediums der Kommunikation und des Austauschs zwischen Nationen.

Ein weiterer wichtiger Beitrag zur Öffnung der Literaturwissenschaft auf globale Zusammenhänge stammt von dem Romanisten Erich Auerbach, der nach der Barbarei des Nationalsozialismus und einer langen Zeit des Exils 1952 der Philologie eine neue Ausrichtung geben wollte:

<small>Philologie der Weltliteratur</small>

> „Jedenfalls aber ist unsere philologische Heimat die Erde; die Nation kann es nicht mehr sein. Gewiß ist noch immer das Kostbarste und Unentbehrlichste, was der Philologe ererbt, Sprache und Bildung seiner Nation; doch erst in der Trennung, in der Überwindung wird es wirksam. Wir müssen, unter veränderten Umständen, zurückkehren zu dem, was die vornationale mittelalterliche Bildung schon besaß: zu der Erkenntnis, daß der Geist nicht national ist." (Auerbach 1967, S. 310)

Gerade die Doppelung des Blicks aus einer bestimmten Kultur und gleichzeitig aus der Distanz heraus vermag die Literatur erst in ihrer Vielschichtigkeit zu erschließen. Literatur und Denken sind nicht national gebunden, sondern ermöglichen in privilegierter Art Grenzüberschreitungen. Dabei prägt Auerbachs Exilerfahrung in ähnlicher Weise das Leben heutiger Migranten. Edward und Marie Said haben Auerbachs Aufsatz in den 1960er-Jahren ins Englische übersetzt. Man kann daher vermuten, dass seine Überlegungen auch Einfluss auf Saids Entwurf einer postkolonialen Literaturkritik hatten (→ KAPITEL 9.2).

Um innerhalb der Materialfülle der Weltliteratur navigieren zu können, spricht Auerbach von der Notwendigkeit eines „Ansatzpunktes", der es ermöglicht, auszuwählen und koordiniert zu lesen.

<small>Ansatzpunkt</small>

„Der Ansatz muß einen fest umschriebenen, gut überschaubaren Kreis von Phänomenen aussondern; und die Interpretation dieser Phänomene muß Strahlkraft besitzen, so daß sie einen weit größeren Bezirk als den des Ansatzes ordnet und mitinterpretiert." (Auerbach 1967, S. 308)

Ein Ansatzpunkt bildet einen zunächst engen Fokus, von dem aus der Bereich des zu Erforschenden gleichsam in konzentrischen Kreisen erweitert werden kann. Er sollte vor allem konkret und prägnant wie auch anschließbar sein.

Mit Bezug auf Goethes Hinweis auf eine kommende Epoche der Weltliteratur argumentiert der Komparatist Horst Steinmetz, dass der Begriff Weltliteratur auf die Literatur seit ca. 1800 zu beschränken sei (vgl. Steinmetz 1985, S. 8). So entginge man Auswahlproblemen und könne die durch die Industrialisierung zunehmend enger miteinander verflochtenen Nationen und deren Literaturen von Literatur überhaupt unterscheiden.

<small>Weltliteratur als Literatur seit 1800</small>

David Damrosch definiert Weltliteratur dagegen mit Blick auf Zirkulation, Übersetzung und Produktion und interessiert sich dafür, was mit literarischen Texten geschieht, wenn sie aus nationalen in globale Kontexte wechseln. Weltliteratur ist für ihn Literatur, die jenseits ihrer Ursprungskultur zirkuliert (vgl. Damrosch 2003, S. 4) und dort entweder in der Originalsprache oder Übersetzung von Bedeutung ist. Dabei hebt er hervor, dass ein literarisches Werk an anderen Orten anders wirkt als an seinem Ursprungsort. Zudem betont er, dass Weltliteratur nicht nur multikulturell, sondern auch multitemporal sei (vgl. Damrosch 2003, S. 16), dass also Werke sowohl aus anderen Ländern als auch aus anderen Epochen gelesen werden sollten.

<small>Weltliteratur – weltweit gelesen</small>

<small>Multikulturell und multitemporal</small>

Gayatri Spivak schließlich kritisiert neben dem traditionell eurozentrischen Ansatz der Vergleichenden Literaturwissenschaft ebenfalls den Monolingualismus etwa der amerikanischen Kulturwissenschaften und plädiert für Mehrsprachigkeit (vgl. Spivak 2003, S. 18–19).

<small>Mehrsprachigkeit als Kriterium</small>

So ist es nur bedingt sinnvoll, sich beispielsweise mit der indischen Erfahrung allein dadurch zu beschäftigen, dass man Texte von Immigranten in New York und London auf Englisch liest. Ähnlich argumentiert die Literaturwissenschaftlerin Elke Sturm-Trigonakis, wenn sie eine „Komparatistik der Komparatistik" fordert:
„Der multikulturellen und multilingualen Komplexität dieser Literaturen wird kaum Rechnung getragen, weil sie an einem monokulturellen und monolingualen System gemessen wird [...]; was fehlt, ist die vergleichende Synthese sowohl auf der Textebene als auch auf der Metaebene [...]." (Sturm-Trigonakis 2007, S. 17)

Um die neue (hybride) Weltliteratur zu untersuchen, schlägt sie als Leitdifferenzen „die Multilingualität auf der Ausdrucksseite, zum anderen Globalisierungs- und Regionalismusphänomene auf der Inhaltsseite der Texte" vor (Sturm-Trigonakis 2007, S. 23).

Wie konzipiert man einen Weltliteraturkurs?

Ein konkreter und sehr überzeugender Ansatz findet sich in einem Aufsatz von Vilashini Cooppan, in dem sie von der Konzeption eines Kurses an der amerikanischen Yale University berichtet, mit dem ein Überblick über die gesamte Weltliteratur angeboten wurde. Globalisiertes Lesen wurde dabei als eine neue Perspektive der Lektüre aufgefasst: „[...] die Globalisierung der Literaturstudien impliziert das Lernen (und Lehren) einer Art von relationalem Denken, in dem wir die Nation durch das Lokale sehen, aber als Teil des Globalen." (Cooppan 2001, S. 26, Übers. d. Verf.) Die Studierenden sollten lernen
„sowohl lokal wie auch global zu denken, sowohl national wie auch transnational, sowohl durch das Einzelne und in Richtung auf das Universale in seiner rekonzeptualisierten Form als Netzwerk, Schnittpunkt, Wege." (Cooppan 2001, S. 29, Übers. d. Verf.)

Beispielsweise wurden den Geschichten Hiobs und den Sprüchen Salomonis aus dem Alten Testament frühere ähnliche Texte aus den akkadischen, ägyptischen und sumerischen Traditionen gegenübergestellt. Auf diese Weise konnte der Grundierungstext der jüdisch-christlichen Tradition als Buch identifiziert werden, das andere Traditionen aufnahm. Ein anderes Mittel war das *pairing* von u. a. Homers *Odyssee* aus der griechischen Antike, dem Versepos *Omeros* (1990) des karibischen Nobelpreisträgers Derek Walcott sowie dem Gedicht *Coolie Odyssey* (1988) des karibischen Autors David Dabydeen, also eine zeitliche wie auch geografische wechselseitige Perspektivierung. Über den Bezug auf Genres und auf Migrationsschemata (im Sinne von Auerbachs „Ansatzpunkt") stellten die Kursleiter

Wechselseitige Perspektivierung

Beziehungen zwischen Literaturen aus unterschiedlichen Zeiten und Orten her. Dies ermöglichte den Studierenden, die Texte „in multiplen Dimensionen" wahrzunehmen (Cooppan 2001, S. 37).

Ein weiteres systematisches Modell hat die Literaturkritikerin Pascale Casanova entworfen, die das globale Literatursystem als wettbewerbsorientierten Marktplatz zwischen Autoren verschiedener Nationen beschreibt. Nur wenn es einem Autor gelungen ist, in Paris anerkannt und übersetzt zu werden, habe er Zugang zum literarischen Weltmarkt gefunden. Deshalb spricht sie von einer „literarischen Geopolitik" und bemerkt: „Literaturen sind daher kein reiner Ausfluss nationaler Identität; sie werden durch literarische Rivalitäten konstruiert, die immer verleugnet werden, und durch Kämpfe, die immer international sind." (Casanova 2004, S. 36, Übers. d. Verf.)

Die Weltrepublik der Literatur

Der Romanist Ottmar Ette konzentriert sich auf „Literatur in Bewegung" und „Literaturen ohne festen Wohnsitz" (vgl. Ette 2001, 2005). Damit spricht er sich verändernde Raum-Zeit-Relationen an, die auf der Synchronisierung des Globus basieren, die jedoch Räume im Sinne des Transitorischen umso wichtiger werden lassen. Schließlich muss auch auf eine „Bewegung" im Konzeptionellen hingewiesen werden:

Literatur in Bewegung

„Gerade die globalisierte Gesellschaft ist tief geprägt durch Kontingenzerfahrungen – impliziert Globalisierung doch unter anderem die Aufhebung kultureller Hegemonien, die Relativierung kulturspezifischer Werte und Weltanschauungen, die Dehierarchisierung verschiedener Denkweisen, also die Einebnung von ‚Hierarchien' im Bereich der Normen, ethischen Begriffe und symbolischen Ordnungen." (Schmitz-Emans 2000, S. 286)

Wie reagieren die Nationalphilologien und die Regionalwissenschaften auf die Herausforderungen durch die Globalisierung? Der am häufigsten gewählte Weg besteht darin, das bisherige Untersuchungsfeld von innen her zu pluralisieren. Man liest zunehmend Texte von Migranten, Reisenden oder Autoren, die in mehreren Ländern oder Kulturen gleichzeitig leben bzw. sich diesen zugehörig fühlen. Dabei bildet das Modell hybrider Identität und hybriden Schreibens das vorherrschende Paradigma; die Hauptstichwortgeber sind der Autor Salman Rushdie in der Literatur und der Literaturwissenschaftler Homi K. Bhabha in der Kulturtheorie (*Die Verortung der Kultur*, 2000), beide in England bzw. den USA lebende Inder, die auf Hybridität und ein flexibles kulturelles „Dazwischen" setzen. In der deutschen Literatur wären Beispiele Feridun Zaimoglus *Kanak Sprak*

Entwicklung hin zu transnationalen Studien

(1995) oder die verspätete Auseinandersetzung mit den deutschen Kolonien, etwa Uwe Timms Thematisierung des Völkermords an den Hereros im heutigen Namibia (*Morenga* 2000). In Deutschland spricht man von interkultureller Literatur. Ein weiteres Beispiel der kulturellen Heterogenisierung sind Lektüren der Werke Franz Kafkas, der als deutschsprachiger Jude in einem tschechischen Umfeld in Prag schrieb. Seine Texte spiegeln sowohl kulturell, religiös wie auch sprachlich verschiedene Perspektiven ineinander.

<small>Amerikanistik als Beispiel für eine Regionalwissenschaft</small>

Für eine Regionalwissenschaft kann hier die Amerikanistik exemplarisch stehen. Diese expandiert in mehrere Richtungen, wobei die Stichworte immer Diversität und Differenz heißen. Im Vordergrund stehen Texte ethnischer Minderheiten und sogenannter Bindestrichamerikaner (Afro-Amerikaner, *Chinese Americans*, *Native Americans*); dazu kommen Werke der Migranten der letzten Dekaden, die ebenfalls mit Blick auf Hybridität bzw. transnationale kulturelle Zugehörigkeit beschrieben werden. Weitere Möglichkeiten sind die Ausdehnung hin zu Nordamerikastudien, die Kanada sowie unter dem Begriff der Grenzstudien auch den südlichen Nachbarn Mexiko einbeziehen, von dessen Territorium ein Großteil der Einwanderer kommt. Darüber hinaus wird für transamerikanische Ansätze plädiert, die den gesamten Kontinent als Einheit wählen und mit Blick auf Kolonialgeschichte, Nationenwerdung, Sklaverei und Immigration gemeinsame historische Entwicklungen untersuchen. Transnationale Amerikastudien schließlich gehen davon aus, dass Nationalgrenzen keine sinnvolle Kategorie für die Literatur- und Kulturstudien mehr darstellen; sie betrachten dementsprechend „Amerika" als ein offenes Feld kontinuierlicher Übergänge, das sowohl die genannten Bereiche einbezieht wie auch die Tatsache, dass sich etwa die modernistische Literatur nicht sinnvoll nur im Rahmen der USA untersuchen lässt. Stattdessen müssen verschiedene europäische Einflüsse wie auch nicht-europäische Kulturen im komplexen Netzwerk der ‚Flüsse' und „Scapes" mit einbezogen werden.

<small>Postkoloniale Formationen</small>

Die ehemaligen Kolonialreiche hinterließen weltweit Gebiete, die auch nach der Entkolonialisierung von den kolonialen Sprachen und Kulturen geprägt waren. Dementsprechend ergaben sich die Forschungsgebiete der neuen englischsprachigen Literaturen wie auch der Frankophonie, der Hispanophonie und der Lusophonie, die verschiedenen Literaturen jeweils einer metropolitanen Sprache studieren. Für den portugiesischsprachigen Raum (Lusophonie) sind dies etwa Portugal, Brasilien, Angola und Mosambik, Goa und Macao, also verschiedene Kulturen auf verschiedenen Erdteilen im Medium des

Portugiesischen. Pluralisierung wird mit einem solchen Zugriff innerhalb einer Sprache betrachtet. Sprachliche Pluralität wird dadurch erreicht, dass innerhalb eines Sprachraums in unterschiedlichen Ausprägungen Spuren anderer Sprachen oder auch explizit Heteroglossien nachzuweisen sind. Man geht dabei von der Annahme aus, dass Texte von Menschen, die in verschiedenen Kulturen leben oder gelebt haben und in unterschiedlichen Sprachen denken, auch dann kulturell und konzeptuell (kognitiv) Differenzen verhandeln, wenn die untersuchten Texte in einer metropolitanen Sprache verfasst sind.

10.3 Ausblick: Globalisierung der Literaturwissenschaft

Wie die Debatte um die Weltliteratur in einer renovierten Fassung der Komparatistik gezeigt hat, ist es nicht sinnvoll, nur den Kanon zu erweitern. Man kann nicht alles lesen, und Selektionskriterien sind weiterhin nötig. Vieles wird nur in der Übersetzung zugänglich sein, sodass die Forderung der Lektüre in der Originalsprache relativiert werden muss und auch Übersetzungen akzeptiert werden sollten. Denn das Argument für die ausschließliche Lektüre des Originals kann leicht zu einem eurozentrischen werden. Die von Damrosch und Cooppan angeführten Beispiele erscheinen dagegen überzeugend und praktikabel. Was die Regionalstudien und die Nationalphilologien angeht (wie die Germanistik, Romanistik, Anglistik und Amerikanistik), so sind diese Disziplinen ohne Zweifel weiterhin notwendig und sinnvoll. Genau in diesen Forschungs- und Studienfeldern sollten jedoch nicht nur neue Stimmen und andere kulturelle Perspektiven einbezogen werden, sondern auch Formen globalen Lesens mit Blick auf Polykontextualität zur Anwendung kommen, indem die kanonischen Werke neu und anders gelesen werden. Das heißt, sie sollten in polychrone und polykulturelle Serien eingefügt und Texten aus anderen Kulturen und Zeiten gegenübergestellt werden. Dies wäre ein globaler Ansatz, der die Beziehung zwischen Texten betrifft. Wesentlich ist jedoch auch die Lektüre einzelner Texte aus globaler Perspektive; dies bedeutet, im Text selbst verschiedene Kontexte zu lesen, aber auch aus unterschiedlichen Perspektiven auf den Text zu blicken. Das wäre eine Möglichkeit, weiterhin z. B. Germanist zu bleiben und doch einen globalen Blickwinkel einzunehmen.

Wie verschiedene Literaturen nicht nur nebeneinandergestellt, sondern produktiv in einen Dia-/Polylog gebracht werden können, kann

Was tun?

Formen globalen Lesens

Ein Modell der Relationierung hier nur angedeutet werden. In Bezug auf Auerbachs Philologie der Weltliteratur schreibt der amerikanische Literaturwissenschaftler Brook Thomas, dass nicht nur „Inversionen, Additionen und Ausdehnungen existierender Grenzen" nötig seien, sondern es viel mehr darum gehe, verschiedene Stimmen, Literaturen und Perspektiven in eine Beziehung zueinander zu bringen (Thomas 1991, S. 62, Übers. d. Verf.). Wichtig ist es, die Perspektive, von der aus eine Einheit bzw. ein Zusammenhang hergestellt wird, zu reflektieren und zu versuchen, andere Blickwinkel zu verstehen und sie in die eigene Erzählung zu integrieren. Thomas schlägt vor, den Sichtpunkt aus einer Tradition heraus aufzugeben und durch eine flexible und mobile Perspektive zu ersetzen (vgl. Thomas 1991, S. 69).

Fragen und Anregungen

- Erläutern Sie Johann Wolfgang von Goethes und Erich Auerbachs Versionen einer Weltliteratur.

- Was bedeutet die Metapher der Nation als Behältnis und was wäre hierzu die Alternative?

- Wozu brauchen wir einen „Ansatzpunkt", wenn wir auf dem ‚Meer' der Weltliteratur navigieren wollen?

- Überlegen Sie, ob Vielsprachigkeit ein sinnvolles Kriterium für neue Weltliteratur ist.

- Warum ist es auch bei Lektüren im Kontext einer Weltliteratur sinnvoll und notwendig, einzelne Texte genau zu interpretieren und auch im engeren Kontext zu situieren?

Lektüreempfehlungen

- Erich Auerbach: Philologie der Weltliteratur [1952], in: ders., Gesammelte Aufsätze zur romanischen Philologie, Bern 1967, S. 301–310. *Grundlegender Aufsatz, der schon 1952 forderte, Literatur jenseits der Nationalgrenzen zu erforschen und hierfür methodische Vorschläge macht.*

- Vilashini Cooppan: World Literature and Global Theory: Comparative Literature for the New Millenium, in: Symploké 9.1–2,

2001, S. 15–44. *Der Aufsatz beschreibt konkret, was globalisiertes Lesen bedeuten kann und berichtet von einem Seminar, in dem dies umgesetzt wurde.*

- David Damrosch: What is World Literature? Princeton 2003. *Damrosch betrachtet Weltliteratur als Form der Zirkulation und des Lesens; er untersucht viele Beispiele von den Sumerern bis zum Mittelalter, von den Azteken bis zur Gegenwartsliteratur und zeigt exemplarisches Vorgehen.*

- Manfred Schmeling / Monika Schmitz-Emans / Kerst Walstra (Hg.): Literatur im Zeitalter der Globalisierung, Würzburg 2000. *Interdisziplinärer Konferenzsammelband, der ein breites Spektrum von Themen vorstellt und Beiträge zu intermedialen, literaturtheoretischen, interkulturellen und ästhetisch-praktischen Aspekten der Literatur enthält.*

- Horst Steinmetz: Weltliteratur. Umriß eines literaturgeschichtlichen Konzeptes, in: Arcadia 20.1, 1985, S. 2–19. *Steinmetz geht von Goethes Überlegungen zur Weltliteratur aus, fasst diese als Folge der Industrialisierung seit 1800 auf und betont ihren grenzüberschreitenden Charakter.*

- Elke Sturm-Trigonakis: Global Playing in der Literatur. Ein Versuch über die Neue Weltliteratur, Würzburg 2007. *Fokussiert auf die neuen Weltliteraturen wie die Anglophonie, Frankophonie, Hispanophonie und Lusophonie mit Blick auf Mehrsprachigkeit und Globalisierungsdiskurs; bietet zudem einen guten Überblick über die Forschungsliteratur zur hybriden Literatur im Zeitalter der Globalisierung.*

11 Versionen der Literatur des Globalen

Abbildung 11: Joseph Karl Stieler: *Alexander von Humboldt und sein Kosmos* (1843)

Alexander von Humboldt wird im Gemälde Karl Stielers aus dem Jahr 1843 neben einem Globus sitzend und mit dem Manuskript zu seinem Lebenswerk „Kosmos" (1845–62) gezeigt. Über dieses Werk schrieb er am 24. Oktober 1834 in einem Brief:

> *„Ich habe den tollen Einfall, die ganze materielle Welt, alles was wir heute von den Erscheinungen der Himmelsräume und des Erdenlebens, von den Nebelsternen bis zur Geographie der Moose auf den Granitfelsen, wissen, alles in Einem Werke darzustellen, und in einem Werke, das zugleich in lebendiger Sprache anregt und das Gemüth ergötzt. Jede große und wichtige Idee, die irgendwo aufglimmt, muß neben den Thatsachen hier verzeichnet sein."*
> *(Humboldt 1834, S. 20)*

Humboldts „Kosmos" lässt sich als Indiz dafür lesen, dass sich Globalität auf die gesamte Welt beziehen sollte und dass die Literatur dies leisten kann. Indem Humboldt sich allerdings als Person ins Zentrum des Textes stellt, unterstreicht er – ganz im Sinne des 19. Jahrhunderts – die Überordnung der menschlichen Fähigkeit zur Weltenschöpfung gegenüber dem physischen Globus.

Die Literatur des Globalen im weitesten Sinne umfasst Texte, die wie Humboldts *Kosmos* die gesamte Welt zu beschreiben suchen, ebenso Texte, die konkrete Erscheinungsformen des Globalisierungsprozesses der letzten 500 Jahre darstellen, und schließlich – als sicherlich häufigste Variante – Texte, die Schnittpunkte des Aufeinandertreffens von Menschen, Kulturen und Vorstellungsformen aus den verschiedensten Teilen der Erde darstellen. Dabei erweisen sich, dem Medium der Literatur entsprechend, Vielsprachigkeit sowie poly- und heteroglotte Sprachformen als besonders wichtig; die Mischung von konzeptuellen, kognitiven und bildlich-textlichen Formen ist ebenfalls zentral. In diesem Kapitel werden Kategorien und Elemente einer Literatur des Globalen vorgestellt sowie Beispiele interpretiert und diskutiert. Dabei werden sich die Beispiele auf den deutschen, englischen, französischen und spanischen Sprachraum beschränken.

11.1 **Kriterien einer Literatur des Globalen**
11.2 **Globalität (in) der Literatur**
11.3 **Fiktionen der Globalisierung**
11.4 **Literatur als Weltentwurf**

11.1 Kriterien einer Literatur des Globalen

Wenn Literatur als Erkenntnismedium und spezifische Form des Wissens verstanden wird, so muss sie auch Darstellungen der Welt und der Globalität aufweisen. Wenn allerdings gemeinhin von Literatur in Zeiten der Globalisierung gesprochen wird, so meint dies fast ausschließlich Literatur, die den Kontakt, das Aufeinandertreffen und die Mischung von verschiedenen Kulturen und Sprachen präsentiert. Hierdurch werden jedoch entscheidende Möglichkeiten des Welt- und Globalbezugs ignoriert. Zu unterscheiden sind daher drei Bereiche:

- Die Kategorie der globalen Literatur bzw. der „neue[n] Weltliteratur" (Sturm-Trigonakis 2007) verweist auf solche Texte, die kulturellen Kontakt und transkulturelle Mischung thematisieren, diese jedoch auch in ihrer literarischen Form zeigen. Die Vielsprachigkeit in all ihren Facetten wäre hier das augenscheinlichste Mittel der Wahl.
- Die Literatur der Globalisierung beschreibt konkret Elemente und Ereignisse der Globalisierungsprozesse seit 1500. Weltbezug wird hier durch thematische Verweise auf die europäischen Entdeckungsreisen und Kolonisation hergestellt, ebenso durch die Thematisierung von Ereignissen, die Globalisierungsschübe auslösten (wie z. B. die Eröffnung des Suez-Kanals im Jahr 1869) oder die für die Globalisierung im wirtschaftlich-politischen Sinne spezifisch sind (z. B. Kolumbus, die Sklaverei in der Neuen Welt, verflochtene Weltwirtschaft und Finanzmarkt, Internet etc.).
- Die weltenschaffende und weltbeschreibende Literatur befasst sich nicht nur implizit bzw. metonymisch-ausschnitthaft mit der ganzen Welt, sondern entwirft Bilder der ganzen Welt.

Kategorien

Wie lassen sich Elemente erkennen, die auf Globalität hinweisen? Die Welt kann als geografischer Raum thematisiert werden, aber auch als eine denkbare Welt, die erst durch bestimmte kategoriale Entscheidungen zu einer bestimmten Welt wird. Weltsignale sind etwa die räumliche Ausdehnung des beschriebenen Raumes und die Beschreibung von Reisen, außerdem Ganzheitsindizes, also Verweise auf den Gesamtzusammenhang der Erde, und vor allem Hinweise auf die Vernetzung und das Zusammenhängen von Unterschiedlichem, weit Auseinanderliegendem. Auch Verweise auf ein globales Bewusstsein sind Weltsignale, wenn also (und sei es nur fragmentarisch oder andeutungsweise) die ganze Welt mitgedacht oder in der Vorstellung bzw. im Text erst geschaffen wird.

Elemente des Globalen in der Literatur

VERSIONEN DER LITERATUR DES GLOBALEN

Franz Kafka: Das nächste Dorf

Die Interpretation der sehr kurzen Geschichte *Das nächste Dorf* von Franz Kafka (geschrieben ca. 1917) kann erste Bezugspunkte einer Literatur des Globalen bereitstellen:

> „Mein Großvater pflegte zu sagen: ‚Das Leben ist erstaunlich kurz. Jetzt in der Erinnerung drängt es sich mir so zusammen, daß ich zum Beispiel kaum begreife, wie ein junger Mensch sich entschließen kann ins nächste Dorf zu reiten, ohne zu fürchten, daß – von unglücklichen Zufällen ganz abgesehen – schon die Zeit des gewöhnlichen, glücklich ablaufenden Lebens für einen solchen Ritt bei weitem nicht hinreicht.'" (Kafka 1970, S. 138)

Lebensgeschichtliche Zeit-Raum-Verdichtung

Der Großvater des Erzählers wird dadurch charakterisiert, sich nicht einmal vorstellen zu können, dass ein junger Mann in das nächste Dorf reiten wolle. Die Aussage des Großvaters besteht nur aus zwei Sätzen; in dieser Gerafftheit unterstreicht sie die Kürze des Lebens, welche sie inhaltlich betont. Dies wird konterkariert durch einen langen und verschachtelten Satz, der die verdichtete Erinnerung im Alter mit der Weite des Raumes und der nun fast endlos erscheinenden Entfernung zum nächsten Dorf kontrastiert. Diese Distanz selbst des Allernächsten wird durch die Form der Aussage und deren syntaktische Verzögerung immer weiter vergrößert, sodass der Gegensatz auch sprachlich deutlich spürbar wird. In der großväterlichen Gegenwart („Jetzt") erscheint das vergangene Leben so kurz, dass jede Ausdehnung undenkbar ist. Die kürzeste Distanz wird zu einer unüberwindbaren Strecke aufgebauscht. Von der empirisch nachweisbaren Beschleunigung des Lebens mit fortschreitendem Alter, die hier angesprochen wird, lässt sich leicht auf eine durch neue Technologien hervorgerufene Beschleunigung gerade im späten 19. und frühen 20. Jahrhundert schließen, welche die Generationen in ihren Erfahrungswelten ganz real trennt (vgl. etwa Heinrich Heines Äußerung über die Eisenbahn, → KAPITEL 6.1). Auffällig ist darüber hinaus, dass der Großvater Weltverhältnisse thematisiert, wenn er die aktuelle Zeit und Distanz mit seiner eigenen existenziellen Lebenszeit verrechnet. Obgleich die Kurzgeschichte Globales nicht explizit thematisiert, bezieht sie sich doch implizit auf eine expandierende Lebenswelt. Es ist die Form des Textes, die diese Weltbezüge inszeniert. Kafkas Geschichte zeigt, dass auch literarische Texte, die keinen Kulturkontakt oder ferne Kontinente thematisieren, globale Verhältnisse auszumessen vermögen. Es gibt eine Vielzahl äußerst subtiler, dennoch aussagekräftiger Formen des Verweises auf die Welt.

11.2 Globalität (in) der Literatur

Der vielleicht bekannteste Autor, der Kulturmischung sowie Pluralismus geradezu programmatisch vertritt, ist Salman Rushdie. Er wendet sich gegen die theologische und philosophische Vorstellung einer alle Unterschiede aufhebenden Einheit und setzt die Vielheit und Mischung dagegen. Hybridität ist für ihn nicht nur eine Grundbestimmung alles Seienden, sondern auch die Bedingung der Möglichkeit jeden Werdens (vgl. Rushdie 1991). Dabei beschreibt Rushdie kulturelle Cross-overs in Bildern, Themen und Erzählhandlungen, während die Sprache seiner Romane das Standardenglische ist. Man kann dementsprechend zwischen sprachlichen Varianten der Globalität auf der Ebene der Form und thematischen Varianten der Globalität auf der Inhaltsebene unterscheiden.

Kulturmischung

Eine formale Möglichkeit, eine monokulturelle Sicht aufzubrechen, besteht darin, nicht in der eigenen Muttersprache zu schreiben, sondern in einer anderen Sprache, die man implizit von der Muttersprache aus ‚beobachtet'. Für dieses Phänomen wurde der Begriff der „Exophonie" vorgeschlagen (Arndt / Naguschewski / Stockhammer 2007, S. 8). Bekannte Beispiele sind Vladimir Nabokov (*Lolita*, 1955), der als Russe, und Joseph Conrad, der als Pole Englisch schrieb, beide mit einer spürbaren Differenz, sowie der Ire Samuel Beckett, der viele seiner Texte bewusst in der französischen Fremdsprache verfasste. Wahrnehmbar ist eine solche interne Distanzierung auch bei Kafka, der zwar deutsch sprach, aber als Jude in Prag, also in tschechisch-österreichischer Umgebung, das Deutsch anders und mehrfach perspektiviert verwendete. Sein Deutsch klingt anders als dasjenige von Autoren, die monolingual schreiben. Ganz explizit macht die zeitgenössische japanisch-deutsche Autorin Yoko Tawada dies zum Thema und zur Strategie ihres Schreibens, wie folgende Passagen aus ihren *Überseezungen* (2002) unterstreichen:

Exophonie

„Ein Schimpfwort musste vor allem direkt aus dem Bauch kommen. Dafür war es zunächst einmal notwendig, es in diesem Bauch zu haben. [...] Weil man in Japan lange Zeit kein Fleisch aß, gibt es dort kein Schimpfwort, das mit der Viehzucht zu tun hat. Stattdessen gibt es Schimpfwörter, die aus dem Gemüseanbau stammen. Man kann zum Beispiel zu einem dummen Menschen ‚Aubergine!' sagen. Ein schlechter Schauspieler wird ‚Rettich-Schauspieler' genannt." (Tawada 2002, S. 25)

„Es gibt auch Menschen, die behaupten, in einer Fremdsprache ist die Kindheit abwesend. Aber ich fand nirgendwo so viel Kindheit wie in der deutschen Sprache. Schmatzen, schnaufen, schluchzen, schlürfen: Viele deutsche Wörter klingen wie Onomatopoesie. Für die Neugeborenen klingt vielleicht jede Sprache so wie Deutsch für mich." (Tawada 2002, S. 110)

Vielsprachigkeit innerhalb einer Sprache

Tawadas Texte führen innerhalb der deutschen Sprache eine Perspektivierung derselben vor; sie betrachten das Deutsche auch als Klang-, Bedeutungs- und Denkform sowohl von innen wie von außen und machen hierdurch Dimensionen dieser Sprache hör- und sichtbar, die Muttersprachler gewöhnlich nicht wahrnehmen. Selbst als deutscher Vegetarier stolpert man selten über das Schimpfwort „Schweinerei"; und kaum ein Muttersprachler wundert sich darüber, dass man eine Sprache ‚beherrschen' soll. Es ist mithin möglich, auch innerhalb einer Sprache von einer anderen Sprache aus zu denken, bzw. wie im Falle Tawadas, sich zwischen beiden hin- und herzubewegen.

Heidegger: Gespräch über die Sprache

Ein bekanntes Beispiel aus der Philosophie ist eine Passage aus Martin Heideggers *Aus einem Gespräch über die Sprache* (1959), in dem er mit einem japanischen Gesprächspartner über das japanische Wort für Sprache spricht. Dabei geht es um die Frage, ob kulturspezifische Formen des Denkens beim Übersetzen mit übertragen werden können:

„F: Sie meinen die Frage, welches Wort Ihre Sprache spricht für das, was wir Europäer ‚Sprache' nennen. J: Dieses Wort scheute ich mich bis zu diesem Augenblick zu sagen, weil ich eine Übersetzung geben muß, durch die sich unser Wort für Sprache wie eine bloße Bilderschrift ausnimmt, nämlich im Vorstellungsbezirk von Begriffen; denn nur durch sie sucht die europäische Wissenschaft und ihre Philosophie das Wesen der Sprache zu fassen. F: Wie heißt das japanische Wort für ‚Sprache'? J: (nach weiterem Zögern) Es heißt ‚*Koto ba*'. [...] J: *ba* nennt die Blätter, auch und zumal die Blütenblätter. Denken Sie an die Kirschblüte und an die Pflaumenblüte." (Heidegger 1959, S. 142)

Übersetzungen

Deutlich wird hier, dass mit jeder Übersetzung auch je kategoriale Vorstellungswelten anklingen. Das an der deutschen Sprache orientierte Denken wird im Beispiel dem asiatischen übergeordnet; im direkten Vergleich mit dem abstrakten deutschen Begriff erscheint das japanische Wort als Piktogramm konkret und einfach, weniger abstrakt (vgl. Liu 1995, S. 6). Dass abstrakte Begriffe auch ihrerseits mit lebensweltlichen Vollzügen verknüpft sind (was Heidegger keineswegs bestreiten würde), betont Yoko Tawada schon in ihrem glücklich gewählten Titel *Überseezungen*, der auf das transozeanische Überqueren genauso hinweist wie darauf, dass Sprache auch eine körperliche Angelegenheit ist. Darüber hinaus unterstreicht dieser Titel – wie das gesamte Werk Tawadas –, dass eine nicht unwesentliche Funktion der Literatur darin besteht, Welten, Denken, Sprachen, Klänge, Vorstellungen ineinander zu übersetzen. Literatur *ist* (häufig) Übersetzung.

Eine weitere Version der Vielsprachigkeit innerhalb derselben Sprache ist die grammatisch-syntaktische Veränderung von der Struktur einer anderen Sprache aus. In der jüngeren deutschen Literatur liegen solche Versuche von türkisch-deutschen Autoren wie etwa Feridun Zaimoglu und Emine Sevgi Özdamar vor. Mit dem Begriff eines *weird English* benennt die amerikanische Literaturwissenschaftlerin Evelyn Nien-Ming Ch'ien eine Transformation des Englischen durch polyglotte Autoren, die zwar an die Sprachexperimente von James Joyce, William Faulkner oder Gertrude Stein anschließen, jedoch im heutigen Kontext der Globalisierung direkt mit mehreren Sprachen gleichzeitig arbeiten, statt eine Sprache von innen heraus zu reformieren. Ch'ien spricht von der „Praxis einer linguistischen Polykulturalität" und zeigt, wie Romanciers zunehmend „von einer metaphorischen Beziehung mit der Originalsprache zu einer buchstäblichen übergehen, in der die Originalsprache mit dem Englischen vermischt wird." (Ch'ien 2004, S. 21, Übers. d. Verf.) So stellt Zaimoglus *Kanak Sprak* (1995) eine poetisierte Form der Übertragung von umgangssprachlichen Erzählungen junger türkisch-deutscher Männer dar.

Weird English

Kanak Sprak

„Wir sind wüchsige aus gaarden, hier, wo man das olle gras halm für halm wachsen hört, wo nix außer gebell steckt, hier in jeder toten gasse, hierhin hat man uns wie'n faden popel geschnickt, und ruhe fanden wir nicht von anfängen an, weil du kriegst futter und jeden tag futter für's ausbrechen [...]." (Zaimoglu 1995, S. 39)

Alle Wörter sind hier deutsch bzw. basieren auf deutschen Wörtern; ihre Verwendung und der Blickwinkel sind jedoch gebrochen, zeigen eine Differenz, könnten auch an türkischer Syntax orientiert sein. Die Texte in *Kanak Sprak* weisen einen eigenen Klang auf, der sich nicht allein auf soziale Milieus, sondern auch auf die Interferenz mit der türkischen Sprache zurückführen lässt. Allerdings sind viele der Sprecher auch Rapper, sodass eine bestimmte Form des afroamerikanischen Slang ebenfalls als Einfluss zu erkennen ist und daher mindestens drei Sprach‚formen' hybridisiert werden. Entscheidend ist auch hier, dass Multilingualität sowohl die Vorstellungsformen und kulturellen Voraussetzungen als auch das jeweils verwendete Sprachmaterial, also Wörter, Grammatik, Syntax, Morphologie und Semantik, betrifft.

<small>Hetero- und Polyglossie</small>

Ein auffälliges und erstaunlich häufiges Darstellungsmittel bildet die explizite Sprachmischung, das *code-switching*, das Nebeneinanderstellen von Fragmenten aus mehreren Sprachen. Hier werden Sprachen direkt ineinander geschnitten. Deutlich zeigt sich der schnelle Sprachwechsel etwa beim hispanisch-amerikanischen Autor Juan Felipe Herrera:

„We want this thing to work out smooth. Tú sabes, it's about the proceso. Not the producto. We want this whole onda to shine and buzz like hot salsa, on huevos rancheros. No more pedos."
(Herrera 1996 in: Sturm-Trigonakis 2007, S. 148)

Herreras Text verwendet Englisch und Spanisch gleichzeitig, die nahtlos ineinander übergehen. Dabei handelt es sich nicht um Interferenzen, sondern um ein unvermitteltes Hin und Her, das beide Sprachen gleichberechtigt behandelt, wobei allerdings zu sagen ist, dass das *code-switching* vor allem bei ‚Chicanos' und nicht bei ‚Anglos' anzutreffen ist. Dies lässt sich auf eine unübersehbare Machtasymmetrie zurückführen.

<small>Hybride Literatur</small>

Häufig wird Hybridität jedoch auch als Erfahrung beschrieben, wird also auf der Inhaltsebene zum Thema gemacht, statt auf der Formebene die Sprache zu prägen. Dies ist es, was normalerweise gemeint ist, wenn man von Interkulturalität in der Literatur spricht. Wie in Bezug auf Rushdie oben erwähnt, arbeiten diese Romane, Gedichte oder Dramen mit Beschreibungen des Aufeinandertreffens und der Mischung von kulturellen Elementen und Welten, meist in der autobiografischen Erfahrung des Protagonisten oder der Protagonistin. Dabei kann es sich um ein positives, euphorisches Gefühl handeln, häufiger werden jedoch Dramen der Identitätsfindung als Bildungsromane präsentiert. In der deutschsprachigen Gegenwartsliteratur stehen hierfür neben Tawada und Zaimoglu u. a. Rafik Schami, Gino Chiellino und Cyrus Atabay (vgl. Sturm-Trigonakis 2007, S. 48). Interessant ist der Zugang der Literaturwissenschaftlerin Immacolata Amodeo, die auf den starken Grad der Deterritorialisierung hinweist und die „Heterogenität" solcher Literatur „auch als ästhetisches Prinzip" (Sturm-Trigonakis 2007, S. 54) begreift, das sich in einsprachigen Texten nachweisen lässt. Dabei fällt in der deutschen Kritik der Bezug auf die angloamerikanische postkoloniale und multikulturelle Theorie und Praxis auf. Salman Rushdie schreibt prägnant:

„Das Wort ‚Übersetzung' kommt etymologisch vom Lateinischen für ‚hinübertragen'. Da wir über die ganze Welt getragen wurden, sind wir selbst übersetzte Menschen. Normalerweise wird angenommen, dass bei einer Übersetzung immer etwas verloren geht; ich halte hartnäckig an der Auffassung fest, dass auch etwas gewonnen werden kann." (Rushdie 1991, S. 17, Übers. d. Verf.)

„Übersetzte" Menschen

Dieser Prozess der mehrfachen Übersetzung prägt die Literatur der Karibik in ganz besonderem Maße. Die Inselgruppe mit ihren vielen verschiedenen Sprachen und Völkern findet ihre kulturelle Identität vor allem in der Hybridität. Derek Walcott, Patrick Chamoiseau und Edouard Glissant sind englische und französischsprachige karibische Autoren der Gegenwart, die ganz explizit hybride Literatur schreiben. Glissant hat in seiner *Poétique de la relation* (1990; *Poetik der Beziehung*) eine Theorie der Kreolität, der *métissage* entwickelt – Begriffe, deren Bedeutung derjenigen von Hybridität sehr ähnlich sind:

„Was uns trägt, ist nicht allein die Definition unserer Identitäten, sondern auch ihre Beziehung zu all dem, was möglich ist: die wechselseitigen Mutationen, welche dieses Spiel der Relationen generiert. Die Kreolisierungen führen in die Relation ein, aber nicht um sie zu universalisieren [...]." (Glissant 1990 in: Ette 2001, S. 552)

Solche Überlegungen finden sich besonders häufig bei Autoren und Kritikern aus beiden Teile Amerikas. Dies lässt sich darauf zurückführen, dass es sich um Einwandererländer mit Mischkulturen handelt, sodass das Phänomen nicht zu übersehen oder zu ignorieren ist.

Derek Walcott hebt in seinem Gedicht *Ein Schrei weit weg von Afrika* seine doppelte Erbschaft von englischen Kolonialherren und afrikanischen Sklaven hervor:

Doppelte Erbschaft – innere Gespaltenheit

„Ich, der mit beider Blut vergiftet ist,/Wohin soll ich mich wenden, gespalten bis aufs Blut?/Ich, der den betrunkenen Offizier/ Britischer Hoheit verfluchte, wie soll ich wählen/Zwischen diesem Afrika und der geliebten englischen Zunge?" (Walcott 1999, S. 33)

Walcotts nobelpreisprämierte Poetik verzichtet auf jede einfache Entscheidung für eine Tradition und macht gerade die Gespaltenheit „bis aufs Blut" zur Ausgangsbasis einer hybriden Ästhetik.

11.3 Fiktionen der Globalisierung

Auch wenn die Übergänge fließend sind, sollten Fiktionen, die die Globalisierung explizit als konkreten Veränderungsprozess thematisieren, von der Globalität in der Literatur unterschieden werden.

Einen interessanten Versuch, wirtschaftliche Dimensionen der Globalisierung literarisch zu erfassen, stellt der 2003 erschienene Roman *Cosmopolis* des amerikanischen Schriftstellers Don DeLillo dar. Im Zentrum steht das hochaktuelle Thema der Finanzspekulationen, die aufgrund der durch das Internet ermöglichten Komplettvernetzung zu einer Zeit-Raum-Verdichtung geführt hat. Erzählt wird ein Tag im Leben des Wall Street-Anlagenmanagers Eric Packer, der seine Finanzspekulationen überzieht und dabei alles verliert. Um die Glokalität dieses Handlungsraumes fiktional zu inszenieren, wählt DeLillo eine Fahrt quer durch Midtown Manhattan zu einem Zeitpunkt, da sein Wagen wegen eines Besuchs des amerikanischen Präsidenten nur zentimeterweise vorankommt. Packers Handlungen werden so in extremer Weise lokal gebunden präsentiert. Während er im Auto qua Internet und Telefon mit der ganzen Welt verbunden ist, ist seine körperlich erfahrbare Gegenwart von der allernächsten Umgebung bestimmt.

Wie lassen sich jedoch Finanztransaktionen darstellen, die in erster Linie mit abstrakten Zahlen umgehen? Die Strategie des Romans besteht darin, den Fokus auf den Protagonisten und dessen Interaktion mit anderen Menschen zu verschieben. Dabei wird Packer einerseits als monoman und äußerst arrogant geschildert, ein Manager, der andere Menschen allein zu Faktoren in seinen Berechnungen macht, andererseits jedoch als ein aufgrund seiner realen Körperlichkeit verletzlicher und begrenzter Mensch. Entscheidend ist überdies der enge Zeithorizont, der auf eine Gegenwart reduziert ist, welche nur die allernächste Zukunft umfasst; Langzeiterwartungen und -planungen fehlen, genauso wie jede Erinnerung an die Vergangenheit ignoriert wird. Es ist die These Packers, dass man in einer radikal beschleunigten Welt aus der Vergangenheit nicht mehr lernen könne, weil deren Wissen die Gegenwart nicht einmal mehr annähernd zu erfassen vermag. Kontrapunkt dazu ist die zeitliche und räumliche Begrenztheit der eigenen Existenz. Wenn der Protagonist schließlich von einem enttäuschten Angestellten erschossen wird, so verschwindet damit auch symbolisch einer der Träger der Negativexzesse der Globalisierung.

DeLillos Roman zeigt, dass Literatur durchaus in der Lage sein kann, globale Entwicklungen (wie die Krise des Weltfinanzsystems 2008/09) seismografisch zu erspüren und zu beschreiben. Literatur und Kunst sollten als Beobachtungsinstanzen der Globalisierung bei aller (Über-)Betonung des rein Ökonomischen ernst genommen werden.

Funktionen der Literatur im Globalisierungsdiskurs

Mit nicht explizit persönlichen und kulturellen Dimensionen der Globalisierung im umgangssprachlichen Sinne des Begriffs haben sich bisher nur wenige Autoren befasst. Es sind eher die Genres des Science-Fiction-Romans und des Thrillers, die das Thema aufgegriffen haben. Im Bereich des Bestsellerromans etwa Michael Crichtons *State of Fear* (2004; *Welt in Angst* 2005), Frank Schätzings *Der Schwarm* (2004) oder William Gibsons *Pattern Recognition* (2003; *Mustererkennung* 2004), ein Roman, der das Leben in der heutigen globalisierten Internetkultur dramatisiert. In Romanen dieser Genres werden auch technologische, mediale, ökonomische und ökologische Entwicklungen fiktional verarbeitet, die in der ‚literarischen' Literatur meist ausgespart bleiben. Dabei wird neuestes wissenschaftliches und kulturanalytisches Wissen mit einer spannenden Handlung verbunden, sodass eine Vielzahl von Leserschichten erreicht werden kann.

Science-Fiction/ Thriller/Cyberpunk

Reisebeschreibungen bilden zweifellos ein wesentliches Genre, in dem die Oberfläche des Globus auch geografisch-räumlich durchmessen wird. Sie ermöglichen die Beschreibung fremder Länder, Völker und Menschen und dabei immer auch die kritisch distanzierende Reflexion der eigenen ‚Üblichkeiten'. Das Motiv der Reise erzeugt Erlebnisse und Beziehungen, die episodisch aneinandergereiht werden oder – man denke an Jules Vernes Roman *Le tour du monde en quatre-vingts jours* (1873; *Reise um die Erde in 80 Tagen*) – eher als Abenteuergeschichte verfasst sind. Der Ethnologe James Clifford fasst einen zeitgemäßen theoretischen Blickwinkel auf das Reisen so zusammen:

Reisebeschreibungen

„Reisen: eine Figur für unterschiedliche Formen des Wohnens und des Ortswechsels, für Bewegungsabläufe und Identitäten, fürs Geschichtenerzählen und Theoretisieren in einer postkolonialen Welt globaler Kontakte. Reisen: ein Spektrum von Praktiken, um das Selbst in einem Raum oder in Räumen zu situieren, die zu groß geworden sind, eine Form sowohl der Erforschung wie auch der Disziplin." (Clifford 1998, Übers. d. Verf.)

Im Sinne Cliffords kann das Reisen selbst als Form des Wissens bzw. des Wissenserwerbs verstanden werden, wie dies Homer, Vergil,

Reisen und Wissen

Humboldt und andere schon früher taten. In der globalisierten vernetzten Welt ist diese Funktion noch deutlicher zu erkennen, wobei das Reisen im kognitiv fruchtbaren Sinne vom Tourismus dadurch unterschieden werden sollte, dass der Reisende seine Vorstellungen und Denkformen durch andere Länder und Menschen infrage stellen und relativieren, also perspektivieren lässt.

11.4 Literatur als Weltentwurf

Weltbeschreibungen und Weltkonstruktionen

Die Literatur gehört Jürgen Habermas zufolge zu den welterschließenden Gattungen. Die wichtigsten Bücher der Weltliteratur wie die Bibel und der Koran, das *Gilgamesch-Epos* (ab dem 12. Jh. v. Chr.), Homers *Odyssee* (8. Jh. v. Chr.), die *Upanischaden* (700–200 v. Chr.) und Vergils *Aeneis* (29–19 v. Chr.), aber auch Dantes *Göttliche Komödie* (1307–21) und Goethes *Faust II* (1832) sind Texte, die eine ganze Welt nicht nur erzählen, sondern beschreibend auch definieren. Hierbei sind welterzeugende, meist heilige oder eine ganze Weltvorstellung illustrierende Bücher von solchen zu unterscheiden, die im Bewusstsein der Endlichkeit des Globus geschrieben wurden. Das Spektrum der Möglichkeiten literarischer Welterzeugung ist groß. Einige signifikante Charakteristika lassen darauf schließen, ob ein Text überhaupt Welt(en) darstellt.

Formen und Funktion von „Welten-Literatur"

Zunächst streben solche Werke eine Totalität an, wollen also das Ganze bzw. ein Ganzes darstellen. Heilige Texte sind immer auch weltenschaffend; die Bibel etwa durfte jahrtausendelang nur kommentiert, nicht jedoch ergänzt werden, da sie bereits die gesamte Welt, und zwar von deren Anfang bis zu deren Ende, erklärte. Schöpfungsgeschichten bzw. -mythen sind hier genauso ausschlaggebend wie eschatologische Vorstellungen und Narrative. Sie gelten als den irdischen Stellvertretern bzw. Propheten direkt eingegeben und erheben daher Wahrheits- wie auch Ausschließlichkeitsanspruch. Epen und Mythen wie diejenigen Homers, Vergils oder Dantes sind sich ihres Status als Literatur – also als Geschichten, die von einem Sänger oder Autor (auf-)geschrieben wurden – dagegen bewusst. Hier ist das Reisemotiv zweifellos ein entscheidendes Vehikel zur Erschließung der jeweils bekannten Welt. Und genau an diesem Punkt liegt die Schnittstelle zu anderen globalen Texten: Die Welt, die man kennt, wird imaginativ, explorativ und normativ wertend abgeschritten und vermessen. Wie Peter Sloterdijk herausgearbeitet hat (vgl. Sloterdijk 2005), ging mit der Entdeckung der Neuen Welt (durch

Christoph Kolumbus im Jahr 1492) sowie als Folge weiterer Entdeckungsfahrten auch das Sphärenmodell unter, die Erdkugel, der Globus, unser Planet wurde zum unhintergehbaren Horizont der menschlichen Erfahrung. Daher stellen literarische Explorationen der Erde, wie es im Titel von Daniel Kehlmanns Roman heißt, eine *Vermessung der Welt* dar (2005): also eine Vermessung dessen, was wir wissen können.

Alexander von Humboldts *Kosmos* ist deshalb besonders aufschlussreich, weil der Autor sich rational die wissenschaftliche Aufgabe stellte, die ganze Welt in einem Buch zu versammeln und dabei vom Weltall bis zu den kleinsten physischen und geistigen Entitäten niederzusteigen. Auch seine Reiseberichte aus Südamerika gehören in diesen Zusammenhang. Ein wichtiger ‚globaler' Roman ist Herman Melvilles *Moby Dick* (1851), der auf dem Walfänger *Pequod* eine repräsentative Auswahl der (männlichen) Weltbevölkerung versammelt, einen großen Teil des Globus – von Massachusetts bis in die Südsee – umfährt und mit dem Walfang einen der wichtigsten globalen Wirtschaftszweige des frühen 19. Jahrhunderts thematisiert. In der Gegenüberstellung des monomanen dogmatisch-selbstbezüglichen Kapitäns Ahab und des Erzählers Ishmael, der eine pluralistisch gedachte Welt in Form verschiedener Interpretationen akzeptiert, werden zwei entgegengesetzte Formen der Welterzeugung vorgeführt. Die intertextuellen Bezüge umfassen einen nicht geringen Teil der Weltliteratur und der Roman ist auf das gesamte Wissen seiner Zeit bezogen – ein wahrhaft enzyklopädischer Roman also, der Mitte des 19. Jahrhunderts nochmals den Versuch unternimmt, die ganze Welt zu beschreiben. Er reflektiert jedoch auch genau dieses Unterfangen und symbolisiert, oder besser: dramatisiert im weißen Wal die Unlesbarkeit des ‚Buches der Welt'. Das Weiß Moby Dicks ist monochrom, kennt keine Unterscheidungen und lässt so auch keine Bedeutungen zu. Der weiße Wal ist damit reine Projektionsfläche für den Größenwahn Ahabs, der in ihm das Göttliche bekämpft und dabei untergeht. So kann der Roman sowohl als einer der letzten Versuche einer Darstellung der ganzen Welt wie auch als Destruktion der Möglichkeit einer solchen Darstellung gelesen werden.

Im 20. Jahrhundert werden die „Weisen der Welterzeugung" (Nelson Goodman) selbst thematisiert. Einer der bedeutendsten Autoren in dieser Hinsicht ist der Argentinier Jorge Luis Borges, der nicht nur eine enzyklopädische Bildung besaß, sondern als Bibliothekar auch Kosten und Nutzen des angehäuften (Welt-)Wissens kannte. Seine Erzählung *Tlön, Uqbar und Orbis Tertius* (1940) ist eine Geschichte,

---

Marginalien:

Humboldt: *Kosmos*

Melville: *Moby Dick*

Mögliche und virtuelle Welten: Jorge Luis Borges

die ihre Fiktionalität explizit macht, also metafiktional ist, die Erfindung einer Parallelwelt erzählt und dann deren Fiktionalität in Faktiziät umschlagen lässt. Den Hinweis auf die Existenz von Uqbar entnimmt der Erzähler einer Enzyklopädie; in einer detektivartig geschilderten Suche findet er schließlich immer mehr Hinweise auf den fiktiven Planeten Tlön, der innerhalb eines Projekts „Orbis Tertius" erfunden und beschrieben wurde, der in der fiktiven Zeit nach der Niederschrift der Erzählung jedoch immer mehr die Realität überformte und damit als Allegorie der idealistischen Philosophie (George Berkeley), politisch konkret aber auch der Totalitarismen im Europa der 1930er- und 1940er-Jahre zu lesen ist.

Weltkonstruktion

Die Basis jeglicher Weltkonstruktion stellt Borges in einer Passage seines Textes *Die analytische Sprache John Wilkins'* vor, die „eine gewisse chinesische Enzyklopädie" zitiert und die der Philosoph Michel Foucault seinem einflussreichen Werk *Les mots et les choses* (1966; *Die Ordnung der Dinge*, 1971) voranstellte. Borges beschreibt, dass

> „die Tiere sich wie folgt gruppieren: a) Tiere, die dem Kaiser gehören, b) einbalsamierte Tiere, c) gezähmte, d) Milchschweine, e) Sirenen, f) Fabeltiere, g) herrenlose Hunde, h) in diese Gruppierung gehörige, i) die sich wie Tolle gebärden, k) die mit einem ganz feinen Pinsel aus Kamelhaar gezeichnet sind, l) und so weiter, m) die den Wasserkrug zerbrochen haben, n) die von weitem wie Fliegen aussehen." (Borges 1966, S. 212)

Kategorien und Unterscheidungen bei Borges

Auch wenn die Kategorien ironisch die Unterteilung in ‚Kästchen' selbst kommentieren, wobei die Kategorie „h) in diese Gruppierung gehörige" als *mise en abîme* („Bild im Bild") dieser Tätigkeit überhaupt aufzufassen ist, so ist doch auch klar, dass die Art und Weise oder besser: die Form unserer jeweiligen Welt zu nicht geringen Stücken von den Unterscheidungen abhängt, mit denen wir sie beobachten. So beginnt das Alte Testament mit Gottes Einführung der ersten Unterscheidung in Tag und Nacht. Alle weiteren Unterscheidungen folgen dem Muster dieser ersten Differenzierung. In Borges' Text zeigt sich ebenfalls, dass Kategorien immer auch innerhalb eines realen historisch-kulturell-medialen Kontextes zu verstehen sind (Kaiser, einbalsamierte Tiere, mit Kamelhaarpinsel gezeichnet). Die Erzählung zeigt die Formen auf, mit denen wir uns die Welt erklären und damit teilweise auch erst schaffen.

Wenn Dante die Welt noch als *Göttliche Komödie* mit Hölle, Vorhölle und Himmelssphären beschrieb und damit die Grenzen des mittelalterlichen, christlich-sphärischen Kosmos absteckte, so ist es das

Ziel von Honoré de Balzacs *La Comédie humaine* (1829–50, *Die Menschliche Komödie*), die gesamte gesellschaftliche Welt des nachrevolutionären Frankreich im frühen 19. Jahrhundert zu beschreiben. 91 Romane umfasst der Zyklus von Romanen, der nicht mehr Gottes Weltenplan rekonstruieren möchte, sondern versucht, die Gesellschaft in all ihren Facetten darzustellen. Welt bedeutet hier schon ganz soziologisch gedacht Gesellschaft, mit all ihren Menschen, Intrigen, Liebesbeziehungen, Familien, Banken und ihrer Politik. Das Hauptantriebsmittel ist dabei der soziale Aufstieg, die Medien sind Geld und Liebe.

Balzacs *Menschliche Komödie*

Schließlich werden in der Literatur auch erfundene und alternative Welten geschildert, die neuen Technologien zugeschrieben werden. Science-Fiction übersetzt das neue Wissen der Wissenschaften in Beschreibungen denkbarer und virtueller, also möglicher Welten. Da es nicht möglich ist, eine Welt zu denken, die nicht in einem selbstreflexiven Verhältnis zur bekannten Erde und deren Gesellschaften steht, verweisen auch virtuelle Welten immer auf eine vorausgesetzte Welt und besitzen insofern einen Realitätsindex, Weltbezüge werden im Sinne von umfassenden Entwürfen verhandelt. Die Romane von William Gibson und andere Versionen des Cyberpunk schließlich verwischen die Grenzen zwischen Mensch und Maschine sowie zwischen der wirklichen und der simulierten Welt radikal. Letztlich loten sie in einem technomorphen Milieu Fragen aus, die Utopien und Science-Fiction-Romane zuvor auf weit entfernte Inseln oder in die ferne Zukunft verlegten. Das Internet bzw. dessen fiktionalisierte Version der Matrix kondensiert im Sinne der Zeit-Raum-Verdichtung sowie des Verlustes an Vergangenheit und Langzeitzukunft eine Cyberwelt in der nahen Zukunft.

Science-Fiction

Technomorphe Welten

Literatur ist ohne eine Theorie über die Welt nicht möglich. Literatur ist jedoch auch ein Medium der Welterkundung und der Welterzeugung. Wie gezeigt wurde, gibt es ein breites Spektrum verschiedener Weisen des Weltbezugs und der Darstellungen des Globalen, das sich erst einer globalen Perspektive erschließt.

Zusammenfassung

Fragen und Anregungen

- Welche Kennzeichen deuten darauf hin, dass literarische Texte einen Weltbezug aufweisen?
- Unterscheiden und skizzieren Sie kurz die Literatur der Globalität, der Globalisierung und der Welterzeugung.

- Legen Sie eine eigene Interpretation von Kafkas Kurzgeschichte *Das nächste Dorf* vor, die sie im Kontext des Globalen erklärt.
- Warum ist das Reisen ein so entscheidendes Thema der Literatur des Globalen?
- Geben Sie Beispiele für die Darstellungen alternativer und virtueller Welten und diskutieren Sie deren Funktionen.

Lektüreempfehlungen

Quellen
- Jorge Luis Borges: Die Bibliothek von Babel, Stuttgart 1974.
- Don DeLillo: Cosmopolis, 2003; München 2005.
- William Gibson: Mustererkennung, Stuttgart 2004.
- Yoko Tawada: Überseezungen, Tübingen 2002.
- Derek Walcott: Gedichte, München 1999.
- Feridun Zaimoglu: Kanak Sprak, Berlin 1995.

Forschung
- Susan Arndt / Dirk Naguschewski / Robert Stockhammer (Hg.): Exophonie. Anderssprachigkeit in der Literatur, Berlin 2007. *Untersucht verschiedene Formen literarischer Vielsprachigkeit mit Blick auf ein breites Spektrum von Literaturen und theoretischen Fragen.*
- Ottmar Ette: Literatur in Bewegung, Weilerswist 2001. *Ausführliche Darstellung eines breiten Spektrums von literarischen Texten, die Reisen und andere Formen des Ortswechsels inszenieren.*
- Edouard Glissant: Poétique de la relation, Paris 1990. *Eine als Poetik der Beziehung und der Vielheit konzipierte Poetik der kulturellen Dimension der Globalisierung; auch eine Theorie der (kulturellen) Kreolisierung.*
- Elke Sturm-Trigonakis: Global Playing in der Literatur: Ein Versuch über die Neue Weltliteratur, Würzburg 2007. *Fokussiert auf die neuen Weltliteraturen wie die Anglophonie, Frankophonie, Hispanophonie und Lusophonie mit Blick auf Mehrsprachigkeit und Globalisierungsdiskurs; enthält eine Vielzahl von Textbeispielen aus verschiedenen hybriden Literaturen, die formalen und inhaltlichen Kriterien entsprechend geordnet sind und exemplarisch interpretiert werden.*

12 Musik, Kunst und Film global

Abbildung 12: Yinka Shonibare: Without Title [Ohne Titel] (1997)

Das titellose Werk zeigt den nigerianisch-britischen Künstler Yinka Shonibare selbst in der Kleidung eines Europäers des 19. Jahrhunderts. Kleidung und Perücke gehören eindeutig zur viktorianischen britischen Kultur; sie wurden von weißen Kolonialherren getragen und bedeuten Macht, Autorität und (aristokratische) Tradition. Afrikanern waren solche Insignien der Macht verwehrt, sie waren vielmehr deren Objekte und Unterworfene. Wenn sich nun ein Afrikaner diese Kleidung und den arrogant-distanzierten Blick performativ aneignet und aus einem dem 19. Jahrhundert zugehörigen Rahmen (im doppelten Sinne des Holzrahmens wie auch des Kontextes) den Betrachter von oben herab anblickt, so werden eingeübte eurozentrische Blickregime irritiert und durch Umkehrung dekonstruiert. Der „Eingeborene" hat sich die Insignien und Gesten des Kolonisators zu eigen gemacht und blickt zurück. Dabei handelt es sich nicht allein um eine Umkehrung der Rollen, die Wiederholung mit einer Differenz stellt auch die Machtbeziehung selbst in Frage. Die Aussage erfolgt allein mit visuellen, bildlichen Mitteln: „Ohne Titel". Sie verweist auf eine global vernetzte Welt, in der die kolonialen Grenzen zwar nicht mehr existieren, jedoch immer noch als implizite Stereotype ‚mitschwingen'.

In den Bereichen der Musik, der Kunst und des Films lassen sich – mit den entsprechenden medienspezifischen Unterschieden – ähnliche Entwicklungen beobachten wie in der Literatur. Da die Musik keine direkten semantisch lesbaren Aussagen macht, sind hier in erster Linie klanglich-formale wie auch kulturell-kontextuelle Aspekte zu beachten. In der bildenden Kunst muss heute neben formalen und inhaltlichen Elementen noch mehr als bei anderen Künsten der Kunstmarkt mitgedacht werden, weil Kunstwerke auch verkäufliche Einzelobjekte sind. Beim Film haben wir es mit einer Kunstform zu tun, die sich erst im 20. Jahrhundert entwickelte und die daher von Beginn an mit technischen Verfahren und Massenkultur verknüpft ist. In der digitalen Gegenwart schließlich beginnen sich die Grenzen zwischen den Medien aufzulösen, sodass neue multimediale Formen der Kunst und Kommunikation entstehen, die global zirkulieren.

12.1 **Weltmusik, globale Musik, globaler Musikmarkt**
12.2 **Weltkunst, globale Kunst, globaler Kunstmarkt**
12.3 **Weltkino, globaler Film, globaler Filmmarkt**

12.1 Weltmusik, globale Musik, globaler Musikmarkt

Um die Entwicklungen der Musik im Zeitalter der Globalisierung nachzuvollziehen, muss man die spezifischen Kennzeichen und Merkmale des Musikalischen innerhalb des Feldes der expressiven Formen und Künste genauer kennen. Musik ist eine Zeitkunst und kann nur im Vollzug wahrgenommen werden. Sie besitzt eine stark performative Dimension und führt zu Erfahrungen der Immersion, also des Eintauchens; man kann die Ohren nicht verschließen. Musik weist also immer auch eine körperlich-sinnliche Dimension auf. Im Gegensatz zum in der abendländischen Wissensgeschichte privilegierten Sehen erlaubt das Hören nicht die Position eines distanzierten, ›objektiven‹ Wissens. Klänge und allgemeiner: akustische Phänomene tendieren darüber hinaus dazu, interaktiv zu wirken, z. B. im Dialog, in Formen interaktiver Rituale oder in der Verbindung von Tanz und Musik. Aufgrund ihrer Performativität kann Musik auch gemeinschaftsbildende Funktionen übernehmen.

Das Spezifische der Musik

Angesichts der modernen Aufzeichnungsverfahren relativiert sich das Kennzeichen der Performativität jedoch. Schon seit den ersten Tonaufnahmen von Thomas Alva Edison und Emil Berliner (1877 und 1887) kann Musik aus jedem Zusammenhang gelöst und ohne Kontextbezug überall auf der Welt gehört werden. Im Zuge der Digitalisierung können darüber hinaus alle Klänge in *bits* zerlegt und in anderer Form wieder zusammengesetzt werden. Zudem lassen sich heute alle möglichen oder zumindest vorstellbaren Töne und Klänge digital erzeugen. Heutige CD-Aufnahmen, auch der klassischen Musik, setzen sich aus vielen Fragmenten zusammen, die nachträglich zusammengefügt wurden. Damit nimmt nicht nur die Bedeutung des Ortes ab – der, von dem die Musik stammt, ebenso wie der, an dem sie gespielt wird –, sondern auch die Aufführung verliert ihre privilegierte Stellung. Unsere mediale Musikwelt ist inzwischen stark von der Aufführung sowie von konkreten Orten und Zeiten abgekoppelt. Dennoch hat das authentische Aufführungsereignis für Musiker und Publikum nach wie vor eine große Bedeutung, auch wenn dabei die technische Perfektion einer CD-Aufnahme kaum zu erreichen ist.

Aufnahmetechniken

Digitalisierung und universale Verfügbarkeit

In Bezug auf die Musik lassen sich – analog zur Literatur – folgende generelle Unterscheidungen treffen:

Weltmusik, globale Musik, Cross-over

- Weltmusik im Sinne aller auf dem Globus existierenden Musikformen,

- globale Musik als Musik, die aus dem synchronen wie auch diachronen Formenschatz der Weltmusik auswählt, Teile kombiniert und zu etwas Neuem zusammenfügt,
- sowie hybride Musik des Cross-over, die in globalen Städten durch Kontakt, Migration und Diaspora entsteht.

Während das Konzept der Weltmusik auf einem Ansatz der Inklusion und des Vergleichens basiert, bezeichnen die beiden anderen Versionen der Musik Mischformen, die an Schnittstellen zwischen verschiedenen musikalischen Welten entstehen. Natürlich ist die Mischung zwischen musikalischen Traditionen kein neues Phänomen der letzten Jahrzehnte, sondern hat schon immer stattgefunden. Neu und ein Resultat der gegenwärtigen Globalisierungsphase sind Intensität, Beschleunigung der Zirkulation und Allgegenwärtigkeit dieser Phänomene im Sinne der heutigen Zeit-Raum-Verdichtung.

Weltmusik

Werden Versionen der Weltmusik nebeneinandergestellt, so kann ein breites Spektrum von strukturierten Klanganordnungen unterschieden und als Ausdruck verschiedener Kulturen verstanden werden. Das Konzept „Musik" selbst ist nicht geschichts- bzw. kontextfrei, insbesondere was die Auffassungen der Funktion von Musik betrifft. So sind etwa in der muslimischen Haussakultur (Nigeria) Musik und Musikinstrumente bekannt, aber es existiert kein Wort für Musik; die gesungene Rezitation des Koran wird nicht als Musik, sondern als ‚Lesen', also textbezogen aufgefasst (vgl. Bohlman 2002, S. 6–8). Unsere Vorstellung von Musik gründet dagegen darauf, dass Tonhöhenunterschiede innerhalb eines festgelegten Klangsystems beschrieben werden. Um also die Vielfalt der Formen und Funktionen der Musik der Welt verstehen zu können, müssen auch die Kategorien selbst globalisiert und in Anbetracht unterschiedlicher Orte und Zeiten relativiert werden.

Melodik und Harmonik versus Rhythmik

Die klassische europäische Musik basiert auf einem historisch kontingenten, relativ beschränkten Teilbereich möglicher Klänge und Rhythmen, der z. B. reguliert, was zum tonalen System gehört und was ausgeschlossen wird; dies betrifft etwa Kratz- oder Krächzgeräusche, aber auch die Mikrotonalität der Vierteltöne. Melodie und Harmonie werden zudem in Europa Rhythmus und Metrum übergeordnet, die traditionell weniger ausgebildet sind. Musikalische Formen, die andere Prioritäten aufweisen, wurden lange Zeit als primitiv und zu körperorientiert ausgeschlossen (z. B. afrikanische Trommelmusik). Aus Sicht etwa der afrikanischen Musiktraditionen könnte man der europäischen Musik mit ihrem traditionell begrenzten Inventar an Taktformen umgekehrt jedoch ebenfalls Primitivität vorwerfen. Gerade in dieser Hinsicht war in jüngerer Zeit der Kontakt zwischen den (Musik-)Kulturen besonders fruchtbar.

Schon in früheren Phasen der Globalisierung fanden Austausch und Mischung musikalischer Formen und Traditionen statt, etwa entlang der Handelsrouten der Seidenstraße und später des transatlantischen Handels. Während dabei bereits Lieder aufgeschrieben wurden (z. B. die Musik der Tupinamas von Jean de Léry 1557 in der heutigen Bucht von Rio de Janeiro, vgl. Bohlman 2002, S. 2), lassen sich frühe Formen der ethnologischen Beschreibung erst im 20. Jahrhundert nachweisen: Seit 1898 tauchten Charles Samuel Myers und andere Musikethnologen mit den gerade erfundenen Aufzeichnungsgeräten in Afrika, Übersee, aber auch bei der europäischen Landbevölkerung auf, um Musik festzuhalten, deren Existenz bedroht war. Es ging darum, ‚ursprüngliche‘ Gesänge und Instrumentalmusik aufzuzeichnen und zu archivieren. Aufgrund eines starken Machtgefälles wurde dabei die authentische, aber ‚primitive‘ Musik der ‚Anderen‘ in ‚unsere‘ Vorgeschichte verlagert. Sie wurde also dekontextualisiert, exotisiert und zum ethnologischen Untersuchungsgegenstand, nicht jedoch als Musik, als Kunstwerk im westlichen Sinne betrachtet. Weltmusik ist bei einem solchen Zugriff vor allem von völkerkundlichem Interesse. Dies änderte sich erst im politischen Kontext von Dekolonisierung und Postkolonialismus.

Kolonialismus und Völkerkunde

Wenn der Begriff der Nation im Prozess der Globalisierung an Bedeutung verliert, so betrifft dies auch die Musik, die ein wichtiges Medium der nationalen Gemeinschaftsbildung darstellt. Man denke etwa an die auch in globalisierten Zeiten wichtigen Nationalhymnen (z. B. bei den Olympischen Spielen), aber auch daran, dass Musikstücke und Lieder für nationaltypisch erklärt werden:

Musik und Nation

„Es ist nicht nur die Nation, welche die nationale Musik prägt. Aufgrund ihrer Performativität kann die Musik die Nation stark formen. Um diese performative Kraft der Musik zu erklären, hat Benedict Anderson den Begriff ‚Unisonanz‘ geprägt, der klangliche Moment, der stattfindet, wenn Menschen aus der ganzen Nation sich in einer gemeinsamen Musikaufführung zusammenfinden." (Bohlman 2002, S. 94, Übers. d. Verf.)

Damit ist Musik als Teil einer „‚sozialen Poetik‘ des Nationalstaates" zu verstehen (Bohlman 2002, S. 95).

Die modernen Versionen hybrider Musik (Cross-over) entwickeln sich als Folge von Migration und in Diasporasituationen, vor allem in den globalen Städten (→ KAPITEL 13), die heute als Zentren der Entstehung und Produktion von Weltmusik anzusehen sind. Beispiele

Migration und Diaspora

sind etwa die afrodiasporischen Musiken in verschiedenen Teilen des amerikanischen Kontinents, die nordafrikanische Musik (Raï) in Frankreich, die indisch-pakistanischen Musikformen in Großbritannien, den USA und Kanada, die Musik der Sinti und Roma in Europa, die Andenmusik in deutschen Fußgängerzonen usw.

Rap als Beispiel globaler Zirkulation

Ein eindrucksvolles Beispiel ist die Entstehung der Rapmusik (→ KAPITEL 7.1). Dabei handelt es sich um eine hochgradig hybride, technomorphe Form der Musik, die starke soziale Funktionen sowie Ritualcharakter besitzt, weltweit zirkuliert und symptomatisch für den globalen Kulturprozess ist. In deutschen Großstädten sind es vor allem Jugendliche mit Migrationshintergrund, die den Rap als Musik, aber auch als Medium der (Selbst-)Verständigung und der Identitätsbildung verwenden. Hier gibt es weder Original noch Kopie. Kultureller Transfer und Mischung, kreative sowie selektive Aneignung und performative Anpassung bilden den Motor der ästhetischen Entwicklung.

Auch im Bereich der sogenannten E-Musik sind Transfer- und Mischungsprozesse zu beobachten. Dies betrifft etwa die Einarbeitung anderer Traditionen in die Oper und die klassischen Musik (z. B. „alla turca", „Zigeunerweisen", arabische Elemente), die Auseinandersetzung mit Jazz, afrikanischer und asiatischer Musik in der modernen und der zeitgenössischen Musik (z. B. John Cage, György Ligeti, Kronos Quartett), aber auch die Rezeption der klassischen Musik in Asien. Das Neujahrskonzert der Wiener Philharmoniker wird inzwischen auf allen Kontinenten gesendet und von über 65 Millionen Menschen gehört, und Aufführungen des vierten Satzes von Beethovens neunter Symphonie – Friedrich Schillers von einem Chor gesungene *Ode an die Freude* –, gehören in Japan fast schon zur Nationalkultur (vgl. van Elteren 1996, S. 54).

Hybridität in der klassischen Musik

Der globale Musikmarkt

Schließlich müssen die ökonomischen Strukturen beachtet werden. Ein Großteil der globalen Musikproduktion wird von wenigen Labels beherrscht (70 Prozent von vier Tonträgerproduzenten im Jahr 2005), doch bedeutet das nicht, dass diese auch die Form und den Stil der erhältlichen Musik definieren. Aufgrund der neuen Möglichkeit, Musik im MP3-Format über Internet zu vertreiben und zu verbreiten, ist der globale Musikmarkt in den letzten Jahren in eine neue Phase des Umbruchs und der Reorganisation eingetreten.

12.2 Weltkunst, globale Kunst, globaler Kunstmarkt

Der britische Bildhauer Henry Moore bemerkte einmal:
„Die Welt hat mindestens dreißigtausend Jahre lang Skulpturen hervorgebracht. Durch die moderne Entwicklung der Nachrichtenübermittlung kennen wir heute einen großen Teil davon, und die paar Bildhauer Griechenlands aus einem Zeitraum von wenigen hundert Jahren machen unsere Augen nicht mehr blind für die bildhauerischen Leistungen des Rests der Menschheit." (Moore 1966 in: Wilkinson 1999, S. 35)

Visuelle Darstellungsformen, wie etwa Bilder und Skulpturen, existierten schon lange, bevor man damit begann, Sprache in der Schrift aufzuzeichnen. In den letzten Jahren wurde eine intensive bildtheoretische Debatte darüber geführt, wie ein Bild in Unterscheidung zu anderen Medien Bedeutung transportiert (→ ASB BRUHN). Zwischen Bildern oder Skulpturen und dem Dargestellten besteht (meist) eine visuelle Ähnlichkeit („ikonische Zeichen"), überdies sind sie meist gegenständliche Objekte. Dies unterscheidet sie grundsätzlich von Musik und Literatur. Denn in einer modernen ausdifferenzierten Gesellschaft haben sie als Einzelobjekte einen konkreten Marktwert. Gleichzeitig müssen sie dieser Vorstellung zufolge singulär und nicht reproduzierbar sein. Ein weiteres Spezifikum visueller Kunst besteht darin, dass man zwar sagt, Bilder könnten in einem übertragenen Sinne ‚sprechen'; doch bedürfen sie zusätzlich eines sprachlichen Diskurses, um Wert im ästhetischen wie im finanziellen Sinne zu erlangen.

<small>Das Spezifische der Kunst</small>

Wenn von Kunst im globalen Raum gesprochen wird, so muss auch hier zunächst geklärt werden, worin der Gegenstand besteht. Denn visuell wahrnehmbare Darstellungen, Bilder und Objekte haben in vielen Kulturen religiös-rituelle Funktionen inne (und hatten dies auch in Europa lange Zeit). Sie werden dann nicht als Kunst betrachtet. Eine als autonomer Bereich ausdifferenzierte Kunstsphäre entwickelte sich selbst in Europa erst im 18. Jahrhundert im Zuge von Säkularisierung und Moderne. Auf den in dieser Zeit ausgebildeten Vorstellungen basiert die Konzeption von Kunst, von der aus die künstlerischen Produktionen anderer Kulturen und Völker bewertet werden. Alle Formen, die diesem Kategorienraster nicht entsprechen, erscheinen als primitiv:

<small>Globale Kunst / moderne Kunst – Funktionszusammenhänge</small>

„Nicht-westliche Kunst bringt möglicherweise einen ganz fremden und unverständlichen Kunstbegriff in Institutionen hinein, die unsere eigene Kultur repräsentieren." (Belting 1999, S. 325)

Deshalb ist es auch in Bezug auf die Kunst in einer Situation globaler Vernetzung ausschlaggebend, die Bewertungskriterien zu überdenken.

So sind heute in der Kunst weniger die nationalen Grenzen entscheidend als vielmehr der Gegensatz zwischen westlicher und nicht-westlicher Kunst, über den Einschluss- und Ausschlussmechanismus gesteuert werden. Kulturelle Differenzen werden dem Modernisierungsparadigma entsprechend auf einer linearen Zeitskala eingetragen, auf der ‚unsere' westliche Zeit das Ziel der Bewegung und gleichzeitig den Beobachterstandpunkt markiert.

> Westliche und nicht-westliche Kunst

Eine fundamental andere Kunstvorstellung, deren Differenz nicht über ihre Funktion zu erklären ist, bietet die traditionelle ostasiatische Kunst an. Uchang Kim erläutert, dass es im Osten andere Zeit-Raum-Vorstellungen und Subjektkonzeptionen gibt. Die ostasiatische Kunstvorstellung geht nicht von einer rationalen, geometrisch organisierten Zentralperspektive aus, die das Sehen kontrolliert und ‚objektiviert', also realistisch machen soll, sondern vielmehr von einem subjektiven, nomadisierenden und flexiblen Sehen:

> Philosophische Differenzen

„Dem Betrachter wird kein fester Standort zugewiesen. Er wird weder als punktuelles Subjekt verstanden, noch als objektive Einheit in einem hierarchisch organisierten und geometrisch artikulierten Raum." (Kim 1998, S. 82)

Die westliche Kunst im 20. Jahrhundert öffnete sich in eben diese Richtung, sodass sich westliche und nicht-westliche Traditionen gegenseitig befruchten und verstehen können. Durch ein Aufbrechen der linearen (westlichen) Kunstgeschichte und die Denaturalisierung unserer Kunstvorstellung – und zwar dadurch, dass Darstellungsformen ineinander gespiegelt werden und sich gegenseitig perspektivieren, die von grundsätzlich unterschiedlichen Vorstellungen ausgehen – kann idealiter ein globaler Kunstraum als Kaleidoskop vielfach gebrochener, multiperspektivischer und dynamisch sich verändernder Welt‚bilder' entstehen.

> Konvergenzen

Beim Umgang mit nicht-westlicher Kunst gilt es zwei Klippen zu umschiffen. Zum einen besteht die Gefahr einer rein ästhetischen Annäherung, die nur auf ästhetisch-formale Elemente sieht und Kunstwerke ohne jeden Kontext versteht, zum anderen die Gefahr eines Kulturalismus, der Kunstwerke auf ihre kulturelle Herkunft reduziert (vgl. Scherer 1998, S. 56). Der zweite Ansatz macht Kunstwerke zu Untersuchungsobjekten der Ethnologie, während der erste ästhetische Kriterien anlegt, deren Funktionszusammenhang in der Kulturgeschichte des Westens liegt und daher nicht (notwendigerweise) sinnvoll auf andere Kulturen übertragen werden kann.

> Ästhetik versus Ethnologie

Aus diesem Gedankengang resultiert als wichtigste Bedingung, dass im Zuge einer Relativierung des westlichen Blickwinkels der Begriff der Moderne überdacht werden sollte. Andere Kulturen müssen andere Modernisierungsprozesse durchlaufen, die auf ihre Geschichte und ihre Kontexte zugeschnitten sind. Daher ist es sinnvoll, mit Shmuel N. Eisenstadt von „multiplen Modernen“ (Eisenstadt 2002), also von einem Spektrum unterschiedlicher Ausformungen der Moderne zu sprechen

Multiple Modernen

In der Kunst haben Kontakt und Austausch schon immer stattgefunden. Die Reise des französischen Malers Paul Gauguin nach Tahiti Ende des 19. Jahrhunderts wird als der Anfang eines Dialogs der Kulturen angesehen, der die moderne Kunst in entscheidender Weise prägte (vgl. Scheps 1999, S. 20). Weitere bedeutsame Kontaktmomente sind Pablo Picassos Bekanntschaft mit afrikanischen und polynesischen Masken in Paris Anfang des 20. Jahrhunderts, die ihn zum Kubismus führte, aber auch Auseinandersetzungen mit der „primitiven Kunst“ in der Malerei des deutschen Expressionismus bei Ernst Ludwig Kirchner, Max Pechstein, Paul Klee, August Macke, Emil Nolde und anderen. Doch handelt es sich hierbei nicht nur um die Übernahme von Stilelementen. Vielmehr ist eine bewusste Auseinandersetzung mit der Formsprache fremder Kulturen intendiert. Allerdings ist der Austausch zweifellos noch asymmetrisch.

Gauguin und die Folgen

Wesentlich für die Entstehung eines Bewusstseins von einer globalen Kunst sind Ausstellungen, die Kunstwerke aus allen Kontinenten zusammenführen. So gibt es inzwischen außer der Biennale in Venedig eine ganze Reihe weiterer wichtiger Biennalen außerhalb Europas, etwa in Dakar, Johannesburg, Shanghai, Istanbul, Jakarta, Havanna und São Paulo. Als symptomatisch für die rezente Entwicklung können die letzten Documentas in Kassel angesehen werden. Wenn mit der von Catherine David kuratierten Documenta 10 (1997) schon viele Aspekte der Globalisierung einen wichtigen Bezugspunkt darstellten, so trat dieses Thema bei der Documenta 11 (2002) in den Vordergrund. Die Documenta 12 (2007) schließlich verzichtete mit dem übergeordneten Konzept „Migration der Form“ in der Ausstellung auf die direkte politische Auseinandersetzung mit der Globalisierung zugunsten einer primär ästhetischen Annäherung an die Thematik. Es wurden Kunstwerke aus aller Welt präsentiert, die theoretischen Debatten fanden jedoch in einem Zeitschriftenprojekt sowie in täglichen Diskussionsveranstaltungen statt. Mit der Documenta 11 organisierte der in New York lebende Nigerianer Okwui Enwezor eine Ausstellung, die Kunst unmittelbar in den Globalisie-

Die neuen Biennalen

Documenta 10, 11 und 12

rungsdiskurs stellte. Dabei versuchte er, die Kunstobjekte weder zu ethnologisieren noch zu dekontextualisieren, sondern er legte eine prekäre Verbindung von Kunst und Politik als Auswahlkriterium zugrunde:

„Die Poetik dieser Ausstellung [...] [ist] eine Poetik der Mehrung und Vielfalt, [...] die an die Intelligenz und Tatkraft der Künstler appelliert, damit sie uns über andere Kunsttraditionen berichten, über neue Horizonte und Arbeitsmöglichkeiten, Produktionskontexte, Verschaltung des Künstlerischen mit dem Diskursiven, Momente der Schönheit und der Nichtübereinstimmung in Grundsatzfragen, [...] was zu einer neuen Wahrnehmung der Welt führen kann." (Enwezor 2002, S. 85)

Postkoloniale Inszenierungen

Dabei ist ein wesentliches Vorgehen das inszenierende Unterlaufen eurozentrischer Stereotype und Asymmetrierungen, das im Kontext des Postkolonialismus zu verstehen ist (wie etwa bei Yinka Shonibare, → ABBILDUNG 12). Zwar ist es aufgrund des „deterritorialisierten Aktionsraumes" heutiger Künstler in einer globalen Welt schwierig, sie jenseits der Stereotype kulturell festzulegen, gleichzeitig bestimmt aber eine nach wie vor westlich geprägte „institutionelle Struktur", „wie man sich auf der ganzen Welt ausdrückt." (Enwezor 2002, S. 85)

Entscheidend ist es daher für westliche Beobachter, vor allem die Gegenwartskunst aus anderen Weltgegenden zu verstehen:

Gegenwartskunst weltweit

„Deswegen werden wir von offensichtlich moderner Kunst aus anderen Kulturen [...] in unserem Denkschema so leicht irritiert. Wir stufen sie derzeit mit dem Modewort *hybrid* ein, wenn sie die moderne Entwicklung wie zu Unrecht nachvollzogen hat, statt authentisch und archaisch zu bleiben." (Belting 1999, S. 327)

So entsteht eine Gemengelage, in der heute auch die Kategorien kultureller Differenz nur noch bedingt greifen; denn woran sollte man etwa japanische, brasilianische oder indonesische Kultur in abstrakten Bildern erkennen können? Dazu kommt, dass in neuen Kunstformen wie der Video- und Internetkunst die Grenzen zwischen den Kulturen porös werden oder gar verschwinden.

Was als Kunst gezeigt, gehandelt und ausgestellt wird, entscheiden die internationale Kunstszene und der globale Kunstmarkt, die jedoch westlich dominiert sind. Dabei handelt es sich um ein Netzwerk von Künstlern, Kuratoren und Kunsthändlern. Der Wert eines Kunstwerkes ist einem Objekt nicht inhärent, sondern wird diskursiv verhandelt und festgelegt. Über die Aufnahme visuell-ästhetischer Objekte aus Ländern und Kulturen, die bisher kaum an die westliche

Weltkunst – Inklusion und Exklusion

Kunstszene angeschlossen waren, wird in diesem Netzwerk entschieden. Das heißt, dass nicht-westliche Kunst erst dann global sichtbar wird, wenn sie vom westlichen Kunstsystem wahrgenommen, akzeptiert und in Geldwert umgerechnet wurde.

Kunstmarkt und Kunstwelt legen widerruflich den Wert eines Künstlers, seines Personalstils und seiner Kunstwerke fest. Dabei meint hier Wert beides: den Geldwert und den ästhetischen Wert. Diese müssen nicht immer korrelieren, sind aber selten voneinander unabhängig.

Diskurs und Marktwert

Abschließend bleibt zu fragen, was die Kunst zur Globalisierungsdebatte beitragen, was sie also zeigen kann, das sich nicht sagen lässt:

Kunst und Globalisierung

„Bildet sie die Globalisierung nur ab, oder bringt sie uns in ein neues erkenntnismäßiges und sinnliches Verhältnis zu dem, was Globalisierung meint?" (Heinrichs 1997, S. 96)

12.3 Weltkino, globaler Film, globaler Filmmarkt

Anfang 2009 gewannen zwei Filme aus nicht-westlichen Ländern die wichtigsten Filmpreise des Jahres: Der Film *La teta asustada* aus Peru (ein Land, das zum ersten Mal überhaupt an der Berlinale teilnahm) gewann den Goldenen Bären 2009, und die britisch-indische Produktion *Slumdog Millionaire* gewann den Oscar als bester Film. Obgleich damit keineswegs die Dominanz Hollywoods gebrochen ist, können diese Preise als Zeichen eines allmählichen Wandels der globalen Filmlandschaft gedeutet werden. Dabei herrscht immer noch das nationale Paradigma vor, selbst wenn viele Filme nicht mehr eindeutig national zuzuordnen sind.

Der Film im Zeitalter der Globalisierung

Analog zu Musik und Kunst kann auch hinsichtlich des Films zwischen Weltkino, globalem Film und Globalisierungsfilm unterschieden werden.

Weltkino, globaler Film und Globalisierungsfilme

- Weltkino ist ein Begriff, der einerseits alle Filme aus der ganzen Welt, andererseits das Kino der nicht-westlichen Welt, manchmal auch alle Nicht-Hollywood-Filme meint.
- Der globale Film meint Filme, in denen sich der Kontakt zwischen verschiedenen Kulturen und Filmkulturen beobachten lässt.
- Schließlich gibt es Filme, die explizit die Globalisierung als Prozess der Gegenwart thematisieren.

Von Beginn an war der Film kommerziell orientiert, und heute ist er Bestandteil eines übergreifenden transnationalen Systems:

> „Heute gehört der Film zu einem enormen multinationalen System, das aus Fernsehgesellschaften, neuen Technologien der Produktion und der Distribution und internationalen Koproduktionen besteht. [...] Durch diese transnationalen Prozesse der Filmproduktion, der Finanzierung und Distribution, wird es zunehmend sinnvoll, von einem ‚Weltkino' auszugehen." (Chaudhuri 2005, S. 2, Übers. d. Verf.)

Der entscheidende Unterschied zwischen Literatur, Musik und Kunst einerseits und dem Film andererseits besteht darin, dass es keine Filmtradition gibt, die sich außerhalb des Westens oder von ihm unabhängig entwickelt hätte. Während in Afrika, Asien oder Amerika seit Jahrtausenden Skulpturen oder Bilder ohne den Einfluss westlicher Technologien verfertigt wurden, beginnt das Kino im späten 19. Jahrhundert mit einer Folge technischer Erfindungen. Einen vormodernen Film kann es nicht geben. Auch kulturbedingt unterschiedliche Entwicklungen gingen von technisch gleichen Ausgangsbedingungen aus und sind daher medientechnisch im Rahmen von Austauschbeziehungen zu analysieren. Der Film spiegelt insofern die globale Verflechtung sowie deren radikale Asymmetrien hinsichtlich der Verteilung von Macht und Geld wider; authentische Formen gibt es in einer immer schon technisch (re)produzierten Kunst nicht.

<small>Film und Technologie</small>

Wenn nun von kultureller Globalisierung die Rede ist, wird – beinahe reflexartig – Hollywood genannt. Als populäres Massenmedium diente der Film stets der Integration von Menschen aus sehr unterschiedlichen Kulturen (→ KAPITEL 7). Diese Funktion ist insbesondere dem Hollywood-Kino auch heute noch eingeschrieben, da es sich weit mehr als etwa das europäische Kino an Genres orientiert, die Erwartungen bündeln und so Filme berechenbar machen. Dabei weist es gezielt über den amerikanischen Markt hinaus:

<small>Hollywood und die kulturelle Globalisierung</small>

> „International wurde das amerikanische Kino [...] durch das Ausspielen der Marktmacht, durch Abwerben der nationalen Stars und deren Integration in den amerikanischen Film. Hinzu kam ein zunehmendes Aufgreifen von Darstellungsmotiven aus der ganzen Welt und eine Präsentation von internationalen Schauplätzen als Handlungsorte für die Filme." (Hickethier 2001, S. 120)

Der Hollywood-Film wird so produziert, dass er überall auf der Welt verstanden und an möglichst viele Erfahrungskontexte angeschlossen werden kann. So wurde ein Arsenal von Themen und Erzählformen entwickelt, die leicht transportabel sind.

<small>Transnationale Finanzierung</small>

Doch auch die Finanzierung von Hollywood-Produktionen beschränkt sich keineswegs auf amerikanische Investoren:

„Der globalisierte Filmmarkt wird seit längerem von den amerikanischen Majors beherrscht, was Umsätze und die Bild- und Symbolproduktion betrifft. Das Geld und die Filmemacher der multikulturellen Hollywood-Produktionen kommen freilich aus aller Herren Länder – ein Fünftel der jährlich ca. 15 Mrd. Dollar Produktionskosten stammen aus Deutschland. Allerdings werden in Europa mehr Filme produziert als in den USA und Japan zusammen. Mehr Filme als in den USA, Europa und Japan entstehen in Indien." (Hippe 2001, S. 47)

Trotz dieses Befundes sind amerikanische Filme auf fast allen Leinwänden des Globus zu sehen. Der Blockbuster *Titanic* war 1998 der bis dahin erfolgreichste Film weltweit. Aber in Japan, Südkorea, Schweden, Norwegen und Finnland fanden andere Filme mehr Zuschauer, und in Indien wurde *Titanic* zu einem Flop (vgl. Chaudhuri 2005, S. 1). Vor allem in den Ländern, die auch ökonomisch die Globalisierung prägen, etwa in einigen asiatischen Nationen, nimmt die Filmproduktion zu. So ist auch hier die Verknüpfung von Kultur und Wirtschaft höchst aufschlussreich. [Der globale Filmmarkt]

Jeder Film wird bestimmten Konventionen entsprechend produziert. Das westliche Unterhaltungskino basiert zum Beispiel auf linearen Erzählungen, zielorientierten Protagonisten, Stars und zunehmend auch auf spektakulären Handlungsstrukturen und Spezialeffekten. Das nicht-westliche Kino besitzt seine eigenen Konventionen. [Film und Konventionen]

Indien verfügt über die weltweit größte Filmproduktion. Daher lohnt es sich, das indische Kino als Beispiel für nicht-westlich geprägtes Weltkino zu betrachten. Das Hauptmuster der populären Hindi-Filme ist das sogenannte *Masala*-Muster, also die Mischung verschiedener Genres und Formen. Diese Filme gehen auf die klassischen indischen Epen sowie auf das Volkstheater zurück, das an ein Massenpublikum gerichtet war. Hieraus wurde die Mischung aus Melodrama, Spektakel, Gesang und Tanz entwickelt, die für das populäre indische Kino typisch ist (vgl. Chaudhuri 2005, S. 138). Da viele dieser Formen auf mündliche Traditionen zurückzuführen sind, sind Bollywood-Filme besonders in den Ländern populär, in denen es eine große Zahl von Analphabeten gibt. Was die Anschließbarkeit, die Formelhaftigkeit und Berechenbarkeit bezüglich der Erwartungen des Publikums angeht, sind sich Hollywood und Bollywood sehr ähnlich. Aus den USA wurde das Starsystem übernommen. Weil in Indien die Gemeinschaft immer wichtiger ist als das Individuum (vgl. Chaudhuri 2005, S. 141), unterscheiden sich jedoch die Codes der [Beispiel: Bollywood]

Glaubwürdigkeit. Allerdings existiert in Indien auch ein starkes unabhängiges Kunstkino (*New Indian Cinema*), das auf politische Projekte zurückgeht und nicht an die genannten Formeln gebunden ist (vgl. Chaudhuri 2005, S. 144–148).

Der europäische Film

Einen anderen Gegenpol zum amerikanischen Genrekino bildet das europäische Autorenkino, das sich durch einen hohen Differenzierungsgrad sowie das Fehlen einheitlicher Muster auszeichnet. Der Filmwissenschaftler Knut Hickethier sieht die Gründe hierfür sowohl in der europäischen Sprachenvielfalt als auch darin, dass sich bisher keine übergreifenden europäischen ‚Mythen' entwickelt haben (vgl. Hickethier 2001, S. 124). Außerdem wird die Filmförderung in Europa zur Förderung von Nationalkulturen verwendet. Aus deutscher Perspektive gilt, dass es inzwischen zwar Filme gibt, die sich mit inter- und transkulturellen Themen befassen (von Fatih Akin etwa), dass diese jedoch nicht global rezipiert werden. Die europäische Vielfalt im Film wirkt sich also eher trennend als verbindend aus.

Filme ‚über' Globalisierung

Alejandro González Iñárritus *Babel* (2006; → KAPITEL 8.4) dürfte einer der wohl prominentesten Filme sein, der die Globalisierung filmisch inszeniert. *Syriana* (2005) des Regisseurs Stephen Gaghan, ein Film, der die amerikanische hegemoniale Außenpolitik, die Ölindustrie und den islamischen Fundamentalismus eng miteinander verzahnt, inszeniert die negativen Aspekte der Globalisierung, wie Machtausübung, Korruption, Hoffnungslosigkeit und Suche nach Halt. Die Protagonisten in Sofia Coppolas *Lost in Translation* (2003) bewegen sich durch Tokio, ohne Japanisch zu sprechen. Sie können die fremden Zeichen in mehrfacher Hinsicht nicht lesen, erreichen aber auch in ihren eigenen Beziehungen keine Verständigung. Auch über Erzählstrukturen kann Globalisierung zum Thema werden: Jim Jarmuschs *Night on Earth* (1991) erzählt fünf Geschichten, die alle zur selben Zeit, jedoch in verschiedenen Zeitzonen spielen (Los Angeles, New York, Paris, Rom und Helsinki); der Episodenfilm *11'09"01* (2002) besteht aus kurzen Filmen zum Thema der Anschläge des 11. September 2001 von Regisseuren aus elf verschiedenen Ländern.

Globalisierungskritische Filme

Schließlich sind globalisierungskritische Filme zu nennen, wie etwa der Film *We Feed the World – Essen global* (2005) des Österreichers Erwin Wagenhofer oder der ebenfalls dokumentarische Film *An Inconvenient Truth* (Oscar-prämiert im Jahr 2007) des ehemaligen amerikanischen Vizepräsidenten und Friedensnobelpreisträgers Al Gore, die beide auf die wirtschaftlichen und ökologischen Folgen einer unkontrollierten Ausbeutung von Menschen und Ressourcen weltweit hinweisen und zu politischem Engagement gegen die negativen Aspekte der ökonomischen Globalisierung aufrufen.

Wie lassen sich Filme mit Blick auf Globalisierung ‚lesen'? Ebenso wie Weltliteratur impliziert auch Weltkino eine Perspektive, die im Vergleich und in der Austarierung unterschiedlicher kultureller, nationaler und transnationaler Formen und Konstellationen über die Fixierung auf nationale Traditionen hinauszugehen erlaubt. Es geht vor allem darum, eingefahrene Erwartungen bezüglich des Kinos aufzubrechen. So erweisen sich einerseits visuelle, narrative und akustische Formen als kontingent, veränderbar und kontextspezifisch, andererseits zeigen die dargestellten Welten eine Vielfalt von Lebensformen, die die jeweils eigene relativieren und in Beziehung zu anderen setzen kann.

Filme global sehen

Fragen und Anregungen

- Diskutieren Sie, wie sich die globale Musikszene durch die Migrationsbewegungen nach dem Zweiten Weltkrieg verändert hat.
- Überlegen Sie, warum das Performative hinsichtlich der Aneignung von Musikformen im globalen Kontext so wichtig ist.
- Lassen sich in Bezug auf Werke der „Weltgegenwartskunst" (etwa die auf den letzten Documentas gezeigten) noch spezifische kulturelle und nationale Zugehörigkeiten feststellen?
- Warum sind die Biennalen, auch die in nicht-westlichen Ländern, wichtig als Orte der Neuverhandlung der Kunst?
- Warum bedeutet Weltkino mehr als nur Filme, die aus verschiedenen Ländern kommen?
- Diskutieren Sie einige Merkmale des Hollywood-Kinos in Bezug auf seine globale Wirkung.

Lektüreempfehlungen

- **Susanne Binas: Populäre Musik als Prototyp globalisierter Kultur,** in: Bernd Wagner (Hg.), Kulturelle Globalisierung. Zwischen Weltkultur und kultureller Fragmentierung, Essen 2001, S. 93–105. *Diskutiert die Popmusik im Rahmen der Globalisierung mit Blick auf technische und ökonomische Kontexte.*

Musik

MUSIK, KUNST UND FILM GLOBAL

- Philip V. Bohlmann: **World Music. A Very Short Introduction,** Oxford 2002. *Umfassende und gut lesbare Einführung in die wesentlichen Aspekte der Weltmusik.*

Kunst
- Hans Belting / Lydia Haustein (Hg.): **Das Erbe der Bilder. Kunst und moderne Medien in den Kulturen der Welt,** München 1998. *Kunstwissenschaftler aus Europa und Ostasien führen einen Dialog über die kulturellen Voraussetzungen der Kunst.*

- Marc Scheps / Yilmaz Dziewior / Barbara M. Thiemann: **Kunst-Welten im Dialog. Von Gauguin zur globalen Gegenwart,** Köln 1999. *Präsentiert Kunst im globalen Austausch in Bild und Text.*

Film
- Shohini Chaudhuri: **Contemporary World Cinema,** Edinburgh, 2005. *Blickt auf das Kino in verschiedenen Bereichen der Erde.*

- Knut Hickethier: **Hollywood, der europäische Film und die kulturelle Globalisierung,** in: Bernd Wagner (Hg.), Kulturelle Globalisierung. Zwischen Weltkultur und kultureller Fragmentierung, Essen 2001, S. 113–131. *Die Dominanz des Hollywood-Films wird historisch erklärt und im Kontext der kulturellen Globalisierung mit dem Kino anderer Kulturen, wie etwa den europäischen, verglichen.*

13 Die globale Stadt

Abbildung 13: Diversity, Fotografie aus: Florian Böhm/Luca Pizzaroni/Wolfgang Scheppe, ENDCOMMERCIAL. Reading the City (2002)

DIE GLOBALE STADT

Die Fotografie zeigt einen jungen Afroamerikaner, der für „Diversity", für Vielheit und Unterschiedlichkeit in ethnisch-kulturell-sozialgeschlechtlicher Hinsicht demonstriert. Er befindet sich in New York City vor einer neoklassizistischen Fassade, die zu einem städtischen Verwaltungsgebäude oder auch einer Bank gehören könnte. Er kämpft gegen Rassismus und die Ausgrenzung von Menschen, die anderen Kulturen angehören. Mit Blick auf die globale Stadt par excellence, New York City, sind die beiden wichtigsten Aspekte damit bereits vorgestellt: Globale Städte zeichnen sich durch die Mannigfaltigkeit der Menschen aus, die in ihr (auch miteinander) leben; und sie sind die ökonomischen Zentren, vor allem die Finanzzentren der Welt. Beides hängt zusammen. Oft zeichnen sich diese Städte auch durch die unmittelbare Nachbarschaft von postmodernen High-Tech-Zentren und Arealen aus, in denen die Armut konzentriert ist. Die positiven Seiten wie auch die Widersprüche der Globalisierung lassen sich in den großen Metropolen am besten beobachten.

Globale Städte, Weltmetropolen sind die Leit- und Schaltzentralen der Globalisierung. Sie können als Knoten im Netzwerk weltumspannender Prozesse und Verbindungen aufgefasst werden. Dies betrifft sowohl Ströme von Menschen aus aller Welt wie auch Geld, Waren und Informationen. Metropolen sind daher transitorische Orte, die sehr Unterschiedliches aufnehmen können, in denen vergleichsweise hohe Toleranz gegenüber Anderem herrscht und die mit weit Entferntem in Kontakt stehen. Städte sind historisch aus Märkten entstanden. Sie sind insofern auch strukturell auf das Zusammentreffen von Fremden eingestellt, sind potenziell kosmopolitisch, aufgrund des Zusammentreffens von Unterschieden kulturell kreativ und von der Geldwirtschaft geprägt. Als Lebens- und Gesellschaftsform sind Städte immer schon auf Globalisierung eingestellt, die ihrerseits von ihnen ausgeht. Denn Städte sind, anders als Nationen, für Fernkontakte offen. Sie sind Orte des Heterogenen, des abstrakten Verkehrs zwischen Menschen, des Mobilen, aber auch Orte, an denen gerade aufgrund der Reibung des Differenten immer wieder neue kulturelle Ausdrucksformen entstehen.

13.1 **Metropolen und Globalisierung**
13.2 **Weltstädte, globale Städte, Megastädte**
13.3 **Städte als transkulturelle Räume**
13.4 **New York City und Berlin**

13.1 Metropolen und Globalisierung

Metropolen sind Brennspiegel der Globalisierung. Globalisierung wäre ohne Städte nicht denkbar und ist in ihrer historischen Entwicklung an sie gebunden. Die Rede von Knoten und Netzwerk, die zunächst als theoretisches Modell eingeführt wurde (→ KAPITEL 4.2), trifft hier konkret zu: Die großen Städte sind ganz buchstäblich Knoten innerhalb eines globalen Netzes, das sie materiell bilden; man spricht z. B. bei Verkehrs- und Kommunikationsnetzen explizit von Knotenpunkten. Wenn Globalisierung auf Mobilität und Kommunikation, auf Austausch von Geld, Waren, Informationen, Wissen und Kultur und dem Zusammentreffen von Menschen basiert, dann muss es Orte geben, an denen dies stattfindet. Das sind die globalen Städte.

Stadt und Globalisierung

Die großen Städte sind Orte, wo Menschen aus der ganzen Welt leben, durchreisen bzw. vorübergehend weilen; es sind die Steuerungszentralen und Kommunikationsknoten der Wirtschaft und der Finanzwirtschaft; es sind die Orte, an denen Medien agieren und über Grenzen hinweg wirkende Ereignisse und Produkte herstellen. Aufgrund des Nebeneinanders von kulturell Differentem entstehen hier neue Formen der Kunst und der Kultur. Und schließlich zeigen sich in den Metropolen die Möglichkeiten transkultureller und temporärer Gemeinschaften einerseits sowie die Konflikte und Bruchlinien des Zusammenlebens von Fremden andererseits. Deshalb können (globale) Städte nur transdisziplinär erforscht werden.

Ökonomie / Kultur / Gesellschaft

Wichtige Hinweise auf die gesellschaftliche Grundstruktur des Städtischen verdanken wir dem Philosophen Georg Simmel. In seinem Aufsatz *Die Großstädte und das Geistesleben* (1903) beschreibt Simmel nicht nur die Veränderungen im Verhalten der Bewohner von Großstädten, die erst vor kurzem zu Metropolen angewachsen waren, sondern auch Strukturen, die ihr Globalisierungspotenzial *in nuce* erfassen:

Georg Simmel

„Die Großstädte sind von jeher die Sitze der Geldwirtschaft gewesen, weil die Mannigfaltigkeit und Zusammendrängung des wirtschaftlichen Austausches dem Tauschmittel eine Wichtigkeit verschafft, zu der es bei der Spärlichkeit des ländlichen Tauschverkehrs nicht gekommen wäre. [...] Die moderne Großstadt aber nährt sich fast vollständig von der Produktion für den Markt, d. h. für völlig unbekannte, nie in den Gesichtskreis des eigentlichen Produzenten tretende Abnehmer." (Simmel 1995, S. 118)

Stadt und Geldwirtschaft

Simmel betont eine vom Geld symbolisierte und vom Geld beförderte Abstraktheit der Kommunikation, die von Kontexten absieht, also im strengen Sinne deterritorialisiert operiert. Weil deutlich weniger direkter persönlicher Kontakt – und so auch weniger Kontrolle des Verhaltens – existiert als in kleinen ländlichen Gemeinschaften, ist die Koexistenz einer Vielzahl auch kulturell unterschiedlicher Lebensformen möglich. Simmel nennt daher „Großstädte auch die Sitze des Kosmopolitismus" (Simmel 1995, S. 126). Ausschlaggebend für Prozesse der Globalisierung ist die Orientierung an Fernbeziehungen:

> „Für die Großstadt ist dies entscheidend, dass ihr Innenleben sich in Wellenzügen über einen weiten nationalen oder internationalen Bezirk erstreckt. [...] so besteht auch eine Stadt erst aus der Gesamtheit der über ihre Unmittelbarkeit hinausreichenden Wirkungen." (Simmel 1995, S. 126f.)

Der Philosoph Manuel de Landa weist darauf hin, dass die wöchentlichen Märkte in den Städten aus historischer Perspektive

> „veritable Motoren darstellten, die periodisch Menschen und Güter von nahen und fernen Regionen konzentrierten und sie dann wieder in Bewegung setzten, entlang einer Vielzahl von Handelskreisläufen." (de Landa 2000, S. 28, Übers. d. Verf.)

Märkte als selbstorganisierende Systeme

Märkte versteht de Landa als selbstorganisierende Systeme. „Obwohl große Akkumulationen von Geld neue kommerzielle Hierarchien schufen, führte dies doch zu einer Abnahme der Macht von Zentralstaaten und der gleichzeitigen Zunahme der Autonomie von Städten." (de Landa 2000, S. 36, Übers. d. Verf.) Es waren die Städte als Kreuzungspunkte von Handelsrouten, die kulturellen Kontakt und ökonomische Verbindungen erzeugten und so schon früh globalisierend wirkten. Städte haben insofern Prozesscharakter, sie sind gekennzeichnet durch Dynamik, permanenten Wandel und Flexibilität. Spätestens seit dem Mittelalter existierte eine Konkurrenz zwischen Staaten und Städten, wobei die Städte eng mit dem Handel verbunden waren.

Wenn man auf Städte fokussiert, so ergeben sich Kartierungen des Globus und geschichtlicher Räume, die sich deutlich von solchen unterscheiden, die auf Grenzen zwischen Staaten, Imperien oder Nationen basieren. Die Globalisierung macht genau diese Beziehungen als „Scapes" und ‚Flüsse' zwischen Städten wieder sichtbar und stärkt deren Dynamik:

Stadt in Kontrast zu Staat und Nation

> „Es ist dem modernen Nationalstaat weder formal noch ideologisch möglich, die gelebte Erfahrung der mehrdeutigen Solidarität, der vielfachen Identitäten und Zugehörigkeiten und der durchläs-

sigen Grenzen, die mehr wie Übergänge denn wie Barrieren sind, anzuerkennen. Solche Erfahrungen können leichter in der Logik und Kultur von Städten als von Nationen aufgenommen werden." (Bender 2003, S. 243, Übers. d. Verf.)
Wenn Städte als Knoten aufgefasst werden, so müssen sie auch von ihren Austauschverhältnissen her verstanden werden: „Verbindungen sind geradezu die *raison d'être* von Städten. Es gibt nicht die einzelne Stadt, die alleine funktioniert; Städte existieren immer in Scharen [...]." (P. Taylor 2004, S. 1f., Übers. d. Verf.) Zu untersuchen sind deshalb die Beziehungen zwischen Städten. Der Geograf Peter J. Taylor schlägt eine „geohistorische Interpretation von Weltstädten in Netzwerken" vor (P. Taylor 2004, S. 7, Übers. d. Verf.). Hierdurch entsteht eine „neue räumliche Logik" (Castells 2001, S. 433) mobiler und dynamischer Entwicklungen. Weder Untersuchungen einzelner Metropolen noch komparative Studien können diese Prozesse ausreichend beschreiben. Vielmehr sollte von Kommunikationen ausgegangen, sollten Städte als Schnittpunkte aufgefasst werden. Das System oder Netzwerk selbst, also die Verbindungen und Austauschprozesse stehen im Vordergrund. Ein solcher Blick auf das Netzwerk der großen Städte zeigt globale Bewegungen des Austauschs und des Kontakts, die über die Grenzen des Nationalstaats hinweggehen.

Relational statt komparativ

13.2 Weltstädte, globale Städte, Megastädte

Dem Stadtgeografen David Clark zufolge leben heute über drei Milliarden Menschen in Städten und Großstädten, während vor 1970 große Teile der Erde noch nicht verstädtert waren: „[...] die gegenwärtige Verschiebung vom Ländlichen zum Städtischen stellt die größte Verschiebung des geografischen Bevölkerungsschwerpunktes dar, die jemals festgestellt wurde." (Clark 1996, S. 4, Übers. d. Verf.) Der Grund hierfür ist die neue weltweite Arbeitsteilung. Mit Blick auf die aktuelle Gegenwart müssen zunächst die Termini der globalen Städte, der Weltstädte, der Megastädte sowie der Metropolen und Postmetropolen unterschieden werden.

Metropolen seit 1970

Schon 1986, als der Begriff der Globalisierung noch weitgehend unbekannt war, formulierte der amerikanische Stadt- und Raumplaner John Friedmann seine Weltstadt-Hypothese, mit der er die Entwicklungen der Städte und der globalen Wirtschaft aufeinander bezog und zu erfassen suchte. Seine Hauptthesen:

Weltstadt

1. „Die Form und der Grad der Integration einer Stadt in die Weltwirtschaft sowie die Funktionen, die sie in der neuen räumlichen Arbeitsteilung einnimmt, werden entscheidend für alle strukturellen Veränderungen sein, die in ihr geschehen."
2. „Schlüsselstädte auf der ganzen Welt werden vom globalen Kapital als ‚Basispunkte' in der räumlichen Organisation und Ausformung von Produktion und Märkten verwendet." (Friedmann 1995, S. 317, Übers. d. Verf.)

Weiterhin weist er darauf hin, dass sich die globale Kontrollfunktion in der Beschäftigungsstruktur der Städte zeigt, dass hier internationales Kapital konzentriert wird, dass die Weltstädte das Ziel sehr vieler Migranten sind und es daher auch große Klassenunterschiede gibt (vgl. Friedmann 1995, S. 317–327). Weltstädte sind also die Zentren der Globalisierung.

Globale Stadt

In ihrem Buch *The Global City. New York, London, Tokyo* (1991) geht die Stadtsoziologin Saskia Sassen von zwei zunächst gegensätzlichen Entwicklungen aus. Sie konstatiert Prozesse der Dezentralisierung wie auch der Konzentration. Denn obwohl Arbeitsplätze in sogenannte Schwellenländer verlagert werden, wachsen die westlichen Metropolen. Explizit gegen die These von einer „Vernichtung des Raumes durch die Zeit" (David Harvey) gerichtet, konstatiert sie gerade in Zeiten der Globalisierung eine neue Verdichtung des metropolitanen Stadtraumes und die Zunahme der Bedeutung von Großstädten:

„Die Globalisierung brachte eine neue Ballungslogik hervor, eine neue Dynamik des Raums im Spannungsfeld zwischen Streuung und Zentralisation. Der durch die Datenfernverarbeitung bewirkten Neutralisierung der Entfernungen entspricht ein neuer Typus von Zentralraum." (Sassen 1994, S. 75)

Steuerungszentralen und Migrationszentren

Die globalen Städte sind sowohl Steuerungszentralen wie auch Migrationszentren:

„In neuerer Zeit haben sich Städte wie New York, Los Angeles und London zu strategischen Stützpunkten entwickelt. Einerseits fungieren sie als Leitungszentralen, als globale Marktplätze für Finanzierungsgeschäfte sowie Produktionsstätten der Informationsökonomie. Andererseits umfassen sie eine Vielfalt von Wirtschaftstätigkeiten, Arbeitergruppen und kulturellen Umfeldern, die zwar nie als Teil der globalen Wirtschaft dargestellt werden, tatsächlich aber ebenso zur Globalisierung gehören wie das internationale Finanzwesen. Die Gleichzeitigkeit dieser Unterschiede macht die Städte zu einem umstrittenen Feld." (Sassen 1994, S. 87f.)

WELTSTÄDTE, GLOBALE STÄDTE, MEGASTÄDTE

Wenn globale Städte durch Einwanderung wie auch durch Geld- und Warenströme charakterisiert sind, so werden die konkreten Orte, an denen Menschen arbeiten, auch im digitalen Zeitalter keineswegs überflüssig. Dies hatte der Geograf Robert Fishman behauptet, als er die Stadt zu einem obsoleten Lebens- und Arbeitsraum erklärte:

> „Meines Erachtens gehören Saskia Sassens ‚globale Städte' [...] in die Zeit der Stadtentwicklung zwischen 1550 und 1914. [...] Die eigentlichen Neuerungen ereignen sich nicht im Zentrum, sondern an der Peripherie." (Fishman 1994, S. 91f.)

Das Ende des Zeitalters der Städte?

Das dezentralisierte Wuchern der Vorstädte bedeutet aus dieser Perspektive „die Verkörperung einer radikal neuen, die Zukunft des Raums umwälzenden Raum-Zeit-Auffassung" (Fishman 1994, S. 105).

Auch wenn Fishmans These etwas überzogen erscheint, so ist doch richtig, dass sich die Form wie auch die Funktion von Stadt in den letzten Jahrzehnten gewandelt haben. Ein deutsches Beispiel wäre der Umbau des Ruhrgebiets von der Kohle- und Stahlproduktion zu einem Dienstleistungszentrum. Man spricht von der postfordistischen Stadt – Henry Ford führte mit dem Produktionsband eine Form industrieller Fertigung ein, die inzwischen in Länder der ‚Dritten Welt' ausgelagert wurde –, von Städten im postkolonialen Zeitalter mit ihren veränderten Bevölkerungsstrukturen und von der postmodernen Stadt, wenn auf die neuen Kommunikationswege und die sogenannte Informationsökonomie hingewiesen wird.

Die postfordistische Stadt

Die postmoderne Stadt

Um diese neuen Entwicklungen adäquat beschreiben zu können, hat der Stadtsoziologe Edward Soja sechs „Diskurse" zusammengestellt, mit denen sich die Entwicklung der Postmetropolen seit den 1970er-Jahren im Kontext geohistorischer Zusammenhänge erklären lässt und die sowohl die Verdichtung wie auch das Wachstum der Peripherie einbeziehen. Weil polyzentrische Stadtformen entstanden sind, spricht er von neuen Stadtraumagglomeraten. Seine Diskurse umfassen

Diskurse der Postmetropole

- die postfordistische industrielle Metropole, die sich nicht mehr in erster Linie durch die Produktion von Gütern finanziert,
- die Cosmopolis, die global vernetzt ist,
- die Exopolis, die die räumliche Neustrukturierung des Stadtraumes im Sinne polzyentraler, weitverzweigter Stadtregionen meint,
- die fraktale Stadt, die die Aufsplitterung von Städten in oft wenig miteinander verbundene Teile und Schichten (Ethnien und Klassen) meint,
- die karzerale Stadt, die auf abgegrenzte Gemeinschaften (*gated communities*) anspielt,

- und schließlich „simcity", ein Begriff, der auf die Ebene der Informations- und Kommunikationstechnologien sowie die ‚Bilder' der Stadt verweist, die virtuell erzeugt werden, doch unser Verhalten in und gegenüber der Stadt stark beeinflussen (vgl. Soja 2004).

Diese Postmetropolen lassen sich in der Tat nicht mehr mit dem Instrumentarium erfassen, das für die Städte des ausgehenden 19. und des 20. Jahrhunderts entwickelt wurde.

Duale Stadt

Weitere Neubestimmungen sind die „duale Stadt" (*Dual City*, Mollenkopf/Castells 1991), womit auf die Doppelung von finanziellen Schaltzentralen und Stadtteilen mit verarmter Bevölkerung hingewiesen wird, sowie die Metapher des Mosaiks, die eine städtische Dynamik der inneren Zersplitterung meint, welche nicht mehr durch übergreifende Strukturen zusammengehalten wird. Besonders in Städten ist die Kluft zwischen denen, die auch global integriert, und denen, die aus der Weltgesellschaft ausgeschlossen sind, besonders groß.

Mosaik

Megastädte

Eine andere Unterscheidung ist die zwischen globalen Städten und Megastädten wie Mexico City, São Paulo, Shanghai und Mumbai:

> „Als Knotenpunkte einer transnational organisierten kapitalistischen Ökonomie sind Global Cities [...] internationale Zentren – im Unterschied zu der großen Mehrzahl der Megastädte, die als nationale Zentren fungieren." (Bronger 2004, S. 144)

Dem Geografen Dirk Bronger zufolge existieren globale Städte bisher nur im hoch entwickelten Norden. Auch wenn den neuen Megastädten in den Entwicklungs- und Schwellenländern die wichtige Funktion zufällt, diese Gesellschaften in globale Prozesse zu integrieren, so bleibt die *„funktionale Megapolisierung der Erde* [...] bislang auf die Industrieländer [...] beschränkt." (Bronger 2004, S. 155)

Hierarchien und Rankings

Inzwischen werden verschiedene Hierarchien von Weltstädten erstellt, wobei nur New York City, London und Tokio unangefochten an der Spitze stehen. Allerdings existiert die in jeder Hinsicht globalisierte Stadt nicht. Jede Metropole weist unterschiedliche Stärken und Schwächen auf. Denn es gibt mehrere, sich nur teilweise überschneidende globale Netzwerke, in denen jeweils unterschiedliche Bereiche wie etwa Finanzwirtschaft, Politik oder Kultur dominieren.

13.3 Städte als transkulturelle Räume

Transkulturelle Städte statt Nationalkulturen

Was bedeuten diese sozialen und ökonomischen Entwicklungen für die Kulturanalyse? Metropolen und Stadtkulturen bieten sich dann als privilegierte Untersuchungsobjekte an, wenn kulturelle und künstlerische Entwicklungen nicht mehr allein im Rahmen von Nationalkulturen erklärt, sondern die Pluralität und Dynamik zeitgenössischer Ausdrucksformen in Betracht gezogen werden sollen. Städte sind zwar räumlich begrenzt, also ‚studierbar', aber transnational und -kulturell vernetzt. Dennoch lässt sich mit Blick auf die Großstädte auch Wesentliches über die kulturellen und ästhetischen Entwicklungen *innerhalb* eines Landes herausfinden, da diese heute meist in polykulturellen Metropolen entstehen.

Abstrakt lassen sich Globalisierung und Globalität nur schwer beobachten. Dies gilt besonders für die Zirkulation von Geld und Kommunikationen, aber auch von Menschen und Gütern. Deshalb ist es sinnvoll, die Knotenpunkte im Netz zu betrachten, in denen sich ‚Ströme' und ‚Flüsse' schneiden und in denen das Zusammentreffen sichtbar wird. Städte sind die Orte des Transitorischen, der Heterogenität, der Mannigfaltigkeit. Globale Kultur findet in den Weltstädten statt, entwickelt sich dort und wird auch als Dimension des Stadtraums inszeniert. Auch die Vorstellung des mentalen, des imaginären Raums der Stadt nimmt die Vielheit der Kulturen und Ethnien in sich auf. Der entscheidende Punkt ist mithin, dass die großen Metropolen weltweite Prozesse wie Brennspiegel verdichten. Die ‚Welt' ist in den globalen Städten anwesend, und globale Prozesse werden dort vorangetrieben.

<small>Versionen des Globalen in den Metropolen</small>

In einem Essay über New York und Berlin führen die Kulturwissenschaftler Susanne Stemmler und Sven Arnold den Begriff des „transkulturellen Kapitals" ein, mit dem sie ausloten möchten, welchen Mehrwert Großstädte aus dem Potenzial erwirtschaften können, das sich aus der Präsenz von Menschen aus vielen Nationen und Kulturen ergibt:

<small>Transkulturelles Kapital</small>

> „Lineare und eindimensionale Konzepte zur Beschreibung der Zirkulation sprachlicher, kultureller und sozialer Ressourcen reichen für solche urbanen Phänomene nicht mehr aus. Der Begriff des transkulturellen Kapitals scheint daher geeignet, um die kulturellen Mischungsprozesse auf lokaler Ebene zu beschreiben." (Stemmler/Arnold 2008, S. 11)

Städte sind kulturelle Kontaktzonen, „Knotenpunkte transnationaler Migrationsnetzwerke" (Stemmler 2008, S. 31). Kulturelle Innovation ergibt sich durch das Zusammentreffen und die Mischung von unterschiedlichen Traditionen, Sprachen, Vorstellungen und Verhaltensformen, und kulturelle Vielheit trägt wesentlich zum Reichtum einer Stadt bei. Zu fragen ist daher, wie sich Kulturen und Kunstformen in

Städten im Kontext globaler Ströme konkret entwickeln. Mit Stemmler und Arnold kann man von „Laboratorien" sprechen, „in denen der Umgang mit Diversität und die Teilhabe an Stadtgestaltung erprobt wird." (Stemmler / Arnold 2008, S. 9)

Will man das Patchwork der verschiedenen Kulturen und Ethnien verstehen, so bedarf es allerdings einer neuen Optik. Das Konzept der Diaspora weist darauf hin, dass viele der heutigen Einwanderer sich als Transmigranten nicht mehr notwendigerweise assimilieren, sondern häufig in mindestens zwei Kulturen und Welten leben. Transportmittel und Telekommunikationstechnologien ermöglichen es ihnen, weiterhin in engem Kontakt mit dem Herkunftsland zu bleiben. Mit dem Diasporakonzept kann man die transnationalen Migrationswege erfassen, die sich in den Metropolen schneiden.

Diaspora und Migrationsrouten

Die Stadt kann selbst zum Thema der Darstellung werden – als Lebensform, sozialer Raum oder Medium der Zukunftsplanung. Dies lässt sich an der Documenta 10 (1997) zeigen (→ KAPITEL 12.2), auf der u. a. ein Projekt des niederländischen Architekten Rem Kohlhaas für das Perlflussdelta in China gezeigt wurde. Die Zentralität des „Netzwerk[s] der globalen Städte" gilt auch für die nicht-westliche Kunst, die „Bedeutung der globalen Städte bei der gegenwärtigen Umstrukturierung der Weltwirtschaft und -kultur" (Hanrou 1999, S. 341) wird von Künstlern zunehmend thematisiert. Der Kunstwissenschaftler Tom Fecht spricht sogar von einer

Die globale Stadt als Thema der Kunst

„Ausstellungsdramaturgie, in der die Metropole, genauso selbstverständlich wie beiläufig, das vorherrschende Raumkriterium mit der größten bekannten Komplexität zu sein scheint. Der städtische Raum [...] soll [auf der Documenta 10] in Kassel zur Bühne einer ‚grenzüberschreitenden Vorausschau in eine Zukunft werden, in der herkömmliche Kategorien nicht mehr anwendbar sind' (aus einer Presserklärung der dX)." (Fecht 1997, S. 93)

Die Stadt ist außerdem der Ort, an dem Menschen aus der ganzen Welt ihre Erfahrungen mit dem Aufeinandertreffen und der Mischung von Traditionen künstlerisch umsetzen. Menschen erleben die Heterogenität unterschiedlicher Kulturen, das Stadtbild ist davon geprägt, und so wird diese Erfahrung im produktiven Sinne, aber auch als Problem verarbeitet, in Bildern und Konzepten des Globalen – medial, ästhetisch, durch Marketing und PR. Globale Städte sind insofern Orte der Beobachtung wie der Produktion des Globalen. Dazu tragen etwa Räume wie Museen und Konzerthäuser bei, in denen Kunstwerke aus aller Welt zu sehen sind bzw. Künstler aus allen Teilen der Erde auftreten. Darüber hinaus leben viele Vertreter spezifi-

Orte der Produktion und Beobachtung des Globalen

scher Regionalkulturen in den Metropolen. Versionen des Lokalen werden daher häufig in Stadträumen geschaffen und in Auseinandersetzung mit global zirkulierenden Kulturformen und -vorstellungen entworfen.

Es lässt sich allerdings argumentieren, dass die Stadt heute zu einem imaginären, weitgehend medial generierten Ort geworden ist. Die Hauptsitze der Medien befinden sich in den globalen Städten; die Medien schaffen und implementieren imaginäre Bilder des Urbanen.

Imaginäre Urbanität

„Über die global zirkulierenden Symbole des Urbanen wird im Lokalen ein urbanes Lebensgefühl hergestellt. [...] Das Urbane tritt nicht mehr als gelebte städtische Kultur in Erscheinung, sondern entfaltet seine Wirksamkeit als theatrales Gestaltungsmittel. Über die Bildinszenierungen des Urbanen wird ein urbanes Lebensgefühl weltweit vermarktet." (Klein/Friedrich 2003, S. 100f.) Verschiedene Medien „nutzen die Stadt als Metapher für ihre ästhetischen Entwürfe." (Klein/Friedrich 2003, S. 108) Hip-Hop beispielsweise reinszeniert Versatzstücke des Städtischen, indem er diese performativ umsetzt. Die Metropolen produzieren darüber hinaus Lebensstile vor allem für die Jugendkultur.

Metropolen sind schließlich auch Räume der Glokalisierung (→ KAPITEL 4.1), in denen global zirkulierendes Material lokalen Zusammenhängen angepasst wird, jedoch auch lokale Traditionen mit Bezug auf ihre globale Zirkulation interpretiert werden. Wenn man literarische Darstellungen globaler Erfahrung in Städten betrachtet – etwa *Lob des Schattens* (Christian Kracht 2000), *Entfernung* (Marlene Streeruwitz 2006) oder *Tropic of Orange* (Karen Tei Yamashita 1997) –, so erkennt man trotz der Mobilität der Protagonisten spezifische und kulturell bedingte Blickwinkel auf den Globus. Aufeinander bezogene, nichtsdestotrotz unterschiedliche Versionen des Globalen sind auch in der Bewegung partiell lokal verortet und haben gleichzeitig Transfer und Mischung gemeinsam.

Globale Stadt und Glokalisierung

13.4 New York City und Berlin

Wenn New York City und Berlin als zwei Beispiele für globale Städte betrachtet werden, was kann dann aus kulturwissenschaftlicher Perspektive erkannt werden? Der am häufigsten gewählte Weg besteht darin, auf die Vielzahl der Ethnien und Kulturen zu blicken, die in einer globalen Stadt versammelt sind. Man kann auch auf ein be-

Mögliche Blickwinkel der Untersuchung

stimmtes Medium bzw. einen spezifischen Kultursektor fokussieren und die transnationalen und -kulturellen Ströme mit Blick auf diesen Schnittpunkt untersuchen. So liegen verschiedene Studien vor, die die Zirkulation der Hip-Hop-Kultur in Städten wie New York und Berlin erforschen. Dasselbe ist für die Literatur, das Theater oder den Film möglich. Eine andere Variante besteht darin, einzelne kulturelle bzw. ästhetische ‚Texte' auszuwählen, auf ihre ‚Verhandlungen' transnationaler Elemente hin zu untersuchen und mit anderen Texten, vornehmlich aus anderen Kulturen, in Beziehung zu setzen. Mithilfe einer Analyse, welche und wie viele internationale Ausstellungen, Festivals, Kongresse stattfinden, lässt sich etwa herausfinden, inwieweit eine Stadt auf dieser hochkulturellen Ebene globalisiert ist. Es ist auch möglich, von Personen auszugehen und transkulturelle Prozesse individuell zu erforschen.

Dass es sich lohnt, New York City mit Blick auf die globale Dimension zu untersuchen, ist offensichtlich. Wenn jedoch in Bezug auf Berlin nach der globalen Vernetzung und Bedeutung gefragt wird, so scheint dies eine Blickverschiebung zu bedeuten. Denn aus guten Gründen ist Berlin immer noch primär mit seiner Vergangenheit als Weltstadt bis 1933 und als Frontstadt des Kalten Krieges bis 1989 beschäftigt. Sucht man nach Studien zu Berlin als einem transitorischen Ort, so wird man vor allem mit Blick auf frühere Zeiten fündig. Ein Beispiel ist das von den Literaturwissenschaftlern Gert und Gundel Mattenklott verfasste *Berlin Transit. Eine Stadt als Station*, das 1987 noch zu Mauerzeiten veröffentlicht wurde und Berlin als ‚Stadt-Text' mit Blick auf die Spuren von Durchreisenden der Epoche vor 1933 und der heute ebenfalls in der Vergangenheit liegenden Zeit der geteilten Stadt dechiffriert (vgl. Mattenklott 1987).

Dennoch oder gerade deshalb ist ein Vergleich zwischen New York und Berlin höchst aufschlussreich. Hinsichtlich einiger Gemeinsamkeiten und Unterschiede kann er zeigen, welche Formen Verdichtungen des Globalen annehmen können, welche Gradierungen und lokale Ausformungen der Globalisierung es trotz enger Austauschbeziehungen und Vernetzung gibt, und was Globalität jeweils heißt, d. h. welche ‚Welten' jeweils ausgebildet werden. In Bezug auf Kultur und Kunst sind die beiden Städte durchaus vergleichbar; in beiden ist es möglich, ein breites, auch global erzeugtes Spektrum an Kunstformen und Events zur Kenntnis zu nehmen. Beide Städte sind Transitstationen und Migrationsziele, wobei New York zweifellos globaler ausgerichtet ist und dort mehr Menschen verschiedener Ethnien, Kulturen, Hautfarben zu sehen sind als in Berlin. Dies hat mit unterschiedlichen Einwanderungspolitiken zu tun; die USA waren schon immer und sind *per definitionem* ein Einwanderungsland, dessen Bürger man ungeachtet der Herkunft werden kann. In Deutschland galt bis Ende 1999 noch das *ius sanguinis* (Abstammungsprinzip), das erst seit 2000 mit Elementen des *ius soli* (Geburtsortsprinzip) verbunden ist.

Der entscheidende Unterschied tritt zutage, wenn wirtschaftliche, politische und finanzielle Macht verglichen werden. So kann man in beiden Städten international bedeutsame Ausstellungen sehen; betrachtet man jedoch die Galerien und den Kunstmarkt, so dominiert New York. Berlin fehlt die wirtschaftliche und die finanzielle Macht. In Deutschland leben Künstler und Intellektuelle häufig in Berlin, die wirtschaftlichen Führungskräfte arbeiten aber eher in Frankfurt oder Düsseldorf, Hamburg oder München. In New York dagegen liegen die Galerien sowie die Lofts der Künstler und Wall Street bzw. Madison Avenue eng beieinander.

Kultur und Ökonomie

Der Soziologe Erwin Riedmann argumentiert, dass die Berliner „*Global City*-Bestrebungen auf ganzer Linie" gescheitert seien, dass sich aber andererseits ein „Berliner Wirtschaftssektor globaler Reichweite" entwickelt habe, „der seine Entstehung u. a. der Dynamik der städtischen Subkultur verdankt, die von der Stadtpolitik lange ignoriert wurde." (Riedmann 2005, S. 2) Die Berliner Medienindustrie hat sich weitgehend unabhängig von der offiziellen Wirtschaftsförderung und Politik zu einem globalen Wirtschaftsfaktor der Stadt entwickelt. Im Hinblick auf seine Position als wirtschaftliches Zentrum und finanzstrategische „Leitungszentrale" (Saskia Sassen) kann Berlin nicht als globale Stadt bezeichnet werden. Berlin ist jedoch inzwischen eine Medienstadt ersten Ranges, deren Medienindustrie, kulturelle Produktion und kreatives Potenzial weltweit wirksam sind und bedeutenden Einfluss haben. Wie insbesondere anhand der Musikindustrie beobachtet werden kann, hat sich diese globale Bedeutung im Zusammenspiel lokaler Faktoren und Personen ergeben (vgl. Riedman 2005, S. 6f.). Diese Entwicklung stützt die These von der Stadt als einem selbstorganisierten System, die Manuel de Landa vertritt; er argumentiert, dass Zentralortstädte, die durch Administrationen gesteuert werden, weniger flexibel und erfolgreich sind als polyzentrale Netzwerkstädte, die sich durch Fernaustausch und Anpassung wandeln und stabilisieren. Global ist in Berlin also in erster Linie das kreative, nicht-offizielle Potenzial.

Berlin global?

Dementsprechend werden sich auch die Bilder des Globalen unterscheiden, die in den beiden Metropolen geschaffen werden. Lokale

DIE GLOBALE STADT

Polyzentral erzeugte Bilder der Globalisierung

Interpretationen der Welt wie auch verschiedene Produktionen globaler Formen, Bilder und Sounds erzeugen unterschiedliche Welten auf der Repräsentations-, der Konzeptions- und der Erfahrungsebene. Dennoch gibt es viele Gemeinsamkeiten, wie das Transitorische, das Heterogene und die Tatsache, dass beide Städte als Medienstädte im weitesten Sinne Orte sind, an denen transnationale und transkulturelle Beobachtungen vorgenommen und repräsentiert, in Bilder übersetzt werden. Zudem lassen sich beide Städte durch Edward Sojas Diskurse der Postmetropole (→ KAPITEL 13.2) gut beschreiben: Sie sind fragmentiert und mosaikartig, ständigem und schnellem Wandel unterworfen, den sie ihrerseits hervorrufen. Schließlich müsste man als weiteren Vergleichspol mindestens eine der neuen Megastädte wie Mexico City, São Paulo, Shanghai oder Mumbai in die Untersuchung einbeziehen, um eine bisher noch periphere globalisierte Megastadt mit zu reflektieren, in der möglicherweise schon Strukturen zu beobachten sind, die in naher Zukunft die globale Stadt charakterisieren werden. Die transdisziplinäre Untersuchung globaler Städte in ihren Austauschbeziehungen – nicht nur komparativ – verspricht spannende Erkenntnisse.

Fragen und Anregungen

- Geben Sie einige Charakteristika einer globalen Stadt an und unterscheiden Sie sie von Metropolen bzw. Megastädten.

- Diskutieren Sie mit Bezug auf Georg Simmel und Manuel de Landa, warum Stadt, Markt und Fernbeziehungen eng zusammen gehören.

- Skizzieren Sie, welche kulturellen Merkmale eine globale Stadt auszeichnen und was mit dem Begriff des „transkulturellen Kapitals" gemeint ist.

- Stimmen Sie mit der These überein, dass die Metropolen privilegierte Orte der Beobachtung des Globalen darstellen? Begründen Sie Ihre Position.

Lektüreempfehlungen

- Dirk Bronger: Metropolen, Megastädte, Global Cities. Die Metropolisierung der Erde, Darmstadt 2004. *Enthält viele Fakten, Daten und Informationen; Global Cities werden im Kontext der neueren Stadtentwicklung diskutiert.*

- Saskia Sassen: The Global City. New York, London, Tokyo, Princeton/New Jersey 1991. *Grundlegendes Werk zur globalen Stadt, das Ökonomie, Sozialstruktur und Kultur gleichermaßen betrachtet.*

- Georg Simmel: Die Großstädte und das Geistesleben [1903], in: ders., Gesamtausgabe Bd. I: Aufsätze und Abhandlungen 1901–1908, herausgegeben von Otthein Rammstedt, Frankfurt a. M. 1995, S. 116–131. *Essay des bedeutenden Philosophen und Soziologen, der vor über einhundert Jahren schon wesentliche Strukturen der Auswirkungen des Stadtlebens auf Persönlichkeits- und Sozialstruktur dargelegt hat.*

- Edward W. Soja: Postmetropolis. Critical Studies of Cities and Regions, Malden, MA/Oxford 2004. *Kombiniert die Geschichte der Stadt seit ihren Anfängen mit urbaner Raumtheorie, definiert die wichtigsten Parameter der heutigen Postmetropole und geht auf Los Angeles als Beispiel ein.*

- Peter J. Taylor: World City Network. A Global Urban Analysis, London/New York 2004. *Taylor fasst Weltstädte als Knoten in einem ökonomischen Netzwerk von ‚Strömen' auf; wichtige Studie der Weltstadtforschung.*

14 Kosmopolitismus

Abbildung 14: United Nations Building, New York City. Fotografie von Theodoranian (Taiwan) (2006)

Das Hauptquartier der United Nations (UN; Vereinte Nationen) in New York steht sowohl konkret als auch symbolisch für die komplexe Situation einer ‚Weltregierung'. Einerseits sind in der Generalversammlung alle Nationen der Erde vertreten, andererseits ist das Gebäude konkret am Ufer des East River in Manhattan auf dem Territorium der USA gelegen, also in der globalen Schaltzentrale des mächtigsten Staates der Erde verortet. Die UN sollen im Prinzip die Interessen aller Menschen und Nationen vertreten, sie sind jedoch, um dies leisten zu können, finanziell stark von den dominanten Ländern abhängig. In New York City befinden sich die Vereinten Nationen in einer der multikulturellsten Städte der Erde, sodass die Vertreter aller Nationen im Stadtbild kaum auffallen, aber auch in der Nähe der Wall Street, die möglicherweise mehr Einfluss hat als die UN. Zweifellos ist es ein eminent wichtiges Zeichen, dass die Vereinten Nationen überhaupt existieren und operieren und dass sie im Zentrum der Macht angesiedelt sind.

Die Existenz der UN verweist darauf, dass Globalisierung Instanzen sowie Normen und Gesetze erfordert, die das Zusammenleben aller Menschen und Nationen im Sinne eines umfassenden Völkerrechts regeln. Die Vereinten Nationen sind die Institution, die im Konfliktfall potenziell die Einhaltung der 1948 erklärten Menschenrechte durchsetzen soll. Theoretisch impliziert das, dass die Menschenrechte, also die Rechte eines jeden Individuums, ‚über' den Gesetzen der Staaten angesetzt sind, dass also eine supranationale Institution über den Nationen steht. Die Frage ist aber, ob es überhaupt für alle Menschen gleichermaßen geltende Werte geben kann, und wenn nicht: ob wir auch ohne solche Werte in einer radikal miteinander verwobenen Welt auskommen könn(t)en. Die Konzeption des Kosmopolitismus versucht, hierauf auch praktisch umsetzbare Antworten zu finden. Die Globalisierung erweist sich dabei als offener und unabschließbarer Prozess, in dem Unterschiede und ein Weltganzes stets gleichzeitig gedacht werden müssen – auch von den Kulturwissenschaften.

14.1 **Weltpolitik und Menschenrechte**
14.2 **Das Universale und das Partikulare**
14.3 **Kosmopolitische Praxis und Konflikte**
14.4 **Globalisierung und Kulturwissenschaft: Konsequenzen und Ausblick**

14.1 Weltpolitik und Menschenrechte

Wenn die Frage eines möglichst friedlichen und guten Zusammenlebens aller Menschen in einer global vernetzen und interdependenten Welt diskutiert wird, laufen mehrere Stränge des bisher Dargestellten zusammen. Globales Denken bedeutet immer, die Einheit und Gemeinsamkeit der Erdbevölkerung sowie deren Vielheit und Unterschiede zusammenzudenken, ohne das eine dem anderen überzuordnen. Auch in Bezug auf global gültige Werte, Gesetze und Normen sehen wir uns mit der irreduziblen Doppelung eines Anspruchs auf universale Gültigkeit ebenso konfrontiert wie mit der Unmöglichkeit, Werte zu formulieren, die alle weltweit existierenden kulturellen Vorstellungen gleichzeitig abdecken. Da immer häufiger immer mehr Menschen mit ganz unterschiedlichen Wertvorstellungen miteinander zu tun haben, und weil aufgrund der medialen Vernetzung auch ferne Ereignisse fast direkt mitzuerleben sind, reichen Regeln der Konfliktlösung im Rahmen von Nationalstaaten oft nicht mehr aus; sie müssen vielmehr transnational gelten und auch anwendbar sein.

Werte im globalen Zeitalter

Die historische Entwicklung, die schließlich in der Erklärung der allgemeinen Menschenrechte 1948 gipfelte, lässt sich mit Blick auf die westliche Geschichte erklären. Einen wichtigen Schritt markiert Immanuel Kants Denken, das im Zeitalter der Aufklärung den Versuch unternimmt, „in weltbürgerlicher Absicht" vorzugehen (so Kant in seiner *Idee zu einer allgemeinen Geschichte in weltbürgerlicher Absicht*, 1784). Den Kontext bildet das westfälische System der souveränen Staaten, das seit 1648 galt und darauf basierte, dass Staaten zwar international anerkannt werden mussten, um legitimiert zu sein, dann jedoch in ihrem Inneren souverän operieren konnten und keiner übergeordneten Macht zur Rechenschaft verpflichtet waren. Es gab keine übergeordnete Instanz, die für zwischenstaatliche Verhältnisse zuständig war. Wie Jürgen Habermas zusammenfasst:

Historischer Kontext

> „Ein souveräner Staat darf jederzeit jedem anderen ohne weitere Rechtfertigung den Krieg erklären (jus ad bellum), aber er darf nicht in die inneren Angelegenheiten eines anderen Staates intervenieren. Ein souveräner Staat kann schlimmstenfalls gegen Standards der Klugheit und der Effizienz verstoßen, aber nicht gegen Recht und Moral [...]." (Habermas 2004, S. 159f.)

Die Rechte von Personen wurden durch die Gesetze des Staates geregelt, deren Bürger sie waren. Staatenlose hatten keine Rechte. Innerhalb souveräner Staaten konnten Bürger zunehmend mehr Freiheiten und Selbstbestimmung gewinnen; ohne die Möglichkeit eines Appells an eine übergeordnete Instanz waren sie der Rechtsprechung ihres Landes jedoch im Konfliktfall schutzlos ausgesetzt. Problematisch war dies für Minderheiten, selbst innerhalb einer rechtsstaatlichen Ordnung. Verheerend wurde die Situation in Zeiten, in denen Regierungen bestimmte Menschengruppen und politische Haltungen zu vernichten suchten. Zweifellos zeigen die Grausamkeiten des Nationalsozialismus und des Stalinismus besonders deutlich die Grenzen eines Völkerrechts auf, welches auf der Souveränität der Einzelstaaten basiert:

„Die monströsen Verbrechen haben die Annahme der moralischen und strafrechtlichen Indifferenz staatlichen Handelns ad absurdum geführt. Regierungen und deren Personal dürfen nicht länger Immunität genießen." (Habermas 2004, S. 161)

Staatsrecht versus Völkerrecht
Nach 1945 verfolgten die Nürnberger Prozesse derartige Straftatbestände, die dann in das allgemeine Völkerrecht aufgenommen wurden. So wurde „das Völkerrecht als ein Recht der Staaten" (Habermas 2004, S. 161) infrage gestellt. Innerhalb souveräner Staaten konnten sich zwar demokratische Regierungsformen entwickeln, die Freiheit und Rechtssicherheit boten; doch auch menschenverachtende Diktaturen konnten sich auf die völkerrechtlich abgesicherte Nichteinmischung von außen verlassen.

Die Allgemeine Erklärung der Menschenrechte
Vor diesem Hintergrund sind die Gründung der Vereinten Nationen und die Allgemeine Erklärung der Menschenrechte zu verstehen. Das Dokument, das am 10. Dezember 1948 verabschiedet wurde, baut auf einer langen Tradition von Gesetzestexten und Teilaspekten von Religionen auf. Konkret wurden in der jetzt gültigen, nicht-bindenden Erklärung Gedanken aufgenommen, die sich auf die englische Magna Charta (1215), die amerikanische Unabhängigkeitserklärung (1776) und die französische Menschenrechtserklärung (1789) zurückführen lassen. Damit sind die Ideen der europäischen Aufklärung grundlegend, wobei durch den angloamerikanischen Einfluss die individuellen Bürgerrechte besonders betont und wirtschaftlichen und sozialen Rechten wie auch gemeinschaftlichen Pflichten übergeordnet sind.

Präambel und erste Artikel
Das Dokument reagiert direkt auf die „Akte der Barbarei" des Zweiten Weltkriegs, wie der zweite Satz der Präambel unterstreicht. Die ersten drei Artikel heißen:

1. „Alle Menschen sind frei und gleich an Würde und Rechten geboren. Sie sind mit Vernunft und Gewissen begabt und sollen einander im Geiste der Brüderlichkeit begegnen.

2. Jeder Mensch hat Anspruch auf die in dieser Erklärung verkündeten Rechte und Freiheiten ohne irgendeine Unterscheidung, wie etwa Rasse, Farbe, Geschlecht, Sprache, Religion, politischer oder sonstiger Überzeugung, nationaler oder sozialer Herkunft, nach Eigentum, Geburt oder sonstigen Umständen. [...]
3. Jeder Mensch hat das Recht auf Leben, Freiheit und Sicherheit der Person."

Dazu kommen unter anderem das Verbot der Sklaverei und Folter, Rechtsschutz, Schutz des Privatlebens, Recht auf Freizügigkeit und Asyl, auf Eigentum, soziale Sicherheit, Arbeit und Kultur sowie Meinungsfreiheit. Es wird deutlich, dass die Menschenrechte in dieser Form von einem modernen souveränen Individuum ausgehen, wie es seit der Aufklärung angenommen wird. Weiterhin ist wichtig, dass diese Rechte einem Menschen qua Geburt und Existenz zukommen, nicht erst als Bürger eines Staates. Sie sind also transnational und transkulturell, unabhängig von Geschlecht oder Hautfarbe, gültige Rechte, die nicht kontextabhängig wandel- oder verhandelbar, die also universal konzipiert sind:

Universale Konzeption

„[...] die Idee des weltbürgerlichen Zustandes verdankt sich der Projektion der Grundrechte und der demokratischen Staatsbürgerschaft von der nationalen auf die internationale Ebene." (Habermas 2004, S. 161)

Hierdurch wird die Souveränität der einzelnen Staaten eingeschränkt; es entstehen supra-/transnationale Institutionen und Normen, die den nationalen übergeordnet sind. Gleichzeitig wurde im Zuge der Dekolonialisierung deutlich, dass die Deutungshoheit des Westens zu Ende ging. Ein Dialog zwischen den Kulturen über die Prinzipien und Grundvorstellungen, die den Vereinten Nationen zugrunde liegen, wurde nötig. Als Procedere schlägt Habermas „wechselseitige Perspektivenübernahme und Interessenberücksichtigung" vor (Habermas 2004, S. 167).

Einschränkung der staatlichen Souveränität

Auf ein konkretes Problem der Umsetzung von Menschenrechten hat die amerikanische Philosophin und Politikwissenschaftlerin Seyla Benhabib aufmerksam gemacht. Denn, um dies zu wiederholen, die Menschenrechte bedeuten den „Übergang von einem Modell internationalen Rechts, das auf Verträgen beruht, zu kosmopolitischem Recht, das die Macht souveräner Nationalstaaten bindet und sich unterordnet." (Benhabib 2008, S. 22) Die entscheidende Frage heißt dann, wie transnationales Recht demokratisch, also innerhalb der Institutionen von Nationalstaaten legitimiert werden kann:

Demokratie und Menschenrechte

„Wie ist der politische Wille demokratischer Mehrheiten mit den Normen kosmopolitischer Gerechtigkeit in Einklang zu bringen?

Wie können rechtliche Normen und Standards, deren Ursprung außerhalb demokratischer Gesetzgebungsverfahren liegt, für diese bindend werden?" (Benhabib 2008, S. 23)

Demokratische Legitimität impliziert ein grundlegendes Paradoxon: Rechte, die in einem Staat im Rahmen von demokratischen Verfahren verabschiedet wurden, gelten nur für diejenigen, die zum Staat gehören, also für dessen Bürger; alle anderen sind davon ausgeschlossen. Benhabib konstatiert daher einen zentralen Widerspruch zwischen der Tatsache, dass einerseits allein Staaten dazu legitimiert sind, internationale Normen und Verträge zu verhandeln, dass sie jedoch andererseits hierzu auch souverän sein müssen. Dies bedeutet, dass sie auch im Eigeninteresse handeln werden, welches keineswegs mit dem global Wünschenswerten übereinstimmen muss:

> „Das moderne Staatensystem ist gefangen zwischen Souveränität und Gastfreundschaft, zwischen dem Vorrecht, an der Entwicklung kosmopolitischer Normen beteiligt und Vertragspartei von Menschenrechtsabkommen sein zu können, und der Verpflichtung, die Geltung der Menschenrechte auf alle auszudehnen." (Benhabib 2008, S. 37)

Daraus ergibt sich das „Paradox demokratischer Legitimität" (Benhabib 2008, S. 41). Der republikanische Souverän soll freiwillig durch der Verpflichtung auf staatsunabhängige Menschenrechte seine Souveränität einschränken. Demokratien können jedoch ihre Grenzen nicht selbst demokratisch legitimieren, weil die Frage, wer dazugehört, nur von denjenigen demokratisch geklärt werden könnte, die ohnehin schon dazugehören. Demokratien sind also nur hinsichtlich ihrer inneren Form demokratisch konstituiert.

Entscheidend werden diese Fragen, wenn es um das Gast-, Aufenthalts- und Asylrecht geht. Das akute Problem lässt sich so zuspitzen: Wie lassen sich einerseits universal geltende Menschenrechte, die Asylsuchende und Flüchtlinge beanspruchen, und andererseits die Notwendigkeit, Gesetze innerhalb eines Gemeinwesens demokratisch zu legitimieren, in Übereinstimmung bringen, wenn der Souverän, also das Wahlvolk, beispielsweise der Ansicht ist, ‚das Boot Europa sei voll'? In ihrer Antwort vertraut Benhabib darauf, dass die Bürger eines Staates allmählich damit vertraut werden, allgemeine Menschenrechte auch als partikular, also in ihren konkreten Kontexten bindend anzuerkennen und sie national in demokratischen Prozeduren abzusegnen. Diese Fragen werden im Prozess der Globalisierung dringlicher denn je und können nicht (mehr) ignoriert werden.

14.2 Das Universale und das Partikulare

Die vorangehenden Überlegungen gründen auf der Prämisse, dass die Menschenrechte in der 1948 deklarierten Form universal gültig sind. Das Hauptproblem einer jeden Konzeption allgemeingültiger inklusiver Werte und Normen besteht jedoch gerade darin, dass sie aus einer spezifischen und partikularen Tradition stammen und nur innerhalb des Bezugsrahmens einer solchen auch begründet werden können. So existieren auch heute stark divergierende Vorstellungen darüber, was es bedeutet, ein Mensch zu sein, sowie darüber, was Recht heißt.

Werte und Kontexte

Die Idee der Menschenrechte basiert auf dem Naturrecht, also auf der Vorstellung, dass die Vernunftprinzipien der Natur eingeschrieben sind (vgl. Jullien 2008, S. 165). Weil die Vernunft dazu diente, die jedem Menschen durch seine Geburt gleichermaßen zukommende Menschenwürde zu begründen, wird in der Konzeption der Menschenrechte die Seite des Subjekts gegenüber der Gemeinschaft hervorgehoben und gestärkt. Recht wird nicht wechselseitig, sondern in erster Linie vom Individuum her gedacht.

Vernunft und Menschenrechte

Deutlich tritt die Fokussierung auf das moderne, souveräne Individuum hervor, wenn man moderne europäische Rechtsvorstellungen mit denjenigen anderer Kulturen vergleicht. Sobald in erster Linie das Seelenheil im Jenseits zählt, verlieren diesseitig gedachte Rechte ihr Gewicht gegenüber Regeln, die auf die Transzendenz bezogen sind. Aber auch traditionelle Lebensformen stellen die Gemeinschaft über das Individuum, was u. a. zur Folge hat, dass Inklusion und Exklusion über Ehre erfolgt; Ehre verweist auf die Position in der Gemeinschaft, während die moderne (westliche) Vorstellung der Menschenwürde nur das Individuum betrifft. Andererseits ist beispielsweise im traditionellen chinesischen Denken die Immanenz, also die direkte Einbindung des Menschen in natürlich-kosmische Verläufe vorherrschend; Rechte können deshalb nicht jenseits des spontanen Ablaufs der Dinge angesiedelt werden, also universal gültig sein, das heißt, sie können nicht situationsübergreifend und unbedingt, sondern nur in Situationen, also kontextbezogen gelten (vgl. Jullien 2008, S. 176). Mit anderen Worten: Unsere Vorstellung von Menschenrechten gilt nur dann umfassend, wenn das Individuum im Mittelpunkt steht.

Individuum und Menschenrechte

Wenn die Menschenrechte sich dieser Argumentation zufolge nicht substanziell, also über die zugrunde liegenden Werte begründen lassen, so lassen sie sich dem Philosophen und Sinologen François Jullien zufolge doch prozedural legitimieren. Weil sie abstrakt, operabel, radikal und transportabel sind, stellen sie einen privilegierten Bezugspunkt für den interkulturellen Dialog dar, Jullien spricht von einem Werkzeug. Jeder ist ein Mensch, aber nicht jeder gehört derselben Wertegemeinschaft an. Rechte, die sich explizit nur auf die Mitglieder einer Gemeinschaft beziehen, lassen sich logisch betrachtet nicht generalisieren und sind nicht übertragbar. Genau deshalb ist die Idee der Menschenrechte äußerst radikal; die einzige Voraussetzung für eine Teilhabe an ihnen ist, geboren zu sein, denn darin besteht das Gemeinsame aller Menschen. So betrachtet sind Menschenrechte weitgehend kontextfrei und stellen ein immer wieder neu an Situationen anzupassendes „Handwerkszeug" dar (vgl. Jullien 2008, S. 182), das über alle Grenzen hinweg anwendbar ist. Damit werden die Menschenrechte, prozessual gedacht, zum politischen Projekt und zum funktionalen Regulativ in Situationen des politischen und sozialen Unrechts (vgl. Jullien 2008, S. 148). Daher spricht Jullien vom „Universalisierenden" als einem unabschließbaren und niemals ganz zu erreichenden Ziel. Fest steht jedoch, dass sich aus den Menschenrechten das Recht zum politischen Widerstand ergibt, das nicht in allen Kulturen vorgesehen ist (vgl. Jullien 2008, S. 189).

Begründung durch Abstraktion und Übertragbarkeit

Universale Gültigkeit von Werten lässt sich auch nicht dadurch herstellen, dass man gleichsam die Schnittmenge der wichtigsten Wertesysteme zur globalen Ethik erklärt. Jullien favorisiert stattdessen den Prozess des Übersetzens, der Differenzen intakt lässt und dennoch ein allmähliches Verständnis des Anderen erlaubt. Im Dialog zwischen den Kulturen soll daher ein jeder in seiner eigenen Sprache sprechen, „aber indem die andere übersetzt wird": „Die Übersetzung ist, in meinen Augen, die einzig mögliche globale Ethik der Welt, die kommen kann." (Jullien 2008, S. 248, Übers. d. Verf.) Übersetzung ist interkulturell das, was Habermas wechselseitige Perspektivenübernahme nennt. Entscheidend ist, dass damit eine Praxis angesprochen wird, statt sich mit Letztbegründungen aufzuhalten.

Interkultureller Dialog und Übersetzung

Eine skeptischere Position vertritt der amerikanische Philosoph Richard Rorty. Er geht im Sinne der philosophischen Denktradition des Pragmatismus davon aus, dass Wahrheit und damit auch universal gültige Werte und Normen nicht existieren, sondern immer historisch entstanden und kulturabhängig sind. Wahrheit bezeichnet nur eine Folge von Versuchen, die Welt jeweils adäquat zu beschreiben. Rorty verweist deshalb auf ein Dilemma, das er auf den Widerstreit zwischen Ethnozentrismus und Relativismus hin zuspitzt. „Toleranz für jede andere Gruppe" (Rorty 1988, S. 26) lehnt er ab und optiert da-

Pragmatistische Begründung der Gerechtigkeit

gegen für eine Position, die in der eigenen Gemeinschaft sinnvoll erscheint, die sich jedoch, wie jede andere Position auch, nicht nichtzirkulär rechtfertigen lässt, weil sie – so Rorty mit Bezug auf den Philosophen John Rawls – *„unter Voraussetzung unserer Geschichte und den in unser öffentliches Leben eingebetteten Traditionen"* die jeweils *„für uns* vernünftige Lehre ist." (Rawls 1980 in: Rorty 1988, S. 95, Hervorhebungen durch Rorty) Gegenüber der Intoleranz kann es Rorty zufolge keine Toleranz geben.

Der kanadische Philosoph Charles Taylor kritisiert die liberale Vorstellung eines ‚differenzblinden' Multikulturalismus, der glaubt, einen Rahmen vorgeben zu können, in dem Menschen aus allen Kulturen harmonisch miteinander zusammenleben können: „[...] der Liberalismus kann und sollte nicht komplette kulturelle Neutralität behaupten. Der Liberalismus ist auch ein Kampfglaube." (Ch. Taylor 1994, S. 95, Übers. d. Verf.) Selbst eine im Sinne des Liberalismus rein formale Ethik ist insofern kulturspezifisch und kann nie vollkommen wertfrei sein.

<aside>Toleranz als ebenfalls radikale Position</aside>

14.3 Kosmopolitische Praxis und Konflikte

Was bedeutet global orientiertes Denken und Handeln konkret, auch im alltäglichen Umgang mit Konflikten, und als gesellschaftlich-politische Praxis? Die Denkhaltung des Kosmopolitismus ist nicht neu. Sie lässt sich zurückverfolgen zur antiken Philosophie der Stoa und zum Apostel Paulus, der im Brief an die Galater schreibt: „Es gibt nicht mehr Juden und Griechen, nicht Sklaven und Freie, nicht Mann und Frau; denn ihr alle seid ‚einer' in Christus Jesus." (3,28) Die Voraussetzung ist hier allerdings die Konversion zum Christentum. Immanuel Kant bezieht dann in der Aufklärung, wie Jürgen Habermas zusammenfasst, „das Weltbürgerrecht auf Personen, ‚die als Bürger eines allgemeinen Menschenstaates anzusehen sind'." (Habermas 2004, S. 160; Habermas zitiert Kant *Zum Ewigen Frieden*, 1795).

<aside>Alle gleich und alle anders?</aside>

Kosmopolitismus bezeichnet heute übergreifend Ansätze, die versuchen, inhaltlich wie auch methodisch jenseits von partikularen, (einzel-)staatlichen und nationalen Orientierungen Handlungsmöglichkeiten zu erkunden. Angestrebt wird ein möglichst ortsungebundenes, flexibles und bewusst transkulturelles Denken. In der Formulierung des Soziologen Ulrich Beck wird der Kosmopolitismus zu einem theoretischen, sozialwissenschaftlichen und methodischen Kon-

<aside>Elemente des Kosmopolitismus</aside>

zept, das sowohl real existierende Beziehungsverhältnisse beschreibt als auch ein Projekt für eine friedlichere und gerechtere Weltzukunft darstellt, jedoch im Gegensatz zur (bei Beck rein wirtschaftlich verstandenen) Globalisierung steht:

> „*Kosmopolitisierung* muss demgegenüber als *multidimensionaler* Prozess entschlüsselt werden, der irreversibel die historische ‚Natur' sozialer Welten und den Stellenwert von Staaten in diesen Welten verändert hat. Kosmopolitisierung, so verstanden, schließt die Entstehung multipler Loyalitäten ebenso ein wie die Zunahme vielfältiger transnationaler Lebensformen, den Aufstieg nichtstaatlicher politischer Akteure [...], die Entstehung globaler Protestbewegungen gegen den (neoliberalen) Globalismus und für eine *andere* (kosmopolitische) Globalisierung." (Beck 2004, S. 18)

Zu Recht insistiert Beck darauf, dass wir heute „längst in einem *real-existierenden Interdependenzzusammenhang* leben" (Beck 2004, S. 19), sodass es darum geht, Beschreibungen und Erklärungsmodelle für die gegenwärtige Welt zu finden: „[...] *die Wirklichkeit selbst [ist] kosmopolitisch geworden*" (Beck 2004, S. 8).

Der kosmopolitische Blick

Mit einem „kosmopolitischen Blick" meint Beck einen „politisch ambivalente[n], *reflexive[n]* Blick" (Beck 2004, S. 17) und definiert hierdurch einen Beobachterstandpunkt. Er verweist darauf, dass wir uns einer „*epistemologische[n] Wende*" gegenübersehen, die den methodologischen Nationalismus verabschiedet: „Eine ganze Begriffswelt, nämlich die des ‚nationalen Blicks', wird entzaubert, das heißt de-ontologisiert, historisiert, ihrer inneren Notwendigkeit entkleidet." (Beck 2004, S. 29) Wir sprechen von einer globalen Perspektive.

Realistischer Kosmopolitismus

Beck legt großen Wert darauf, einen kosmopolitischen Blick von verschiedenen Formen idealistischer Entwürfe abzugrenzen und auch praktisch verfügbar zu machen. So argumentiert er, dass die These einer unüberwindlichen Unvergleichbarkeit von Perspektiven, also ein radikaler Kulturrelativismus, „einer essentialistischen Weltsicht zum Verwechseln ähnelt." (Beck 2004, S. 86) Nichteinmischung sei schon aufgrund der Tatsache unhintergehbarer kultureller Mischung unmöglich. Der Politikwissenschaftler Edgar Grande fasst zusammen:

> „Es zeigt sich also, dass der Kosmopolitismus nicht nur unterschiedliche inhaltliche Normen und Prinzipien integrieren muss, er muss gleichzeitig auch unterschiedliche Modalitäten und Prinzipien des Umgangs mit Andersartigkeit integrieren und ausbalancieren." (Grande 2003 in: Beck 2004, S. 106)

Der in den USA lehrende Philosoph Anthony Kwame Appiah geht bei seinen Überlegungen von den beiden widerstreitenden Idealen der

„universelle[n] Sorge um andere und [der] Achtung legitimer Unterschiede" aus (Appiah 2007, S. 14). Anhand von Appiahs Überlegungen kann gezeigt werden, dass jede Version kosmopolitischen Denkens auf die Zukunft setzen, eine mögliche Verbesserung anstreben und dafür Kriterien sowie Prozeduren vorschlagen muss. Wie wir gesehen haben, ist es nicht logisch widerspruchsfrei möglich, Kriterien für Werte anzugeben, die von Menschen aus allen Kulturen geteilt werden (können). Daher muss man auf Hoffnung statt Wahrheit (Rorty), auf einen Prozess des „Universalisierenden" durch den Dialog zwischen den Kulturen (Jullien), auf einen fortschreitenden Prozess der Anerkennung der Menschenrechte in den einzelnen Staaten (Benhabib) oder auf eine zunehmende Kosmopolitisierung (Beck) setzen. Bezogen auf die Frage von Werten in einer Situation globaler Interdependenz folgt daraus, dass die radikale Unvereinbarkeit von Positionen nur dann unausweichlich erscheint, wenn man den Zeitfaktor außer Acht lässt.

<small>Verzeitlichung der Ethik</small>

Mit der philosophischen Denktradition des Positivismus unterscheidet Appiah zunächst zwischen Tatsachen und Werten, wobei Werte nicht als wahr oder falsch beurteilt werden können, sondern nur jeweils im Rahmen von bestimmten Kulturen oder Glaubenssystemen Gültigkeit besitzen. Wenn sich jedoch selbst Grundwerte nicht rational begründen lassen, kann die Forderung, die Werte anderer Völker zu tolerieren, ebenfalls nicht rational begründet werden:

> „So führt denn selbst nach positivistischer Auffassung kein Weg von der Subjektivität der Werturteile zur Verteidigung der Toleranz. Toleranz ist bloß ein weiterer Wert." (Appiah 2007, S. 47)

<small>Jenseits des Positivismus</small>

Werte sollten daher als eine „Sprache" aufgefasst werden: „Wir appellieren an Werte, wenn wir versuchen, etwas *gemeinsam* zu erreichen." (Appiah 2007, S. 51)

Kosmopoliten gehen Appiah zufolge zwar davon aus, dass es genügend Gemeinsamkeiten zwischen den Kulturen gibt, um einen Dialog zu beginnen; sie meinen jedoch nicht, dass man zu einer Einigung kommen kann, wenn eine gemeinsame Sprache gefunden wird:

<small>Nichtübereinstimmung und Dialog</small>

> „Wir haben drei Arten von Meinungsverschiedenheiten über Werte unterschieden: Wir besitzen keinen gemeinsamen Wortschatz im Bereich wertender Begriffe; wir legen denselben Begriffen unterschiedliche Bedeutung bei; und wir gewichten dieselben Werte verschieden." (Appiah 2007, S. 93)

Diese Hindernisse sollten jedoch kein Grund sein, Gespräche abzubrechen.

Vorrang der Praxis

Stattdessen insistiert Appiah auf dem „Vorrang der Praxis". Vieles tun wir einfach, weil wir es so gewohnt sind; im philosophischen Sinne begründet werden könne es nicht. Im Alltag gehe es meist darum, „Übereinstimmung in praktischen Fragen zu erzielen, ohne deshalb auch in der Begründung einer Meinung zu sein." (Appiah 2007, S. 95f.) Es sei oft nicht entscheidend, den anderen zu überzeugen, sondern sich auf dessen Position einzulassen. Ein Gespräch müsse daher nicht zu einem Einverständnis führen, besonders bei Werten; es reiche vielmehr aus, wenn man sich aneinander gewöhne (vgl. Appiah 2007, S. 113). Kommunikation kann auch gut funktionieren, wenn die Teilnehmer nicht dieselben Werte teilen. Ein radikaler Kulturrelativismus dagegen verhindert jeden Dialog.

Appiah setzt keine Maximen voraus und erwartet keine Übereinkünfte, sondern möchte zum Gespräch ermutigen; mit der Annäherung durch ein gegenseitiges Kennenlernen setzt er auf eine Form praktischen Handelns. Während die meisten seiner Beispiele auf die persönliche Interaktion abzielen, geht es der Politikwissenschaftlerin Chantal Mouffe dagegen darum, die globale Konstellation im Hinblick auf politische Formen des Umgangs mit unterschiedlichen Interessen zu denken. Die Vorstellung einer postpolitischen Welt, die auf Konsens gründet, betrachtet sie als „kosmopolitische Illusion" und bezweifelt, dass

„wir dank der Globalisierung und der Universalisierung der liberalen Demokratie eine kosmopolitische Zukunft vor uns hätten, die Frieden, Wohlstand und die weltweite Achtung der Menschenrechte bringen werde." (Mouffe 2007, S. 7)

Vorrang der Politik

Dabei werde ignoriert, dass es immer Konflikte geben werde und demokratische Politik gerade hierfür entwickelt wurde. Entscheidend sei, wie man den Widerstreit politisch in demokratischer Weise löst. Mouffe schlägt deshalb vor, von moralischen zu explizit politischen Kategorien überzugehen. Politik verweist hier auf Formen der Auseinandersetzung mit einem Dissens, der nicht aufgehoben, aber innerhalb bestimmter Formen zu einer praktikablen Lösung geführt werden kann.

Eine multipolare Weltordnung

Mouffe spricht vom Gegensatz zwischen einer „kosmopolitischen und einer multipolaren" Weltordnung (Mouffe 2007, S. 118). Nur in einer multipolaren Welt werde der pluralistische Charakter der Welt anerkannt, würden also beispielsweise kulturelle Differenzen nicht nivelliert. Auch wenn sich eine kosmopolitische Weltordnung natürlich von der Vorstellung einer unipolaren Welt erheblich unterscheidet, beruht sie laut Mouffe dennoch wesentlich auf westlichen Werten, weshalb Unterschiede nicht politisch als Widerstreit der Positionen, sondern moralisch bewertet würden. Moral sieht sich jedoch immer dem Vorwurf ausgesetzt, in erster Linie die eigenen Machtinteressen zu stützen. Weil sich dies nie verhindern lässt, sollte Macht international verteilt sein. Globale Gerechtigkeit will Mouffe durch einen demokratischen Prozess herstellen, an dem alle Staaten potenziell gleichberechtigt teilnehmen. Problematisch hieran ist allerdings, dass sich diese Demokratiekonzeption auf Staaten, nicht auf Personen bezieht.

Mouffe fordert eine Version der Menschenrechte, in der diese „multikulturell" verstanden werden und in unterschiedlichen Kulturen unterschiedliche Formen haben können, die den jeweiligen Kulturen entsprechen: „Wir sollten nach funktionalen Äquivalenten der Menschenrechte suchen." (Mouffe 2007, S. 165) Derart verschiedene Interpretationen der Menschenrechte bedingen die Akzeptanz, dass sie politisch zwischen gleichberechtigten Partnern ausgehandelt werden. Mouffes Position zusammengefasst, sollte globales Zusammenleben also nicht präskriptiv über vom Westen erklärte Menschenrechte geregelt, sondern im demokratischen Widerstreit zwischen Ländern und Kulturen in einer multipolaren Welt ausgehandelt werden.

<small>Menschenrechte und Multipolarität</small>

All diese Positionen beziehen sich auf die direkt von Menschen ‚gemachten' Bereiche des Gesellschaftlichen, Kulturellen, Politischen und Ökonomischen. Zweifellos ist jedoch die Basis jeder Überlegung zur Globalität der Rekurs auf die Erdkugel und die mit ihr verbundenen natürlichen organischen wie anorganischen Prozesse. Was heute unter dem Begriff der Ökologie verhandelt wird, also die grundlegende Abhängigkeit auch des Menschen von natürlichen Prozessen, in die er handelnd wie erleidend verwickelt ist, bildet insofern den wichtigsten Bereich des Globalen, der hier nur deshalb erst abschließend gestreift wird, weil er eine eigene Darstellung erfordern würde. Wetter und Ressourcen, Epidemien und Bevölkerungswachstum, Klimaveränderungen und Genomentzifferung, die wachsende Interdependenz von Mensch und Maschine, die Zunahme der von Menschen zu verantwortenden Risiken usw. – all diese Faktoren und Prozesse lassen sich nur global analysieren und verstehen. Die Beschränkung auf einen rein menschlichen Blickwinkel wird der Komplexität globaler Verhältnisse nicht gerecht. Denn die Zukunft des Menschen wird von den komplexen Folgen der Interdependenz zwischen Natur und Mensch abhängen. Die hier anzulegenden Kriterien müssen aus Modellen gewonnen werden, die den Menschen als Teil der Natur betrachten und ihn anderen Formen der Natur nicht über-

<small>Ökologie</small>

ordnen, sondern ihn vielmehr von seiner Abhängigkeit her reflektieren. So bildet denn auch ein sogenannter ‚ökokritischer' Ansatz innerhalb der Kulturwissenschaften einen wichtigen Teilaspekt einer globalen Perspektive.

14.4 Globalisierung und Kulturwissenschaft: Konsequenzen und Ausblick

Die beschriebenen kulturwissenschaftlichen Dimensionen einer globalen Perspektive haben sich zwar aus der Diagnose von Entwicklungen der letzten Jahrzehnte ergeben, sind jedoch nicht ausschließlich mit der gegenwärtigen Situation verknüpft. Vielmehr handelt es sich um die Ausdifferenzierung eines Blickwinkels in den Literatur- und Kulturwissenschaften, die auf einem Wechsel des Bezugsrahmens beruht. Von einem nationalen oder sprachlich gebundenen und meist auch europäischen Rahmen gehen wir zu globalen Verhältnissen über, die potenziell alle Teile und Bewohner der Erde einschließen. Dabei bleibt die entscheidende Einsicht die, dass wir von unhintergehbaren Unterschieden und einer umfassenden Einheit gleichzeitig auszugehen haben.

<small>Wechsel des Bezugsrahmens</small>

Ein globaler Blickwinkel ersetzt nicht die bisherigen, oft nationalkulturell fokussierten Beschreibungen von Kultur- und Kunstformen. Doch er entgrenzt diese, erlaubt andere Beschreibungen und Interpretationen. Auf diese Weise werden Zusammenhänge und Verbindungen, Transfer und Austausch, Vermischung und Adaption erkennbar, die zwar immer schon abliefen, sich aber erst durch einen globalen Blickwechsel erschließen lassen. Es ist zwar (noch) nicht möglich, von einem *global turn*, aber durchaus sinnvoll, von einer neuen kulturwissenschaftlichen Perspektive zu sprechen. Ohne sie wird man Gedichte, Filme, Bilder oder Musikstücke in einer eng miteinander verbundenen Welt nur noch partiell erklären können. Globale Analysen können naturgemäß nicht innerhalb einer einzelnen Disziplin verbleiben. So ergibt sich ein transdisziplinäres Spektrum von Fragestellungen, Bezugspunkten und neuen Entwicklungen.

<small>Eine globale Perspektive</small>

Wenn die Theorie des Netzwerks (→ KAPITEL 4.2) dynamische, rekursiv gesteuerte komplexe Prozesse abstrakt am besten beschreiben kann, so fehlt ihr aufgrund des Theoriedesigns die anthropomorphe Komponente. Über gutes Zusammenleben kann sie nichts aussagen. Was jedoch Kultur und was einen Dialog zwischen verschiedenen Kulturen und Denkformen angeht, scheint die Übersetzung das beste

<small>Übersetzungen</small>

Paradigma für die Beschreibung bereitzustellen. Denn wenn die Kommunikation in einer Weltsprache zwar globale Kommunikation ermöglicht und daher unverzichtbar ist, so bleibt die immer wieder neu ansetzende und Menschen aufeinander beziehende Übersetzung aus ihrer eigenen Sprache und Kultur immens wichtig; dies scheint eine sehr gute Möglichkeit zu sein, anderen Menschen Unterschiede verfügbar, sie ihnen verständlich und damit handhabbar zu machen und so eine wechselseitige Perspektivenübernahme zu ermöglichen.

Auch zukünftige Globalisierungsprozesse werden weder eine Vereinheitlichung noch ein Verschwinden aller Differenzen mit sich bringen. Die Komplexität wird vor allem aufgrund technologischer Entwicklungen und Wissensfortschritte zunehmen, neue Differenzierungen werden entstehen bzw. erkennbar werden. Ein Rückzug auf das ,Eigene', Nationale oder Regionale ohne Bezug auf weltweite Beziehungen und Interdependenzen ist jedoch – mit Immanuel Kant gesprochen – „blind", während der Blick allein auf abstrakte Operationen im komplexen Netzwerk sich als „leer" erweist. Vielmehr geht es um Möglichkeiten, eine nicht-dialektisch gedachte Prozessform zu modellieren, von ihr aus Filme, Romane, Gemälde, Musikstücke zu interpretieren und auf ein nie als Ganzes zu erkennendes, aber über seine Wirkungen und Prozesse immer präsentes Weltganzes zu beziehen.

Ein offener und unabschließbarer Prozess

Fragen und Anregungen

- Diskutieren Sie die Problematik des Verhältnisses von staatlicher Souveränität und Menschenrechten.

- Worin besteht Seyla Benhabib zufolge das „Paradox demokratischer Legitimität"?

- Nennen Sie einige der Argumente, die François Jullien für und wider die Idee der Menschenrechte anführt.

- Was bedeutet „Kosmopolitismus" und wie versucht er praktisch damit umzugehen, wenn unterschiedliche Wertsysteme aufeinander prallen?

Lektüreempfehlungen

- Kwame Anthony Appiah: Der Kosmopolit. Philosophie des Weltbürgertums, München 2007. *Appiah wendet sich gegen idealistische Versionen des Kosmopolitismus und präsentiert ihn als Form des praktischen Verhaltens gegenüber Fremden und in einer globalisierten Welt.*

- Ulrich Beck: Der kosmopolitische Blick oder: Krieg ist Frieden, Frankfurt a. M. 2004. *Beck argumentiert in diesem Buch, dass die Wirklichkeit selbst kosmopolitisch geworden sei und wir in weltweiten realen Interdependenzverhältnissen leben.*

- Seyla Benhabib: Kosmopolitismus und Demokratie. Eine Debatte mit Jeremy Waldron, Bonnie Honig und Will Kymlicka, Frankfurt a. M. 2008. *Benhabib diskutiert die Frage der Vereinbarkeit der Rechte Anderer, also von Nicht-Bürgern, und demokratischer Prozeduren als Paradox der Demokratie.*

- Jürgen Habermas: Das Völkerrecht im Übergang zur postnationalen Konstellation, in: Angelika Poferl/Natan Sznaider (Hg.), Ulrich Becks kosmopolitisches Projekt, Baden-Baden 2004, S. 159–168. *Präzise Darstellung der historischen Hintergründe und gegenwärtigen Probleme des Völkerrechts in der heute entstehenden (zumindest teilweise) postnationalen Welt.*

- Chantal Mouffe: Über das Politische. Wider die kosmopolitische Illusion, Frankfurt a. M. 2007. *Wendet sich gegen die „kosmopolitische Illusion" eines konfliktfreien Zusammenlebens und argumentiert für eine multipolare Welt, in der Konflikte zwischen gleichberechtigten Staaten im Sinne demokratischer Verfahren politisch gelöst werden.*

15 Serviceteil

15.1 Weitere Monografien und Sammelbände

- Boike Rehbein / Hermann Schwengel: Theorien der Globalisierung, Konstanz 2008. *Umfassende Einführung in die Globalisierung, ihre Theorie und verschiedene Kontexte aus soziologischer Sicht, mit Blick auf weitere Disziplinen; gliedert sich in drei Teile: Voraussetzungen und Grundlagen der Globalisierungsdebatte, die Frage, über welche Akteure, Institutionen und Konstellationen weltweite Zusammenhänge hergestellt werden, und mögliche Konsequenzen.*

    Theorie der Globalisierung

- Rudolf Stichweh: Die Weltgesellschaft. Soziologische Analysen, Frankfurt a. M. 2000. *Erläutert theoretisch und anhand von Teilbereichen der Gesellschaft wie Wissenschaft und Politik die Hypothese, dass es heute nur noch ein einziges Gesellschaftssystem, die Weltgesellschaft, gibt.*

- Ulrich Beck: Was ist Globalisierung? Irrtümer des Globalismus – Antworten auf Globalisierung [1997], Frankfurt a. M. 2007. *Einführung in die Themen und Grundfragen der Globalisierungsdebatte; soziologischer Blickwinkel, Kritik an der Überbetonung der wirtschaftlichen Dimension, Fragen der politischen Gestaltung.*

    Globalisierung allgemein

- Manuel Castells: Das Informationszeitalter. Teil 1: Der Aufstieg der Netzwerkgesellschaft, Opladen 2001; Teil 2: Die Macht der Identität, Opladen 2002; Teil 3: Jahrtausendwende, Opladen 2003. *Dreibändige, umfangreiche Darstellung, die globale Entwicklungen mit Blick auf die Dominanz der Informationstechnologien beschreibt und dabei die heutige Welt als ein Netz eng miteinander verknüpfter Teile, Strukturen und Prozesse auffasst. Schwerpunkte sind Information, Ökonomie, die virtuelle Kultur, der „Raum der Ströme" sowie Identität und Gesellschaft.*

- David Held / Anthony McGrew / David Goldblatt / Jonathan Perraton (Hg.): The Global Transformation Reader, zweite Auflage, Cambridge 2003. *Umfassender Sammelband mit Texten der wichtigsten englischsprachigen Autoren aus der Globalisierungsforschung.*

- Peter Kemper / Ulrich Sonnenschein (Hg.): Globalisierung im Alltag, Frankfurt a. M. 2002. *Den Beiträgen des Sammelbandes geht es um die Auswirkungen der Globalisierung auf den Einzelnen.*

- Le Monde Diplomatique: Atlas der Globalisierung, Berlin 2009. *Enthält eine Vielzahl von Karten, Diagrammen, Schaubildern und Hintergrundsberichten, steht vor allem vielen ökonomischen Aspekten der Globalisierung kritisch gegenüber.*

- Joseph Stiglitz: Die Schatten der Globalisierung, München 2004. *Globalisierungskritisches Buch des ehemaligen Chefökonomen der Weltbank und Nobelpreisträgers, mit besonderem Blick auf die Rolle der Weltbank und der Welthandelsorganisation.*

- Ulrich Teusch: Was ist Globalisierung? Ein Überblick, Darmstadt 2004. *Definiert den Begriff der Globalisierung, geht auf die politische Globalisierungsdebatte ein und diskutiert in diesem Zusammenhang Demokratie, Krieg und Terrorismus.*

Globalisierung und Literatur

- Christopher Prendergast (Hg.): Debating World Literature, London / New York 2004. *Enthält eine Vielzahl von Beiträgen zu theoretischen Fragen der Weltliteratur wie auch Fallbeispielanalysen; ebenfalls Franco Morettis kontroversen Aufsatz „Conjectures on World Literature", der einen Vorschlag macht, wie man mit der unübersehbaren Menge der Literatur der gesamten Welt umgehen kann.*

Weltmusik

- Simon Broughton / Kim Burton / Mark Ellingham / David Muddyman / Richard Trillo (Hg.): Rough Guide Weltmusik. Von der Salsa zum Soukous, vom Cajun zum Calypso ... das ultimative Handbuch. Mit 2 000 CD-Empfehlungen, Stuttgart 2000. *Umfassendes Nachschlagewerk, das die Musik aus über einhundert Ländern beschreibt, Künstler, Texte und CDs auflistet und weitere Hinweise gibt.*

Weltkunst

- Irene Below / Beatrice von Bismarck (Hg.): Globalisierung – Hierarchisierung. Dominanzen in Kunst und Kunstgeschichte, Marburg 2005. *Im Kontext der heutigen globalen Kunstproduktion wollen die Beiträge den eurozentrischen Blickwinkel der Kunstgeschichte überwinden, der nicht-westliche Kunst bisher ignorierte; Hierarchien werden kritisch reflektiert.*

- Hans Belting / Andrea Buddensieg (Hg.): The Global Art World. Audiences, Markets, and Museums, Ostfildern 2009. *Weitwink-*

liger Blick auf das sich globalisierende Kunstsystem in über zwanzig Beiträgen; die Konsequenzen für den Kunstmarkt und die Museen werden reflektiert; breites internationales Spektrum von Perspektiven auf diese Entwicklungen.

- Toby Miller / Nitin Govil / John McMurria / Richard Maxwell: Global Hollywood, überarbeitete Auflage, London 2004; **Global Hollywood 2**, London 2005. *Die Autoren untersuchen die historischen, politischen und strukturellen Gründe für die weltweite Dominanz des Hollywood-Kinos; Themen sind die neue internationale Arbeitsteilung, internationale Koproduktionen, das Copyright in globalem Maßstab, Vertrieb und Marketing wie auch Theorien über das Publikum; ein Buch über die Strukturen des globalen Filmsystems mit Fallstudien.*
  Weltkino

- Geoffrey Nowell-Smith (Hg.): Geschichte des Internationalen Films, Stuttgart / Weimar 2006. *Das Standardwerk bietet in drei Kapiteln – Stummfilm (1895–30), Tonfilm (1930–60) und moderner Film (ab 1960) – eine global angelegte Gesamtdarstellung der Geschichte des Films, wobei jeweils die wichtigsten nationalen Filmproduktionen vorgestellt werden; mit umfangreicher Bibliografie.*

- Peter Singer: **One World. The Ethics of Globalization**, New Haven 2002. *Singer entwirft eine utilitaristische Ethik der Globalisierung, die die gesamte Welt betrifft; Kapitel zum Klimawandel, zur Rolle der Welthandelsorganisation, zu Menschenrechten und humanitären Interventionen sowie Entwicklungshilfe; das Buch bietet philosophische Überlegungen wie auch konkrete Lösungsvorschläge an.*
  Ethik und Kosmopolitismus

- Steven Vertovec / Robin Cohen (Hg.): Conceiving Cosmopolitanism. Theory, Context, and Practice, Oxford 2002. *Enthält ein breit gefächertes Spektrum von Beiträgen zur Theorie, Praxis und möglichen Zukunft des Kosmopolitismus als globaler Denk- und Aktionsform.*

- Bruce Mazlish / Akira Iriye (Hg.): The Global History Reader, London 2004. *Sammelband mit Beiträgen, die die Globalisierung in einem historischen Kontext verorten und ein breites Themenspektrum ansprechen, auch aus der Sicht der Soziologie und Ethnologie.*
  Globalisierung und Geschichte

- Neil Brenner / Roger Keil (Hg.): The Global Cities Reader, Oxon / New York 2006. *Umfassende Sammlung von Texten zur Entste-*
  Global Cities

hung, Formation und Struktur von globalen Städten, auch historisch, in Europa, Nordamerika, Ostasien und im globalen Süden; globale Städte werden als Orte der kulturellen Globalisierung betrachtet, die wichtigsten Punkte der wissenschaftlichen Debatte werden präsentiert.

- Ursula von Petz / Klaus M. Schmals (Hg.): **Metropole, Weltstadt, Global City. Neue Formen der Urbanisierung,** Dortmund 1995. *Aufsätze zu Entwicklung und Formen der globalen Stadt aus deutscher Perspektive; auch deutsche Beispiele werden diskutiert.*

15.2 Periodika – Zeitschriften / Journals

Transdisziplinäre Zeitschriften zur Globalisierung existieren bisher nur in den Sozialwissenschaften. In den Literatur- und Kulturwissenschaften gibt es derzeit lediglich einzelne Aufsätze bzw. Sonderausgaben zum Thema. Hier wie im Folgenden lehnen sich die Kommentare teilweise an die Beschreibungen auf den Homepages an.

Sonderbände von Zeitschriften

- **Journal of World Systems Research, 5.2 (1999). Special Issue on Globalization,** herausgegeben von Susan Manning, North Carolina State University, Raleigh, NC 1999. Web-Adresse: http://jwsr.ucr.edu/archive/vol5/number2. *Beiträge zu sozialwissenschaftlichen Themenbereichen, auch online verfügbar.*

- **PMLA 116.1 (January 2001). Special Topic: Globalizing Literary Studies,** New York 2001. *Versammelt Aufsätze, die sich mit dem Verhältnis von einzelsprachlicher Literaturwissenschaft, Globalisierung und Literaturtheorie befassen und diskutieren, worin globale Literaturstudien bestehen könnten.*

- **Zeitschrift für Soziologie. Sonderheft Weltgesellschaft (November 2005),** Bielefeld 2005. *Enthält Aufsätze aus systemtheoretischer Sicht zu einer Vielzahl von Themen wie zum Beispiel Weltpatentsystem, Weltsport, Demokratie, Europa; den Fokus bildet die Theorie einer einzigen gemeinsamen Weltgesellschaft.*

Zeitschriften

- **Diaspora. A Journal of Transnational Studies,** Toronto 1992ff. Web-Adresse: www.utpjournals.com/diaspora/diaspora.html. *Themen sind Migration sowie Diasporakulturen und -gruppen.*

    Sozialwissenschaften

- **Globalizations,** London 2004ff. *Geht von verschiedenen Formen der Globalisierung aus, wendet sich gegen einen ökonomisch verkürzten Globalisierungsbegriff und bietet Interpretationen zu einer Vielzahl sozialwissenschaftlicher Globalisierungsthemen.*

- **The Global Studies Journal,** University of Illinois, Urbana-Champaign, IL 2009ff. *Ist sozial- und kulturwissenschaftlich ausgerichtet, politische Fragen stehen oft im Vordergrund.*

- **Arcadia,** Berlin 1966ff. *Aufsätze in deutscher, englischer und französischer Sprache zu Themen, die die Literatur von mehr als einer Nation oder ethnischen Gruppe betreffen; auch interkulturelle und interdisziplinäre literarische Dimensionen.*

    Literatur und Globalisierung

- **Comparative Literature. The Official Journal of the American Comparative Literature Association,** University of Oregon, Eugene, OR 1949ff. *Reflektiert die Globalisierung der Literaturwissenschaft bereits seit den 1980er- und 1990er-Jahren.*

- **Comparativ. Zeitschrift für Globalgeschichte und vergleichende Gesellschaftsforschung,** Leipzig 1991ff. *Beiträge aus Geschichts-, Politik-, Wirtschafts- und Kulturwissenschaften sowie Soziologie und Entwicklungsländerforschung; umfassendes Verständnis historisch-komparativer Forschung.*

    Geschichte

- **Journal of Global History,** für die London School of Economics and Political Science, Cambridge 2006ff. *Thematisiert globalen Wandel, unterschiedliche Geschichten der und Gegenströmungen zur Globalisierung, jenseits der Gegenüberstellung „der Westen – der Rest der Welt" („the west versus the rest").*

- **Global Media and Communication,** London 2005ff. *Forum zur kritischen Diskussion der Veränderungen in der globalen Medien- und Kommunikationsumwelt; transnational und transdisziplinär ausgerichtet, mit einem Netzwerk von zehn regionalen Herausgebern weltweit.*

    Kommunikationswissenschaften

- The International Communication Gazette, London 1955ff. *Beschäftigt sich mit modernen und traditionellen Medien; fokussiert auf die Rolle der Massenmedien in der Weltpolitik, ihren Beitrag zu internationalem Verstehen und Theorien in den Kommunikationswissenschaften.*

Online Zeitschriften

- CLC Web. Comparative Literature and Culture, Purdue University, West Lafayette, IN 1999ff. Web-Adresse: http://clcwebjournal.lib.purdue.edu./clcweb04-3/cook04.html. *Vergleichende Literatur- und Kulturwissenschaft, in einem globalen, internationalen und interkulturellen Kontext; Methodenvielfalt; Aufsätze können heruntergeladen werden.*

- Exploring Globalization. An Online Scholary Journal. Office of Global Learning, Fairleigh Dickinson University, Teaneck, NJ 2007ff. Web-Adresse: www.gig.org/eg/. *Bietet Buchrezensionen, Artikel, Essays und Interviews zur Globalisierung; Link „Global Gateway" für die Onlinerecherche.*

- Global-e. A Global Studies Journal, herausgegeben von Universities of Illinois, North Carolina, Wisconsin-Madison and Wisconsin-Milwaukee, Urbana-Champaign, IL 2007ff. Web-Adresse: http://global-ejournal.org/. *Erscheint mehrmals im Jahr, enthält jeweils einen kurzen Essay eines Wissenschaftlers oder Praktikers und will in der Global Studies Gemeinschaft Diskussionen hervorrufen.*

- Globality Studies Journal. Global History, Society, Civilization, Stony Brook University, Stony Brook, NY 2006ff. Web-Adresse: www.sunysb.edu/globality/. *Interdisziplinäre Analysen von theoretischen, empirischen, historischen und vergleichenden Themen; Aufsätze sind als pdf-Dateien vorhanden und frei zugänglich.*

- New Global Studies, The Berkeley Electronic Press, Berkeley, CA 2007ff. Web-Adresse: www.bepress.com/ngs. *Beiträge können als pdf-Dateien abgerufen werden; den Schwerpunkt bilden die gegenwärtige Phase der Globalisierung und aktuelle Themen; vor allem an politischen Fragen orientiert; Globalisierung wird als übergreifendes Phänomen untersucht; multidisziplinär, Globalisierung aus soziologischem und historischem Blickwinkel.*

15.3 Onlinequellen / Netzwerke

- Geschichte Transnational, Web-Adresse: http://geschichte-transnational.clio-online.net/. *Fachforum zur Geschichte des kulturellen Transfers und der transnationalen Verflechtungen in Europa und der Welt.*

- Global Gateway. World Culture and Resources, Library of Congress, Washington, D. C., Web-Adresse: http://international.loc.gov/intldl/intldlhome.html. *Weltkultur und Ressourcen; Datenbanken; Links zu Forschungseinrichtungen.*

- The Global Transformations Website, Web-Adresse: www.polity.co.uk/global/. *Buch-/Magazinreihe; bietet eine umfassende Liste mit Links. Globalization Links zu allen denkbaren Fragen der Globalisierung (außer zu Kultur und Kunst).*

- The Global Studies Association, Web-Adresse: www.globalstudiesassociation.org/. *Ein Forum für die multidisziplinäre Erforschung globaler Fragen, Themen und Transformationen; die einzige bisher existierende Gesellschaft für Globalstudien.*

- Global Studies Network, Web-Adresse: http://gsnetwork.igloogroups.org/. *Netzwerk zur Erforschung der Globalisierung aus multidisziplinärer Perspektive, Forschungszentren aus über achtzig Ländern sind beteiligt (im Aufbau).*

- Globalization Research Group, Duke University, Durham, NC, Web-Adresse: www.duke.edu/web/grg/. *Bietet viele Links.*

- The Globalization Webpage, Emory University, Atlanta, GA, Web-Adresse: www.sociology.emory.edu/globalization/. *Großes Angebot unterschiedlicher Links, etwa zu Datenbanken und weiteren Einrichtungen.*

- International Forum on Globalization, Web-Adresse: www.ifg.org/. *Globalisierungskritisches Internetforum.*

- Literatur und Links zum Thema Globalisierung, Web-Adresse: www.online-dissertation.de/literatur/globalisierung.htm. *Links zu Institutionen und Organisationen, zu online zugänglichen Texten und Kurzzusammenfassungen von Texten.*

- MLA International Bibliography, Web-Adresse: www.mla.org/bibliography. *In der online-Bibliografie der Modern Language*

Association lassen sich Texte zum Thema „Literatur und Globalisierung" suchen, etwa mit den Suchwörtern „literature / globalization / global / transnational".

- **The Virtual Library for International Affairs Resources**, Web-Adresse: www2.etown.edu/vl/. *Linksammlung zu Forschungseinrichtungen; Datenbank für Videos, Texte usw.*

- **Yale Global Online. Yale Center for the Study of Globalization.** Yale University, New Haven, CT, Web-Adresse: http://yaleglobal.yale.edu/. *Liste und Links zu Videos und Essays; Informationen zu verschiedenen Themen wie Gender, Gesundheit, Umwelt, Wissenschaft usw.*

15.4 Master- und Graduiertenprogramme (Auswahl)

Internationale Masterprogramme (Auswahl)

- **Global Studies. A European Perspective**, Web-Adresse: www.uni-leipzig.de/gesi/emgs/. *Wird von einem Konsortium von fünf Universitäten angeboten: Roskilde Universiteit (Dänemark), London School of Economics and Political Science (Großbritannien), Universität Leipzig (Deutschland), Universität Wien (Österreich), Uniwersytet Wrocławski (Polen); Schwerpunkt in Geschichte und Politik.*

- **Global Studies Consortium**, Web-Adresse: http://globalstudiesconsortium.org/. *Netzwerk von Master Programmen in Global Studies an verschiedenen Universitäten weltweit.*

- **Global Studies Programme**, Web-Adresse: www.global-studies.de/. *Zweijähriges Master Programm mit der Möglichkeit, ein PhD-Programm anzuschließen, in Kooperation von Universität Freiburg (Deutschland), University of KwaZulu-Natal (Durban, Südafrika), Jawaharlal Nehru University (Neu Delhi, Indien) and FLACSO Argentina (Facultad Latinoamericana de Ciencias Sociales) (Buenos Aires, Argentinien).*

Graduiertenprogramme (laufend 2010)

An deutschen Universitäten findet ein nicht geringer Teil der Forschung zur Globalisierung im Kontext von Graduierten- und Promotionskollegs statt; hier eine aktuelle Auswahl; Links zu Graduiertenkollegs mit Bezug zur Globalisierung finden sich auch unter: www.phil.uni-mannheim.de/pk_globalisierung/vernetzung/index.html

- Ruprecht-Karls-Universität Heidelberg, Web-Adresse:
  www.asia-europe.uni-heidelberg.de/Plone/graduate-programme

- Universität Bielefeld, Web-Adresse:
  www.uni-bielefeld.de/soz/iw/graduiertenkolleg/

- Universität Leipzig, Web-Adresse:
  www.uni-leipzig.de/ral/gchuman/index.php

- Kulturwissenschaftliches Institut Essen, Web-Adresse:
  www.kwi-nrw.de/home/projekt-3.html

- Universität Mannheim, Web-Adresse:
  www.phil.uni-mannheim.de/pk_globalisierung/startseite/index.html

- Justus-Liebig-Universität Gießen, Web-Adresse:
  www.uni-giessen.de/cms/fbz/dfgk/tme

15.5 Forschungseinrichtungen

- Asia and Europe in a Global Context, Web-Adresse: www.asia-europe.uni-heidelberg.de/en/about-us.html. *An der Universität Heidelberg angesiedeltes Exzellencluster, in dem mit einem transkulturellen Ansatz und in globaler Perspektive die kulturellen Austauschbewegungen zwischen Asien und Europa untersucht werden; Fokus auf sich historisch wandelnde Asymmetrien und neue Konfigurationen.* Deutschland

- German Institute of Global and Area Studies / Leibniz-Institut für Globale und Regionale Studien Hamburg, Web-Adresse: www.giga-hamburg.de/index.php?file=giga.html&folder=giga. *Think Tank zur Erforschung der Regionen Asiens, des Nahen und Mittleren Ostens, Afrikas und Lateinamerikas und der Nord-Süd-Beziehungen sowie deren zukünftiger Herausforderungen.*

- Institut für Weltgesellschaft der Universität Bielefeld, Web-Adresse: www.uni-bielefeld.de/(de)/soz/iw/institut/. *Institut an der Fakultät für Soziologie; interdisziplinär; Themenbereiche: Globalisierung, Transnationalisierung, Weltgesellschaft; Leitkonzept ist die Weltgesellschaft, Sachverhalte werden in ihrer Funktionsweise und möglichen Auswirkungen erforscht.*

- Kulturwissenschaftliches Institut Essen, Web-Adresse: www.kwi-nrw.de/home/projekt-3.html. *Das Projekt „Der Huma-*

nismus in der Epoche der Globalisierung. Ein interkultureller Dialog über Kultur, Menschheit und Werte" befasst sich mit verschiedenen Dimensionen eines nicht mehr europazentrierten Humanismus; Bezugspunkt bzw. Ziel ist ein kulturübergreifendes Konzept der Verständigung.

Großbritannien
- **Centre for the Study of Globalisation and Regionalisation (CSGR)**, University of Warwick, Coventry, Web-Adresse: www2.warwick.ac.uk/fac/soc/csgr/. *Das größte akademische Zentrum in Europa, das sich mit diesem Themenfeld beschäftigt.*

Nordamerika
- **American Cultures and Global Contexts Center,** University of California, Santa Barbara, CA, Web-Adresse: http://acc.english.ucsb.edu/. *Verbindet die Amerikastudien mit globalen Entwicklungen; Online Journal.*

- **Center for Global Studies,** University of Illinois, Urbana-Champaign, IL, Web-Adresse: http://cgs.illinois.edu/. *Der Schwerpunkt liegt auf der Entwicklung von Programmen für Ausbildung und Lehre im Bereich der Globalstudien.*

- **Institute on Globalization and the Human Condition,** McMaster University, Hamilton, Kanada, Web-Adresse: http://globalization.mcmaster.ca/. *Kultur- und sozialwissenschaftliche Ausrichtung; mit Liste der Masterprogramme zur Globalisierung in angelsächsischen Ländern.*

Asien und Australien
- **Centre for the Study of Globalization and Cultures (CSGC),** University of Hong Kong, Web-Adresse: www.hku.hk/complit/csgc/. *Fokus auf Fragen der Kultur und Globalisierung, insbesondere Asien, China und Hong Kong.*

- **Globalism Research Center,** RMIT University Melbourne, Web-Adresse: www.rmit.org.au/globalism. *Fragen des globalen Wandels, kulturelle Implikationen politischer und ökonomischer Transformationen, Globales und Lokales.*

16 Anhang

→ ASB
Akademie Studienbücher, auf die der vorliegende Band verweist

ASB BRUHN   Matthias Bruhn: Das Bild. Theorie – Geschichte – Praxis, Berlin 2009.

ASB D'APRILE/SIEBERS   Iwan-Michelangelo D'Aprile/Winfried Siebers: Das 18. Jahrhundert. Zeitalter der Aufklärung, Berlin 2008.

ASB JOISTEN   Karen Joisten: Philosophische Hermeneutik, Berlin 2009.

ASB MEYER   Annette Meyer: Die Epoche der Aufklärung, Berlin 2010.

ASB SCHÖSSLER   Franziska Schössler: Einführung in die Gender Studies, Berlin 2009.

Informationen zu weiteren Bänden finden Sie unter www.akademie-studienbuch.de

16.1 Zitierte Literatur

Adorno 1977   Theodor W. Adorno: Zeitlose Mode. Zum Jazz, in: ders., Kulturkritik und Gesellschaft I. Gesammelte Schriften, 10.1, Frankfurt a. M. 1977, S. 123–137.

Anderson 1993   Benedict Anderson: Die Erfindung der Nation. Zur Karriere eines folgenreichen Konzepts, 2. Auflage, Frankfurt a. M. 1993.

Appadurai 2000   Arjun Appadurai: Disjuncture and Difference in the Global Cultural Economy, in: Frank J. Lechner/John Bollo (Hg.), The Globalization Reader, Oxford 2000, S. 322–330.

Appiah 2007   Kwame Anthony Appiah: Der Kosmopolit. Philosophie des Weltbürgertums, München 2007.

Arndt/Naguschewski/Stockhammer 2007   Susan Arndt/Dirk Naguschewski/Robert Stockhammer (Hg.): Exophonie. Anderssprachigkeit (in) der Literatur, Berlin 2007.

Auerbach 1952   Erich Auerbach: Philologie der Weltliteratur, in: ders., Gesammelte Aufsätze zur romanischen Philologie, Bern/München 1967, S. 301–310.

Bachmann-Medick 2006   Doris Bachmann-Medick: Cultural Turns. Neuorientierungen in den Kulturwissenschaften, Reinbek bei Hamburg 2006.

Badura 2006   Jens Badura: Einleitung, in: ders (Hg.), Mondialisierungen. ‚Globalisierung' im Lichte transdisziplinärer Reflexionen, Bielefeld 2006, S. 11–16.

Baecker 2001   Dirk Baecker: Wozu Kultur? Berlin 2001.

Beck 1997   Ulrich Beck: Was ist Globalisierung? Irrtümer des Globalismus – Antworten auf Globalisierung, Frankfurt a. M. 1997.

Beck 2004   Ulrich Beck: Der kosmopolitische Blick oder: Krieg ist Frieden, Frankfurt a. M. 2004.

Belting 1999   Hans Belting: Hybride Kunst? Ein Blick hinter die globale Fassade, in: Marc Scheps/Yilmaz Dziewior/Barbara M. Thiemann (Hg.), Kunst-Welten im Dialog. Von Gauguin zur globalen Gegenwart, Köln 1999, S. 324–329.

Bender 2003   Thomas Bender: The Unfinished City. New York and the Metropolitan Idea, New York 2003.

Benhabib 2008   Seyla Benhabib: Kosmopolitismus und Demokratie. Eine Debatte mit Jeremy Waldron, Bonnie Honig und Will Kymlicka, Frankfurt a. M. 2008.

Bhabha 1990   Homi K. Bhabha (Hg.): Introduction. Narrating the Nation, in: ders., Nation and Narration, London/New York 1990, S. 1–7.

Bohlman 2002   Philip V. Bohlman: World Music. A Very Short Introduction, Oxford 2002.

Böhme/Scherpe 1996   Hartmut Böhme/Klaus R. Scherpe: Zur Einführung, in: ders./ders. (Hg.), Literatur und Kulturwissenschaften. Positionen, Theorie, Modelle, Reinbek bei Hamburg 1996, S. 7–24.

Borges 1966   Jorge Luis Borges: Das Eine und die Vielen. Essays zur Literatur, München 1966.

Borges 1974   Jorge Luis Borges: Die Bibliothek von Babel, Stuttgart 1974.

Bronfen/Marius 1997   Elisabeth Bronfen/Benjamin Marius: Hybride Kulturen. Einleitung zur angloamerikanischen Multikulturalismusdebatte, in: dies./ders./Therese Steffen (Hg.), Hybride Kulturen. Beiträge zur anglo-amerikanischen Multikulturalismusdebatte, Tübingen 1997, S. 1–29.

Bronger 2004   Dirk Bronger: Metropolen Megastädte Global Cities. Die Metropolisierung der Erde, Darmstadt 2004.

Casanova 2004   Pascale Casanova: The World Republic of Letters, Cambridge, MA 2004.

Castells 2001   Manuel Castells: Der Aufstieg der Netzwerkgesellschaft, Teil 1 der Trilogie Das Informationszeitalter, Opladen 2001.

Castells 2003   Manuel Castells: Jahrtausendwende, Teil 3 der Trilogie Das Informationszeitalter, Opladen 2003.

Ch'ien 2004   Evelyn Nien-Ming Ch'ien: Weird English, Cambridge, MA 2004.

Chaudhuri 2005   Shohini Chaudhuri: Contemporary World Cinema. Europe/Middle East/East Asia/South Asia, Edinburgh 2005.

Clark 1996   David Clark: Urban World/Global City, 2. Auflage, London/New York 1996.

Clifford 1998   James Clifford: Notes on Travel and Theory, Inscriptions Vol. 5, Web-Adresse: www2.ucsc.edu/culturalstudies/PUBS/Inscriptions/vol_5/clifford.html [Zugriff vom 02.02.2010].

Cochrane/Pain 2000   Allan Cochrane/Kathy Pain: A Globalizing Society?, in: David Held (Hg.), A Globalizing World? Culture, Economics, Politics, London/New York 2000, S. 5–45.

Conrad/Eckert 2007   Sebastian Conrad/Andreas Eckert: Globalgeschichte, Globalisierung, multiple Modernen: Zur Geschichtsschreibung der modernen Welt, in: ders./ders./Ulrike Freitag (Hg.), Globalgeschichte. Theorien, Ansätze, Themen, Frankfurt a. M. 2007, S. 7–49.

Cooppan 2001   Vilashini Cooppan: World Literature and Global Theory. Comparative Literature for the New Millennium, in: Symploké 9.1–2, 2001, S. 15–43.

Culler 2002   Jonathan Culler: Literaturtheorie. Eine kurze Einführung, Stuttgart 2002.

Dainat/Kruckis 1995   Holger Dainat/Hans-Martin Kruckis: Die Ordnungen der Literatur(wissenschaft), in: Jürgen Fohrmann/Harro Müller (Hg.), Literaturwissenschaft, München 1995, S. 117–156.

Damrosch 2003   David Damrosch: What is World Literature? Princeton, NJ 2003.

Daniels/Hyslop 2006   Partricia S. Daniels/Stephen G. Hyslop: Almanac of World History, Washington 2006.

de Kerkhoeve 1999   Derrick de Kerkhoeve: Vom Alphabet zum Computer, in: Lorenz Engell/Joseph Vogl (Hg.), Kursbuch Medienkultur. Die maßgeblichen Theorien von Brecht bis Baudrillard, Stuttgart 1999, S. 116–125.

de Landa 2000   Manuel de Landa: A Thousand Years of Nonlinear History, New York 2000.

Debray 1999 Régis Debray: Für eine Mediologie, in: Lorenz Engell/Joseph Vogl (Hg.), Kursbuch Medienkultur. Die maßgeblichen Theorien von Brecht bis Baudrillard, Stuttgart 1999, S. 67–75.

DeLillo 2005 Don DeLillo: Cosmopolis, München 2005.

Derrida 1967 Jacques Derrida: De la Grammatologie, Paris 1967.

Derrida 1976 Jacques Derrida: Die Struktur, das Zeichen und das Spiel im Diskurs der Wissenschaften vom Menschen, in: ders., Die Schrift und die Differenz, Frankfurt a. M. 1976, S. 422–442.

Diamond 1999 Jared Diamond: Arm und Reich. Die Schicksale menschlicher Gesellschaften, Frankfurt a. M. 1999.

Diebner 2001 Hans H. Diebner (Hg.): Studium generale zur Komplexität, Tübingen 2001.

Döring/Thielmann 2008 Jörg Döring/Tristan Thielmann: Spatial Turn. Das Raumparadigma in den Kultur- und Sozialwissenschaften, Bielefeld 2008.

During 1997 Simon During: Popular Culture on a Global Scale. A Challenge for Cultural Studies?, in: Critical Inquiry 23, 1997, S. 808–833.

Eagleton 1997 Terry Eagleton: Einführung in die Literaturtheorie, 4. Auflage, Stuttgart 1997.

Eco 1972 Umberto Eco: Einführung in die Semiotik, München 1972.

Eco 1977 Umberto Eco: Zeichen. Einführung in einen Begriff und seine Geschichte, Frankfurt a. M. 1977.

Eisenstadt 2002 Shmuel N. Eisenstadt (Hg.): Multiple Modernities, New Brunswick, NJ 2002.

Ellwood 2001 Wayne Ellwood: The No-Nonsense Guide to Globalization, London 2001.

Engell 1999 Lorenz Engell: Wege, Kanäle, Übertragungen. Zur Einführung in: ders./Joseph Vogl (Hg.), Kursbuch Medienkultur. Die maßgeblichen Theorien von Brecht bis Baudrillard, Stuttgart 1999, S.127–133.

Engell/Vogl 1999 Lorenz Engell/Joseph Vogl (Hg.): Kursbuch Medienkultur. Die maßgeblichen Theorien von Brecht bis Baudrillard, Stuttgart 1999.

Enwezor 2002 Amine Haase im Gespräch mit Okwui Enwezor: Kunst als Teil eines umfassenden Systems oder: Der erweiterte Horizont des deterritorialisierten Aktionsraums, in: Kunstform Bd. 161, August – Oktober 2002: Die Documenta 11, S. 82–91.

Ette 2001 Ottmar Ette: Literatur in Bewegung. Raum und Dynamik grenzüberschreitenden Schreibens in Europa und Amerika, Weilerswist 2001.

Ette 2005 Ottmar Ette: ZwischenWeltenSchreiben. Literaturen ohne festen Wohnsitz, Berlin 2005.

Fauser 2003 Markus Fauser: Einführung in die Kulturwissenschaft, Darmstadt 2003.

Fecht 1997 Tom Fecht: Die Ausstellung als moderne Ruine. Parcours der Melancholie – Die Stadt als heimliches Leitmotiv, in: Kunstforum Bd. 138, September – November 1997: Die Documenta X, S. 90–95.

Fishman 1994 Robert Fishman: Die neue Stadt des 20. Jahrhunderts. Raum, Zeit und Sprawl, in: Bernd Meurer (Hg.), Die Zukunft des Raums, Frankfurt a. M. 1994, S. 91–106.

Fiske 1987 John Fiske: Television Culture, New York 1987.

Fiske 1995 John Fiske: Popular Culture, in: Frank Lentricchia/Thomas McLaughlin (Hg.), Critical Terms for Literary Study, 2. Auflage, Chicago 1995, S. 321–335.

Fluck 1999 Winfried Fluck: Amerikanisierung und Modernisierung, in: Transit 17, Sommer 1999, S. 321–335.

Fohrmann/Müller 1995 Jürgen Fohrmann/Harro Müller (Hg.): Literaturwissenschaft, München 1995.

Friedman 2000   Thomas L. Friedman: Globalisierung verstehen. Zwischen Marktplatz und Weltmarkt, München 2000.

Friedmann 1995   John Friedmann: Appendix. The World City Hypothesis, in: Paul L. Knox/Peter J. Taylor (Hg.), World Cities in a World System, Cambridge 1995, S. 317–331.

Gadamer 1990   Hans-Georg Gadamer: Wahrheit und Methode. Grundzüge einer philosophischen Hermeneutik, 1960; Tübingen 1990.

Gilroy 1993   Paul Gilroy: The Black Atlantic. Modernity and Double Consciousness, Cambridge, MA 1993.

Goethe 1907   Johann Wolfgang von Goethe: [5. April 1830], in: Goethes Werke, herausgegeben im Auftrage der Großherzogin von Sachsen, Weimarer Ausgabe, Abt. I, Bd. 42,2, Berlin 1907, S. 505.

Goethe 1967   Johann Wolfgang von Goethe: Goethes wichtigste Äußerungen über „Weltliteratur", in: Goethes Werke. Hamburger Ausgabe in 14 Bänden, 12 Schriften zur Kunst und Literatur, 6. Auflage, Hamburg 1967, S. 361–364.

Goodman 1984   Nelson Goodman: Weisen der Welterzeugung, Frankfurt a. M. 1984.

Großklaus 1995   Götz Großklaus: Medien-Zeit, Medien-Raum, Frankfurt a. M. 1995.

Habermas 1989   Jürgen Habermas: Der philosophische Diskurs der Moderne, Frankfurt a. M. 1989.

Habermas 2004   Jürgen Habermas: Das Völkerrecht im Übergang zur postnationalen Konstellation, in: Angelika Poferl/Natan Sznaider (Hg.), Ulrich Becks kosmopolitisches Projekt. Auf dem Weg in eine andere Soziologie, Baden-Baden 2004, S. 159–168.

Haidu 1990   Peter Haidu: The Semiotics of Alterity. A Comparison With Hermeneutics, in: New Literary History 21.3, Spring 1990, S. 671–691.

Hall 1974   Stuart Hall: The Television Discourse – Encoding and Decoding, Reprint in: Ann Gray/Jim McGuigan (Hg.), Studying Culture. An Introductory Reader, London 1993, S. 28–34.

Hall 1996   Stuart Hall: Cultural Identity and Diaspora, in: Padmini Mongia (Hg.), Contemporary Postcolonial Theory. A Reader, London 1996, S. 110–121.

Hanrou 1999   Hou Hanrou: Millenium, Globalisierung und Entropie. Neue Bedingungen für die Kunst, in: Marc Scheps/Yilmaz Dziewior/Barbara M. Thiemann (Hg.), Kunst-Welten im Dialog. Von Gauguin zur globalen Gegenwart, Köln 1999, S. 337–344.

Hardt/Negri 2002   Michael Hardt/Antonio Negri: Empire. Die neue Weltordnung, Darmstadt 2002.

Harvey 1989   David Harvey: The Condition of Postmodernity. An Enquiry into the Origins of Cultural Change, Oxford 1989.

Heidegger 1959   Martin Heidegger: Unterwegs zur Sprache, Pfullingen 1959.

Heinrichs 1997   Hans-Jürgen Heinrichs: Der Künstler als globaler Player. Mit ethnologischem Blick – Die Kunst im Zeichen der Globalisierung, in: Kunstforum Bd. 138, September – November 1997: Die Documenta X, S. 96–99.

Hepp 2006   Andreas Hepp: Transkulturelle Kommunikation, Konstanz 2006.

Hepp/Krotz/Moores/Winter 2006   Andreas Hepp/Friedrich Krotz/Shaun Moores/Carsten Winter (Hg): Konnektivität, Netzwerk und Fluss. Konzepte gegenwärtiger Medien-, Kommunikations- und Kulturtheorie, Konstanz 2006.

Herder 1913   Johann Gottfried Herder: Ueber die Neuere Deutsche Litteratur, in: ders., Sämtliche Werke, herausgegeben von Bernhard Suphan, Berlin 1877–1913, Bd. 1.

Hickethier 2001   Knut Hickethier: Hollywood, der europäische Film und die kulturelle Globalisierung, in: Bernd Wagner (Hg.), Kulturelle Globalisierung. Zwischen Weltkultur und kultureller Fragmentierung, Essen 2001, S. 113–131.

ZITIERTE LITERATUR

Hippe 2001   Wolfgang Hippe: Wie die Geschichte von Hase und Igel. Kultur und Globalisierung, in: Bernd Wagner (Hg.), Kulturelle Globalisierung. Zwischen Weltkultur und kultureller Fragmentierung, Essen 2001, S. 39–49.

Holton 2005   Robert J. Holton: Making Globalization, Houndsmills 2005.

Hörisch 2001   Jochen Hörisch: Der Sinn und die Sinne, Frankfurt a. M. 2001.

Humboldt 1834   Alexander von Humboldt: Brief an Karl August Varnhagen von Ense, Berlin, den 24. Oktober 1834, in: Ludmilla Assing (Hg.), Briefe von Alexander von Humboldt an Karl August Varnhagen von Ense aus den Jahren 1827 bis 1858, Leipzig 1860.

Huyssen 1986   Andreas Huyssen: After the Great Divide. Modernism, Mass Culture, Postmodernism, Bloomington, Indiana 1986.

Huyssen 2007   Andreas Huyssen: Geographies of Modernism in a Globalizing World, in: New German Critique 100, 34.1, Winter 2007, S. 189–207.

Innis 1951   Harold A. Innis: The Bias of Communication, Toronto 1951.

Iser 1989   Wolfgang Iser: Representation. A Performative Act, in: ders., Prosepecting, Baltimore 1989, S. 249–261.

Iser 2000   Wolfgang Iser: The Range of Interpretation, New York 2000.

Iser 2003   Wolfgang Iser: Zum Begriff der Kultur, in: Podium. Siegener Universitätsreden 33, Siegen 2003.

James 1977   William James: A Pluralistic Universe, Hibbert Lectures at Manchester College on the Present Situation in Philosophy [1909], Cambridge, MA 1977.

Jay 1994   Martin Jay: Downcast Eyes. The Denigration of Vision in Twentieth-Century French Thought, Berkeley/Los Angeles 1994.

Jullien 2002   François Jullien: Der Umweg über China. Ein Ortswechsel des Denkens, Berlin 2002.

Jullien 2004   François Jullien: Über die ‚Zeit'. Elemente einer Philosophie des Lebens, Zürich/Berlin 2004.

Jullien 2008   François Jullien: De l'universel, de l'uniforme, du commun et du dialogue entre les cultures, Paris 2008.

Kafka 1970   Frank Kafka: Sämtliche Erzählungen, herausgegeben von Paul Raabe, Frankfurt a. M. 1970.

Kern 1983   Stephen Kern: The Culture of Time and Space. 1880–1918, Cambridge, MA 1983.

Kim 1998   Uchang Kim: Räume, Ideen und Bilder, in: Hans Belting/Lydia Haustein (Hg.), Das Erbe der Bilder. Kunst und moderne Medien in den Kulturen der Welt, München 1998, S. 78–91.

Klein 2000   Naomi Klein: No Logo, London 2000.

Klein/Friedrich 2003   Gabriele Klein/Malte Friedrich: Is this real? Die Kultur des HipHop, Frankfurt a. M. 2003.

Kneer/Nassehi 1997   Georg Kneer/Armin Nassehi: Niklas Luhmanns Theorie sozialer Systeme. Eine Einführung, 3. unveränderte Auflage, München 1997.

Koselleck 1989   Reinhart Koselleck: Vergangene Zukunft. Zur Semantik geschichtlicher Zeiten, Frankfurt a. M. 1989.

Liu 1995   Lydia H. Liu: Translingual Practice. Literature, National Culture, and Translated Modernity. China, 1900–1937, Stanford 1995.

Luhmann 1990   Niklas Luhmann: Weltkunst, in: ders./Frederick D. Bunsen/Dirk Baecker (Hg.), Unbeobachtbare Welt. Über Kunst und Architektur, Bielefeld 1990, S. 7–45.

Luhmann 1998 Niklas Luhmann: Die Gesellschaft der Gesellschaft, Bd. 1 und 2, Frankfurt a. M. 1998.

Luhmann 2001 Niklas Luhmann: Aufsätze und Reden, Stuttgart 2001.

Lyotard 1994 Jean-François Lyotard: Die Delegitimierung, in: Christoph Conrad/Martina Kessel (Hg.), Geschichte schreiben in der Postmoderne. Beiträge zur aktuellen Diskussion, Stuttgart 1994, S. 71–79.

Maase 1992 Kaspar Maase: Bravo Amerika. Erkundungen zur Jugendkultur der Bundesrepublik in den fünfziger Jahren, Hamburg 1992.

Mattenklott 1987 Gert Mattenklott/Gundel Mattenklott: Berlin Transit. Eine Stadt als Station, Reinbek bei Hamburg 1987.

McLuhan 1968a Marshall McLuhan: Die Gutenberg-Galaxis. Das Ende des Buchzeitalters, Düsseldorf 1968 [Original: The Gutenberg Galaxy. The Making of Typographic Man, London 1962].

McLuhan 1968b Marshall McLuhan: Die magischen Kanäle. Understanding Media, Düsseldorf/Wien 1968.

Mitchell 1990 W. J. T. Mitchell: Representation, in: Frank Lentricchia/Thomas McLaughlin (Hg.), Critical Terms for Literary Study, 2. Auflage, Chicago 1995, S. 11–22.

Mollenkopf/Castells 1991 John H. Mollenkopf/Manuel Castells (Hg.): Dual City. Restructuring New York, New York 1991.

Mouffe 2007 Chantal Mouffe: Über das Politische. Wider die kosmopolitische Illusion, Frankfurt a. M. 2007.

Müller 2002 Klaus Müller: Globalisierung, Frankfurt a. M. 2002.

Nancy 2003 Jean-Luc Nancy: Die Erschaffung der Welt oder die Globalisierung, Zürich/Berlin 2003.

Nassehi 2003 Armin Nassehi: Geschlossenheit und Offenheit. Studien zur Theorie der modernen Gesellschaft, Frankfurt a. M. 2003.

Ong 1982 Walter J. Ong: Orality and Literacy. The Technologizing of the Word, London/New York 1982.

Ong 1999 Walter Ong: Oralität und Literalität, in: Lorenz Engell/Joseph Vogl (Hg.), Kursbuch Medienkultur. Die maßgeblichen Theorien von Brecht bis Baudrillard, Stuttgart 1999, S. 95–104.

Osterhammel/Petersson 2003 Jürgen Osterhammel/Niels P. Petersson: Geschichte der Globalisierung, München 2003.

Pieterse 2000 Jan Nederveen Pieterse: Globalization as Hybridization, in: Frank J. Lechner/John Bolli (Hg.), The Globalization Reader, Oxford 2000, S. 99–105.

Radway 1999 Janice Radway: What's in a Name? Presidential Address to the American Studies Association, November 20, 1998, in: American Quarterly 51, March 1999, S. 1–32.

Riedmann 2005 Erwin Riedmann: Global City Berlin? Illusionen und die Ironie der Geschichte, in: dérive. Zeitschrift für Stadtforschung 20, 2005, S. 1–9. [Web-Adresse: www.derive.at/index.php?p_case=2&id_cont=475&issue_No=20; Zugriff vom 02.02.2010].

Robertson 1992 Roland Robertson: Globalization: Social Theory and Global Culture, London 1992.

Robertson 1998 Roland Robertson: Homogenität und Heterogenität in Raum und Zeit, in: Ulrich Beck (Hg.), Perspektiven der Weltgesellschaft, Frankfurt a. M. 1998, S. 192–221.

Rorty 1988 Richard Rorty: Solidarität oder Objektivität? Drei philosophische Essays, Stuttgart 1988.

Rushdie 1984 Salman Rushdie: Shame, London 1984.

Rushdie 1991 Salman Rushdie: Imaginary Homelands. Essays and Criticism 1981–1991, New York 1991.

Safranski 2003 Rüdiger Safranski: Wieviel Globalisierung verträgt der Mensch, München 2003.

Said 1994 Edward W. Said: Kultur und Imperialismus. Einbildungskraft und Politik im Zeitalter der Macht. Frankfurt a. M. 1994.

Sassen 1994 Saskia Sassen: Wirtschaft und Kultur in der globalen Stadt, in: Bernd Meurer (Hg.), Die Zukunft des Raums, Frankfurt a. M. 1994, S. 71–90.

Schelske 2007 Andreas Schelske: Soziologie vernetzter Medien. Grundlagen computervermittelter Vergesellschaftung, München 2007.

Scheps 1999 Marc Scheps: Kunstwelten im Dialog, in: ders./Yilmaz Dziewior/Barbara M. Thiemann (Hg.), Kunst-Welten im Dialog. Von Gauguin zur globalen Gegenwart, Köln 1999.

Scherer 1998 Bernd M. Scherer: Das Haus der Kulturen der Welt, in: Hans Belting/Lydia Haustein (Hg.), Das Erbe der Bilder. Kunst und moderne Medien in den Kulturen der Welt, München 1998, S. 54–64.

Schmeling 2002 Manfred Schmeling: Differenz, Hybridisierung, Globalisierung – Interkulturelle Poetik heute, in: Djelal Kadir/Dorothea Löbbermann (Hg.), Other Modernisms in an Age of Globalization, Heidelberg 2002, S. 265–284.

Schmeling/Schmitz-Emans/Walstra 2000 Manfred Schmeling/Monika Schmitz-Emans/Kerst Walstra: Vorwort der Herausgeber, in: ders./dies./ders. (Hg.), Literatur im Zeitalter der Globalisierung, Würzburg 2000, S. 5–21.

Schmidt 1998 Wilhelm Schmidt: Philosophie der Lebenskunst, Frankfurt a. M. 1998.

Schmitz-Emans 2000 Monika Schmitz-Emans: Globalisierung im Spiegel literarischer Reaktionen und Prozesse, in: Manfred Schmeling/dies./Kerst Walstra (Hg.), Literatur im Zeitalter der Globalisierung, Würzburg 2000, S. 285–315.

Schröder/Höhler 2005 Iris Schröder/Sabine Höhler (Hg.): Welt-Räume. Geschichte, Geographie und Globalisierung seit 1900, Frankfurt a. M. 2005.

Simmel 1995 Georg Simmel: Die Großstädte und das Geistesleben, in: ders., Gesamtausgabe, herausgegeben von Otthein Rammstedt, Aufsätze und Abhandlungen 1901–1908, Bd. I, herausgegeben von Rüdiger Kramme, Angela Krammstedt und Otthein Rammstedt, Frankfurt a. M. 1995, S. 116–131.

Sloterdijk 2005 Peter Sloterdijk: Im Weltinnenraum des Kapitals, Frankfurt a. M. 2005.

Soja 2004 Edward W. Soja: Postmetropolis. Critical Studies of Cities and Regions, Malden, MA/Oxford 2004.

Spivak 2003 Gayatri Chakravorty Spivak: Death of a Discipline, New York 2003.

Stäheli 2000 Urs Stäheli: Die Kontingenz des globalen Populären, in: Soziale Systeme 6.1, 2000, S. 85–110.

Steger 2003 Manfred B. Steger: Globalization. A Very Short Introduction, Oxford 2003.

Steinmetz 1985 Horst Steinmetz: Weltliteratur – Umriss eines literaturgeschichtlichen Konzepts, in: Arcadia 20.1, 1985, S. 2–19.

Stemmler 2008 Susanne Stemmler: Neue Ästhetiken des Diversen. Migration und transkulturelle Dynamiken, in: dies./Sven Arnold (Hg.), New York Berlin. Kulturen in der Stadt, Göttingen 2008, S. 29–33.

Stemmler/Arnold 2008 Susanne Stemmler/Sven Arnold: Eine Einführung, in: dies./ders. (Hg.), New York Berlin. Kulturen in der Stadt, Göttingen 2008, S. 9–13.

Storey 1996 John Storey: Cultural Studies and the Study of Popular Culture, Athens, GA 1996.

Sturm-Trigonakis 2007 Elke Sturm-Trigonakis: Global Playing in der Literatur. Ein Versuch über die Neue Weltliteratur, Würzburg 2007.

Tawada 2002 Yoko Tawada: Überseezungen, Tübingen 2002.

Ch. Taylor 1994 Charles Taylor: The Politics of Recognition, in: David Theo Goldberg (Hg.), Multiculturalism. A Critical Reader, Cambridge, MA 1994, S. 75–106.

M. Taylor 2001 Mark C. Taylor: The Moment of Complexity. Emerging Network Culture, Chicago 2001.

M. Taylor 2004 Mark C. Taylor: Confidence Games. Money and Markets in a World Without Redemption, Chicago 2004.

P. Taylor 2004 Peter J. Taylor: World City Network. A Global Urban Analysis, London / New York 2004.

Thomas 1991 Brook Thomas: The New Historicism and Other Old-Fashioned Topics, Princeton, NJ 1991.

Urry 2003 John Urry: Global Complexity, Cambridge 2003.

Urry 2007 John Urry: Mobilities, Oxford 2007.

van Elteren 1996 Mel van Elteren: Conceptualizing the Impact of US Popular Culture Globally, in: Journal of Popular Culture 30.1, 1996, S. 47–89.

Wagner 2001 Bernd Wagner: Kulturelle Globalisierung. Weltkultur, Glokalität und Hybridisierung, in: ders. (Hg.), Kulturelle Globalisierung. Zwischen Weltkultur und Fragmentierung, Essen 2001, S. 9–38.

Walcott 1999 Derek Walcott: Gedichte, übersetzt von Konrad Klotz und Klaus Martens, München 1999.

Wallerstein 1986 Immanuel Wallerstein: Das moderne Weltsystem – Die Anfänge kapitalistischer Landwirtschaft und die europäische Weltökonomie im 16. Jahrhundert, Frankfurt a. M. 1986.

Welsch 1988 Wolfgang Welsch: Unsere postmoderne Moderne, 2. Auflage, Weinheim 1988.

Welsch 1997 Wolfgang Welsch: Transkulturalität. Die veränderte Verfassung heutiger Kulturen (online 28.02.1997). Web-Adresse: www.via-regia.org/bibliothek/pdf/heft20/welsch_transkulti.pdf, [Zugriff vom 14.03.2010].

Wilkinson 1999 Alan G. Wilkinson: Von Gauguin bis Moore. Transformationen des Primitiven in der modernen Skulptur, in: Marc Scheps / Yilmaz Dziewior / Barbara M. Thiemann (Hg.), Kunst-Welten im Dialog. Von Gauguin zur globalen Gegenwart, Köln 1999, S. 35–49.

Williams 1976 Raymond Williams: Keywords. A Vocabulary of Culture and Society, London 1976.

Zaimoglu 1995 Feridun Zaimoglu: Kanak Sprak, Berlin 1995.

16.2 Abbildungsverzeichnis

Abbildung 1: Ein Tag aus der Sicht eines Satelliten. Satellitenfotografien (2008). Deutsches Fernerkundungszentrum des DLR, EUMETSAT.

Abbildung 2: Martin Waldseemüller: Weltkarte, *Universalis cosmographica* (1507), Faksimile. bpk/ SBB/Ruth Schacht.

Abbildung 3: Nasdaq-Zeichen am Times Square in New York City. Fotografie von svachalek (2008), licensed under the Creative Commons Attribution ShareAlike 2.0 License (http://creativecommons.org/licenses/by-sa/2.0/deed.en).

Abbildung 4: Douglas R. Hofstadter: *Gödel, Escher, Bach. Ein Endloses Geflochtenes Band,* „Ein winziger Ausschnitt des ‚semantischen Netzwerks' des Autors" (1985/2006). Aus dem Amerikanischen von Philipp Wolff-Windegg und Hermann Feuersee unter Mitwirkung von Werner Alexi, Ronald Jonkers und Günter Jung. Mit einem Vorwort von Gero von Randow, 1979 by Basic Books, New York. Klett-Cotta, Stuttgart 1985/2006, S. 396.

Abbildung 5: Mark Tansey: *Vigilant Machinery Caught in Discursive Formation* [Überwachungsmaschinerie in diskursiver Formation gefangen] (1992). From the Wheels suite, Toner on paper 9 1/8 × 7 1/8 ins. (23,2 × 18,1 cm). Mark Tansey. Courtesy Gagosian Gallery.

Abbildung 6: Paying out the land end of the cable from the stern of the „Niagara" – Verlegung des transatlantischen Kabels (1857). Atlantic-Cable.com Website.

Abbildung 7: *The greatest crowd puller – Television [Der größte Publikumsmagnet – Fernsehen].* Fotografie von Ranveig Thattai (2008), licensed under the Creative Commons Attribution ShareAlike 2.0 License (http://creativecommons.org/licenses/by-sa/2.0/deed.en).

Abbildung 8: Mona Hatoum: *Plotting Table* (1998). Wood, MDF, UV lights and fluorescent paint, 103 1/3 × 56 2/3 × 31 7/8 in. (262,5 × 144 × 81 cm). Courtesy White Cube.

Abbildung 9: Albert Eckhout: *Tairiu-Frau („Tapuya")* (1641). Öl auf Leinwand (264 × 159 cm), Kopenhagen, National Museum.

Abbildung 10: Das Goethe- und Schiller-Denkmal in Weimar vor dem Nationaltheater (Ernst Rietschel, 1857). Fotografie von MjFe (2007), licensed under the Creative Commons Attribution ShareAlike 1.2 License.

Abbildung 11: Joseph Karl Stieler: *Alexander von Humboldt und sein Kosmos* (1843). Öl auf Leinwand (107 × 87 cm). akg-images.

Abbildung 12: Yinka Shonibare: Without Title [Ohne Titel] (1997), aus: Marc Scheps/Yilmaz Dziewior/Barbara M. Thiemann (Hg.), Kunst-Welten im Dialog. Von Gaugin zur globalen Gegenwart, Köln: Museum Ludwig 1999, S. 477.

Abbildung 13: *Diversity,* Fotografie aus: Florian Böhm/Luca Pizzaroni/Wolfgang Scheppe: ENDCOMMERCIAL. Reading the City. A Case Study by SBA/Scheppe Böhm Associates, Ostfildern-Ruit: Hatje Cantz Verlag 2002, Kapitel: Identity – Diversity (Identity and Diversity are inseparable).

Abbildung 14: United Nations Building, New York City. Fotografie von Theodoranian (Taiwan) (2006), licensed under the Creative Commons Attribution ShareAlike 2.5 License (http://creativecommons.org/licenses/by-sa/2.5/).

Der Verlag hat sich um die Einholung der Abbildungsrechte bemüht. Da in einigen Fällen die Inhaber der Rechte nicht zu ermitteln waren, werden rechtmäßige Ansprüche nach Geltendmachung ausgeglichen.

16.3 Personenverzeichnis

Adorno, Theodor W. 100, 249f.
Akin, Fatih 190
Alexander der Große 27
Amodeo, Immacolata 168
Amundsen, Roald 33
Anderson, Benedict 15, 146, 149, 181
Appadurai, Arjun 17, 41, 119
Appiah, Anthony Kwame 218–220, 224
Armstrong, Neil 12
Arndt, Susan 165, 176
Arnold, Sven 201f.
Ashcroft, Bill 78
Atabay, Cyrus 168
Atahualpa 88
Auerbach, Erich 152–154, 158

Bach, Johann Sebastian 135
Bachmann-Medick, Doris 80, 82, 137
Badura, Jens 13f., 62
Baecker, Dirk 14f., 22, 138
Balzac, Honoré de 175
Barber, Benjamin 49, 106
Barthes, Roland 72, 109, 251
Beck, Ulrich 13, 22, 49, 217–219, 224f.
Beckett, Samuel 165
Below, Irene 226
Belting, Hans 183, 186, 192, 226
Bender, Thomas 197
Benhabib, Seyla 213f., 219, 223f.
Berkeley, George 174
Berliner, Emil 179
Bhabha, Homi K. 79, 128, 155
Binas, Sabine 191
Bismarck, Beatrice von 226
Blanchett, Cate 126
Bohlman, Philip V. 180f., 192
Böhme, Hartmut 20, 41
Boli, John 22
Bolz, Norbert 85
Borges, Jorge Luis 173f., 176
Brenner, Neil 227
Bronfen, Elisabeth 119f., 127, 131
Bronger, Dirk 200, 207
Broughton, Simon 226
Buddensieg, Andrea 226
Bude, Heinz 102
Burton, Kim 226

Cage, John 182
Camus, Albert 135
Casanova, Pascale 155
Castells, Manuel 56–58, 85, 92, 197, 200, 225

Ch'ien, Evelyn Nien-Ming 167
Chakrabarty, Dipesh 27
Chamoiseau, Patrick 122, 169
Chaudhuri, Shohini 188f., 192
Chiellino, Gino 168
Clark, David 197
Clifford, James 171
Cochrane, Allan 118, 128
Cohen, Robin 227
Conrad, Joseph 165
Conrad, Sebastian 26, 28, 31, 34, 36
Cooppan, Vilashini 134, 154f., 157f.,
Coppola, Sofia 190
Crichton, Michael 171
Culler, Jonathan 71, 73f., 82

Dabydeen, David 154
Dainat, Holger 148f.
Damrosch, David 134, 153, 157, 159
Daniels, Patricia S. 27
Dante Alighieri 118, 172, 174
David, Catherine 185
de Kerkhoeve, Derrick 89
de Landa, Manuel 31, 36, 196, 205f.
Debray, Régis 86f.
DeLillo, Don 40, 45f., 170f., 176
Derrida, Jacques 58, 75, 251
Descartes, René 88
Diamond, Jared 88f.
Diebner, Hans H. 60
Döring, Jörg 122
During, Simon 105
Dziewior, Yilmaz 192

Eagleton, Terry 71, 74f., 82, 148
Eckert, Andreas 26, 28, 31, 34, 36
Eckhout, Albert 129f., 133
Eco, Umberto 74, 108, 138, 143, 251
Edison, Thomas Alva 179
Eisenstadt, Shmuel N. 36, 185
Ellingham, Mark 226
Ellwood, Wayne 46
Engell, Lorenz 85f., 90, 95
Engels, Friedrich 152
Enwezor, Okwui 185f.
Ette, Ottmar 155, 169, 176

Fanon, Frantz 79
Faulkner, William 167
Fauser, Markus 134–136, 143
Fecht, Tom 202
Fishman, Robert 199

Fiske, John 101, 109, 111
Fluck, Winfried 103, 109, 111
Fohrmann, Jürgen 72, 82
Ford, Henry 199
Foucault, Michel 70, 76, 174, 248
Freitag, Ulrike 36
Freyer, Hans 29
Friedman, Milton 43, 250
Friedman, Thomas L. 44, 46, 52
Friedmann, John 197f.
Friedrich, Malte 203

Gadamer, Hans-Georg 133
Gaghan, Stephen 190
Gauguin, Paul 185
Gibson, William 171, 175f.
Gilroy, Paul 28, 79, 90
Glissant, Edouard 169, 176
Goethe, Johann Wolfgang von 118, 145f., 151–153, 158f., 172
Goldblatt, David 225
Goodman, Nelson 14, 151, 173
Gore, Al 190
Govil, Nitin 227
Grande, Edgar 218
Grossberg, Lawrence 100
Großklaus, Götz 86, 89, 92, 95
Gutenberg, Johannes 85

Habermas, Jürgen 118, 172, 211–213, 216f., 224
Haidu, Peter 132, 138f., 143
Hall, Stuart 80, 108f.
Hanrou, Hou 202
Hardt, Michael 52, 58
Harvey, David 12, 56, 198
Hatoum, Mona 113f.
Haustein, Lydia 192
Heidegger, Martin 166
Heine, Heinrich 86, 164
Heinrichs, Hans-Jürgen 187
Held, David 52, 128, 225
Hepp, Andreas 92f., 95
Herder, Johann Gottfried 148
Herrera, Juan Felipe 168
Hickethier, Knut 188, 190, 192
Hippe, Wolfgang 189
Hofstadter, Douglas R. 53f.
Höhler, Sabine 25f., 37
Hölderlin, Friedrich 146
Holton, Robert J. 28, 51
Homer 154, 171f.
Honig, Bonnie 224
Hopkins, Antony G. 36

Hörisch, Jochen 86, 95
Horkheimer, Max 249
Humboldt, Alexander von 14, 161f., 173
Huntington, Samuel 106
Huyssen, Andreas 99, 136
Hyslop, Stephen G. 27

Iñárritu, Alejandro González 114, 124, 127, 190
Innis, Harold 90
Iriye, Akira 227
Iser, Wolfgang 16, 115f., 136f., 141, 143

James, William 18
Jarmusch, Jim 190
Jaspers, Karl 29
Jay, Martin 88
Jolles, Edmond 109
Joyce, James 167
Jullien, François 64–67, 215f., 219, 223

Kadir, Djelal 128
Kafka, Franz 156, 164f., 176
Kant, Immanuel 14, 211, 217
Kehlmann, Daniel 173
Keil, Roger 227
Kemper, Peter 226
Kern, Stephen 33, 84
Keynes, John Maynard 43, 249
Kim, Uchang 66, 184
Kirchner, Ernst Ludwig 185
Klee, Paul 185
Klein, Gabriele 203
Klein, Naomi 44f.
Kneer, Georg 42
Kohlhaas, Rem 202
Kolumbus, Christoph 24, 29, 173
Konfuzius 64
Koselleck, Reinhart 30
Kracht, Christian 203
Krotz, Friedrich 92
Kruckis, Hans-Martin 148f.
Kymlicka, Will 224

Lachmann, Renate 134
Lechner, Frank 22
Lentricchia, Frank 111, 128
Léry, Jean de 181
Lévi-Strauss, Claude 72, 109, 251
Levitt, Theodore 13
Ligeti, György 182
Linebaugh, Peter 90
Liu, Lydia 66, 166
Löbbermann, Dorothea 128

Luhmann, Niklas 55, 62, 90f., 117, 252
Lyotard, Jean-François 77

Maase, Kaspar 103
Macke, August 185
Magellan, Ferdinand 24
Manning, Susan 228
Marius, Benjamin 119f., 127, 131
Marx, Karl 152
Massey, Doreen 118
Mattenklott, Gerd 204
Mattenklott, Gundel 204
Maxwell, Richard 227
Mazlish, Bruce 227
McGrew, Anthony 225
McLaughlin, Thomas 111, 128
McLuhan, Marshall 56, 85, 87f., 94
McMurria, John 227
Melville, Herman 118, 173
Mercator, Gerhard 118
Miller, Toby 227
Mitchell, W. J. T. 115, 128
Mollenkopf, John 200
Montaigne, Michel de 15
Moore, Henry 183
Moores, Shaun 92
Moretti, Franco 226
Morse, Samuel 33, 84
Mouffe, Chantal 220f., 224
Muddy, David 226
Müller, Harro 72, 82
Müller, Klaus 46f., 49, 52
Myers, Charles Samuel 181

Nabokov, Valdimir 165
Naguschewski, Dirk 165, 176
Nancy, Jean-Luc 117
Nassehi, Armin 18, 42, 63, 67
Negri, Antonio 52, 58
Nixon, Richard 43
Nolde, Emil 185
Nowell-Smith, Geoffrey 227

Ong, Walter J. 87f., 90
Osterhammel, Jürgen 26, 32–34, 37
Özdamar, Emine Sevgi 167

Pain, Kathy 118, 128
Paulus 217
Pechstein, Max 185
Peirce, Charles Sanders 74, 94, 102, 251
Perraton, Jonathan 225
Petersson, Niels P. 26, 32–34, 37

Petz, Ursula von 228
Picasso, Pablo 137, 185
Pieterse, Jan Nederveen 107
Pitt, Brad 126
Pizzaro, Francisco 89
Platon 87
Poferl, Angelika 224
Prendergast, Christopher 226
Propp, Vladimir 109
Ptolemäus, Claudius 24

Radway, Janice 149f.
Rammstedt, Otthein 207
Rawls, John 217
Reagan, Ronald 43, 250
Rehbein, Boike 225
Reichardt, Ulfried 22
Riedmann, Erwin 205
Ritzer, George 106
Robertson, Roland 56f., 68
Rorty, Richard 216f., 219, 250
Rushdie, Salman 79, 120, 122, 136, 155, 165, 168f.

Safranski, Rüdiger 11
Said, Edward 131, 135, 142f., 153
Said, Marie 153
Sassen, Saskia 198, 205, 207
Saussure, Ferdinand de 45, 72f., 81, 89, 251
Schami, Rafik 168
Schätzing, Frank 171
Schelske, Andreas 92
Scheps, Marc 185, 192
Scherer, Bernd. M. 184
Scherpe, Klaus R. 20, 41
Schiller, Friedrich 72, 145f., 182
Schmals, Klaus M. 228
Schmeling, Manfred 116, 119, 121, 128, 147, 159
Schmidt, Wilhelm 12
Schmitz-Emans, Monika 147, 155, 159
Schröder, Iris 25f., 37
Schwengel, Hermann 225
Shakespeare, William 72, 137
Shonibare, Yinka 177f., 186
Simmel, Georg 195f., 206f.
Singer, Peter 227
Sklair, Leslie 55
Sloterdijk, Peter 12f., 21, 29, 50, 172
Soja, Edward 199f., 206f.
Sokrates 87
Sonnenschein, Ulrich 226
Spivak, Gayatri Chakravorty 13, 153

Stäheli, Urs 99, 105f., 109
Steffen, Therese 127
Steger, Manfred B. 22, 29, 33, 43f., 46
Stein, Gertrude 167
Steinmetz, Horst 152f., 159
Stemmler, Susanne 201f.
Stichweh, Rudolf 225
Stieler, Joseph Karl 161f.
Stiglitz, Joseph 47, 226
Stirling, James 76
Stockhammer, Robert 165, 176
Storey, John 100, 111
Streeruwitz, Marlene 203
Sturm-Trigonakis, Elke 151, 154, 159, 163, 168, 176
Sznaider, Natan 224

Tansey, Mark 69f.
Tawada, Yoko 165–168, 176
Taylor, Charles 217
Taylor, Mark C. 45, 51f., 60f., 68, 91
Taylor, Peter J. 197, 207
Teusch, Ulrich 226
Thatcher, Margaret 43, 250
Thielmann, Tristan 122
Thiemann, Barbara M. 192
Thomas, Brook 158
Timm, Uwe 156
Trillo, Richard 226
Trudeau, Pierre Elliott 78
Tucholsky, Kurt 42

Ungers, Oswald Matthias 76
Urry, John 41, 55, 59, 119

van Elteren, Mel 11f., 104, 111, 182
Vergil 171f.
Verne, Jules 171
Vertovec, Steven 227
Vespucci, Amerigo 24
Vogl, Joseph 85f., 95
Volcker, Paul 43

Wagenhofer, Erwin 190
Wagner, Bernd 102f., 106f., 111, 191f.
Walcott, Derek 154, 169, 176
Waldron, Jeremy 224
Waldseemüller, Martin 23f., 117
Wallerstein, Immanuel 32, 37
Walstra, Kerst 147, 159
Watt, Ian 139
Welsch, Wolfgang 17, 77, 82, 252
Werber, Niels 123
Wilk, Richard 105
Wilkinson, Alan G. 183
Williams, Raymond 99f., 109
Winter, Carsten 92
Wittgenstein, Ludwig 148

Yamashita, Karen Tei 203

Zaimoglu, Feridun 155, 167f., 176

16.4 Glossar

Alterität Andersheit, Fremdheit; man spricht von kultureller, historischer und kognitiver Alterität; am häufigsten verwendet in Bezug auf fremde Kulturen, deren Andersheit durch Übersetzung und Interpretation reduziert werden muss, damit man überhaupt kommunizieren kann; darf jedoch nicht komplett aufgelöst werden, weil sonst das Fremde dem Eigenen eingegliedert wird. → Differenz. → KAPITEL 9.3

Code In der → Semiotik stellt der Code eine Anweisung dar, wie eine Information entschlüsselt bzw. interpretiert, genauer: wie ein Zeichen auf eine Bedeutung bezogen werden soll; Codes werden gelernt, entstehen kulturspezifisch und sind pfadabhängig; Zeichen können unter der Perspektive verschiedener Codes unterschiedlich aufgefasst werden. → KAPITEL 5.2, 7.4, 9

Dekonstruktion Binäre Oppositionen (→ Poststrukturalismus) wie auch Erzählungen, die ein Zentrum postulieren bzw. Wahrheitsansprüche anmelden, werden auf ihre inneren Widersprüche hin untersucht; es wird gezeigt, dass solche Texte auf sprachlichen Operationen und Figuren beruhen, die widerrufen, was sie behaupten; „Dekonstruieren" meint, dass es nicht um eine ‚Zerstörung' geht, sondern dass die Voraussetzungen und innere Logik von Konstruktionen beobachtbar gemacht werden. → KAPITEL 5.2

Denotation / Konnotation Sprach-/literaturwissenschaftliches Begriffspaar, das in der → Semiotik relevant ist; Denotation ist die einfache, direkt ersichtliche Bedeutung beispielsweise eines Wortes; Konnotation dagegen meint eine mit Wörtern assoziierte Bedeutung, die ein Wissen um den kulturellen Kontext bzw. Traditionszusammenhang voraussetzt und sich oft erst durch die interpretierende Deutung erschließen lässt; bei interkultureller Kommunikation stellen Konnotationen eine besonders schwierige Ebene dar. → KAPITEL 7, 9.3

Diaspora Wurde zunächst für die Situation der Juden nach der Vertreibung aus dem heiligen Land (70 n. Chr.) verwendet; zerstreut in fremden Ländern lebende Gruppe ohne gemeinsames Territorium; dennoch weiterhin Bezug zur Herkunftsethnie/-gruppe, keine vollständige Verschmelzung mit der Gastkultur (durch Beibehalten der Sprache oder Religion bzw. Tradition); heute im übertragenen Sinn für Gemeinschaften, die sich kulturell oder ethnisch von der Mehrheit unterscheiden, etwa die afrikanischstämmige Bevölkerung in der Neuen Welt. → KAPITEL 2.1, 5.3, 12.1, 13.3

Differenz Zentraler Begriff der geistes- und kulturwissenschaftlichen Theorien der letzten dreißig Jahre, etwa für → Poststrukturalismus, Postkolonialismus, Gendertheorie und Systemtheorie; entscheidend ist die Neubewertung des Unterschieds, der nicht mehr auf ein Gemeinsames zurückgeführt oder aufgelöst, sondern positiv bewertet wird; den Kontext bildet die Aufwertung der sogenannten „Anderen", Minoritäten, Marginalisierten. → KAPITEL 4.3, 5

Diskurs Von französisch *discours* = Rede; geht in der heutigen Verwendung auf den französischen Philosophen Michel Foucault zurück (*Die Ordnung des Diskurses*, 1970); Diskurse sind in historischen Epochen jeweils vorherrschende Denkweisen und Aussagesysteme, die ‚festlegen', was gesagt und gedacht werden kann und wie dies geschehen kann, aber ebenfalls, was nicht gesagt und gedacht werden kann. Diskurse stehen in engem Verhältnis zur Macht, sind jedoch anonym; die Diskursanalyse untersucht diskursive Formationen (→ ABBILDUNG 5) formal und inhaltlich und versucht, Weltvorstellungen und Machtverhältnisse aus Sprache und Texten zu destillieren. → KAPITEL 5

Emergenz Beschreibt wie in nichtvorhersehbarer Weise Neues entsteht, das auf schon vorhandenen Elementen aufbaut; die Statik des Strukturbegriffs wird durch dynamische Formen ersetzt; Entstehung neuer Formen oder Eigenschaften, die nicht kausal zu erklären sind, sondern aufgrund einer Wechselwirkung der Teile; Prozesse, die weder rein kontinuierlich noch rein diskret sind, sondern nichtlinear, aber nicht zufällig oder chaotisch; der Begriff „emergente Literaturen" meint die Entstehung neuer Literaturen (z. B. in der Karibik). → KAPITEL 4.2

‚Flüsse' → „Scapes"

Global governance Meint keine Weltregierung, sondern eine „Weltinnenpolitik" im Sinne von freiwilligem Konsens und Kooperation ohne Zwang, vor allem jedoch → multilateral, ohne eine hegemoniale Macht; Zusammenarbeit von nationalstaatlichen und unabhängigen Organisationen; Nationalstaaten behalten ihre Souveränität; Form des Regierungshandelns, das die gesamte Erde betrifft und nicht zwischen Staaten (international) ausgehandelt wird, sondern die Welt als gemeinsamen Raum betrachtet, mit gemeinsamen Zielen, Regeln und Gesetzen (→ globale Zivilgesellschaft) und einer Exekutive, die auch Recht durchsetzen kann; z. B. Vereinte Nationen, Friedenssicherungsmissionen, Menschenrechtspolitik; Arbeit an grenzüberschreitenden Lösungen für globale Probleme wie Klimawandel und Pandemien. → KAPITEL 3.3, 14

Globale Zivilgesellschaft Eine weltumspannende Form des gesellschaftlichen Zusammenhalts, die nicht an offizielle politische Institutionen gebunden ist, sondern ziviles Engagement von Einzelpersonen oder Gruppen wie Nichtregierungsorganisationen sowie andere, an globalen Entwicklungen und Wechselseitigkeit orientierte Formen des ‚Regierens ohne Regierung' erfordert (→ global governance).
→ KAPITEL 3.3, 14

Hedgefonds Investmentfonds mit hohem Risiko, unterliegen keinen festen Anlageregeln, Sitz meist an Offshoreplätzen (Steueroasen), arbeiten mit Finanzinstrumenten wie Futures und Derivaten; basieren auf mathematischen Modellen und bestimmten Anlagestrategien, u. a. Einsatz von Fremdkapital; Versuch, Gewinn/Profit unabhängig vom Auf und Ab der Aktienmärkte und sogar bei fallenden Kursen zu machen. → KAPITEL 3.2

Hybridität Auch: *métissage, mestizaje,* Kreolität, *Cross-over,* Mix und Mischung; auf Kultur und multiethnische Identität bezogener Begriff, der hervorhebt, dass in der Mischung die Ausgangsprodukte nicht verschwinden, sondern zumindest teilweise weiter- und nebeneinander bestehen bleiben, dass jedoch in der Mischung Neues entsteht; immer ein dynamischer Prozess, nie ein abgeschlossener fixer Zustand. → KAPITEL 7.1, 8, 10.2, 11.2, 12.1

Ideologie Mit Wahrheitsanspruch, also dogmatisch auftretende Welterklärung, die andere Sichtweisen ausschließt; ihre Funktion ist Machterwerb und -erhalt, ihr Ziel, Menschen und Gesellschaft zu formen; wird oft im Sinne von Vorurteil (im Denken der Aufklärung) oder falschem Bewusstsein verwendet; Ideologiekritik in der Folge der Frankfurter Schule von Theodor W. Adorno und Max Horkheimer. → KAPITEL 1.1

Ikonisch → Semiotik

Indexikalisch → Semiotik

Individuum, Individualität Eine unteilbare Einheit (lateinisch *individuus* = unteilbar); gehört als Konzeption und als historisches Phänomen der europäischen Neuzeit an; Selbstreflexion, Rollendistanz, Ausbildung des Gewissens und Entwicklung einer „Innerlichkeit"; Basis der Idee der Menschenrechte.
→ KAPITEL 4.4, 14

Interkonnektivität Grundlegendes Charakteristikum der Globalisierung, Zustand der engmaschig vernetzten medialen, oft gleichzeitigen Verbindung zwischen Menschen und Abläufen auf dem gesamten Globus; Wechselseitigkeit, Abhängigkeit und Interaktivität werden hervorgehoben. → KAPITEL 4.1

Keynesianismus Wirtschaftspolitisches Modell, das auf den Ökonomen John Maynard Keynes zurückgeht; nach der Weltwirtschaftskrise 1929 entwickelt, 1936 in einem Buch niedergelegt, bis in die 1970er-Jahre einflussreich; *deficit spending* – Versuch der Balance zwischen Inflation, Arbeitslosigkeit und staatlicher Geldpolitik – plädiert für eine starke antizyklische Staatsintervention; Gegenposition zur Klassischen Nationalökonomie, die von einem sich selbst regulierenden Markt ausgeht. → KAPITEL 3.2

Koevolution Begriff aus der Evolutions- und Komplexitätstheorie; meint, dass sich mehrere Spezies (allgemeiner auch Strukturen oder Entitäten) gemeinsam und in gegenseitiger Abhängigkeit weiterentwickeln und sich dabei wechselseitig aneinander anpassen (Koadaption); Beispiele sind Parasiten und Wirte, Raubtiere und Beutetiere; allgemeiner der Entwicklungsprozess in Netzwerken, der interaktiv, interdependent und mehrfach rückgekoppelt verläuft. → KAPITEL 4.2

Konnotation → Denotation

Kontingenz, kontingent Nicht vorhersehbar, zufällig, von sehr vielen nicht in ihrer Gesamtheit zu berechnenden Faktoren abhängig, nicht determiniert, nicht in linearer Weise kausal verknüpft; in der

System-, Chaos- und Komplexitätstheorie häufig anzutreffender Begriff; verweist auch auf Pluralismus: Wenn, wie in einem Netzwerk, eine große Anzahl miteinander rückgekoppelter, dynamischer, also sich ständig verändernder ‚Teile' verbunden sind und interagieren, lässt sich das Ergebnis nur noch in Wahrscheinlichkeitsrelationen vorhersagen. → KAPITEL 1.2, 4, 8, 9.3

Kulturimperialismus Begriff, der den kulturellen Einfluss des Westens – seit dem Zweiten Weltkrieg insbesondere der USA – hervorhebt, ihn als einseitig begreift und seine politische und ökonomische Machtfunktion betont; Kulturtransfer wird als kulturelle Bevormundung verstanden; geht auf Theodor W. Adorno und die Frankfurter Schule zurück; zentraler Begriff im Postkolonialismus. → KAPITEL 7

Linguistic turn Von Richard Rorty in der von ihm herausgegebenen gleichnamigen Aufsatzsammlung (1967) ausgerufene ‚Wende'; als Neuorientierung Vorbild der *cultural turns*; fokussiert die Aufmerksamkeit auf die Sprache (in allen Textwissenschaften); Vorgängigkeit der Sprache; Wirklichkeit und Denken werden als immer schon sprachlich vermittelt untersucht; wird ab den 1990er-Jahren von den Kulturwissenschaften überlagert, die wesentliche Denkfiguren des *linguistic turn* übernehmen. → Strukturalismus → Poststrukturalismus. → KAPITEL 5

Multikulturalismus Der Begriff geht auf die kanadische Gesetzgebung der 1980er-Jahre zurück, mit der versucht wurde, die Gleichberechtigung der anglokanadischen und frankokanadischen Kultur rechtlich zu sanktionieren; dann erweitert auf Immigranten, First Nations (Indianer) und Inuit; verweist allgemeiner darauf, dass nicht mehr Assimilation gefordert wird, sondern mehrere Kulturen mit ihren Werten und Traditionen (potenziell) gleichberechtigt innerhalb eines (National-)Staates nebeneinander bestehen können; → Transkulturalität. → KAPITEL 5.3, 7.2

Multilateral Entscheidungsprozesse, Verhandlungen, die mehrere (im Prinzip gleichberechtigte) Seiten einbeziehen, mehrere Meinungen und Haltungen einander gegenüberstellen; Ziel ist die Suche nach Kompromiss oder Konsens ohne Gewaltanwendung; vgl. multipolar. → KAPITEL 3.3, 14.3

Multiperspektivität Nebeneinander unterschiedlicher, auch sich widersprechender Blickwinkel und Positionen, die sich nicht auf eine Meinung oder Interpretation reduzieren lassen, sondern notwendig zu einer Pluralität der Einschätzungen führen; Perspektivenwechsel, Wechselseitigkeit. → KAPITEL 1.4

Nation / Nationalstaat Nation kann im Sinne der ethnischen Gemeinschaft gemeint sein und auf eine gemeinsame Sprache, Kultur oder Geschichte verweisen (z. B. die Kurden); Staat ist eine politisch-administrative Einheit; seit der amerikanischen und der französischen Revolution existiert der Nationalstaat, der Nation und Staat verbindet, jedoch oft mehrere Kulturen in sich vereint (in Kanada z. B. die kulturellen Nationen der Franko- und der Anglokanadier; → Multikulturalismus); die Vereinten Nationen lassen nur völkerrechtlich anerkannte Nationalstaaten zu, keine Nationen; zwar ist kein Ende des Nationalstaats und dessen Bedeutung in Sicht, es entstehen jedoch neue multinationale Einheiten, wie z. B. die Europäische Union. → KAPITEL 1.2, 3.3, 10.1

Neoliberalismus Theorie und Praxis der Wirtschaftspolitik, die auf die Deregulierung der Märkte und freien Welthandel setzt; geht zurück auf den US-amerikanischen Ökonomen Milton Friedman, wurde von Margaret Thatcher (seit 1979) und Ronald Reagan (seit 1981) umgesetzt und in den frühen 1990er-Jahren zum Modell der Politik von Weltwirtschafts- und Finanzorganisationen (*Washington Consensus*); wird oft (zu unrecht) bedeutungsgleich mit Globalisierung verwendet; ist das eigentliche Angriffsziel der Globalisierungsgegner. → KAPITEL 3.2

Polyglott / heteroglott Mehrsprachig, vielsprachig; Sprachmischung; Vielsprachigkeit bei Einzelpersonen und in Texten. → KAPITEL 11.2

Polykontexturalität Der Begriff verweist darauf, dass Texte, Aussagen oder Bilder in verschiedenen kulturellen Zusammenhängen unterschiedliche Bedeutungen haben können, weil sie in verschiedenen Kontexten, etwa kulturellen Lebenswelten, interpretiert werden; in einer global vernetzten Welt sind möglichst mehrere Kontexte in Betracht zu ziehen, also Perspektivenwechsel zu vollziehen; zu einem fixen Zeitpunkt kann es dementsprechend keine einzig wahre Bedeutung, Sichtweise oder Interpretation geben. → KAPITEL 8.4, 9.2, 10.3

Postmoderne / Postmodernismus Bezeichnung für die Epoche nach der Moderne, seit ca. 1960; vor allem in den 1970er- und 1980er-Jahren verwendet, um darauf hinzuweisen, dass das Regime europäischer Rationalität zu Ende gegangen sei; verweist auch auf die radikale Pluralität möglicher Positionen und das Ende der ‚großen Erzählungen'; Postmodernismus bezeichnet Entwicklungen in den Künsten und der Ästhetik, die nach dem Modernismus kommen; charakteristische Elemente sind Eklektizismus, Metafiktion, Pastiche und Parodie, Aufhebung der Trennung zwischen Hoch- und Populärkultur. → KAPITEL 5.2

Poststrukturalismus   Geht auf den französischen Philosophen Jacques Derrida zurück; Kritik am Vorgehen des → Strukturalismus, jedes Zeichen- und Bedeutungsfeld in Gegensatzpaare (binäre Oppositionen) aufzuteilen; die Schrift wird dem Sprechen vorgeordnet: „Es gibt nichts außerhalb des Textes." Alles, was wir über die Welt wissen, ist immer schon durch ‚Texte' vorstrukturiert; Dezentrierung: Es gibt kein Zentrum, das alles organisiert (Gott, Wahrheit, Geschichte), sondern ein unaufhörliches Wechsel-„Spiel" der Zeichen und Texte. → Dekonstruktion → linguistic turn. → KAPITEL 5.2

Protektionistische Wirtschaftspolitik   Politik der Abschottung von Staaten oder größeren Einheiten wie der EU durch Zölle und andere Handelsauflagen, Regulierung; Deglobalisierung; Gegenbegriff: Freihandel. → KAPITEL 3.2

Re-/Dekontextualisierung   Verweist in Bezug auf Transferprozesse darauf, dass kulturelle oder institutionelle Formen, Strukturen und Produkte (wie die repräsentative Demokratie, der Hollywood-Film oder der Hamburger) bei weltweiter Verbreitung aus ihren spezifischen (regionalen, funktionalen, semantischen) Zusammenhängen herausgelöst werden und dabei die Verweise auf diese Zusammenhänge gekappt oder überflüssig werden; in einem neuen Kontext können sie veränderte Funktionen und Bedeutungen annehmen; grundlegender Prozess in der Globalisierung; Re-/Deterritorialisierung: hebt bei ähnlicher Bedeutung die geografische Dimension des konkreten Ortes hervor. → KAPITEL 3.2, 4.1, 7

„Scapes" und ‚Flüsse'   Der Begriff „Scapes" (abgeleitet von landscape) geht auf den Ethnologen Arjun Appadurai zurück; Metapher für fünf Bereiche des globalen Systems – „financescape, ethnoscape, mediascape, technoscape, ideoscape" –, die durch ihre mobilen Qualitäten charakterisiert sind; Räume, die von ‚Flüssen' transnationaler Finanzen, Ethnien/Migranten, Medien, Technologien und Ideen/ Vorstellungen bzw. Kultur ‚durchflossen' werden, also über Grenzen hinweg gesellschaftliche Teilbereiche dynamisch miteinander verbinden. → KAPITEL 3.1, 4.1, 8.3, 13.1

Selbstorganisation   Verweist darauf, dass die Faktoren, welche die Entwicklung eines Systems beeinflussen, aus dem System selbst stammen, auch wenn dies in Auseinandersetzung mit der Umwelt geschieht; was immer von außen an das System herankommt, wird innerhalb des Systems und dessen Regeln folgend prozessiert (wir sehen z. B. keine Lichtfrequenzen, sondern Farben); wichtig ist dabei, dass durch interne Selbstregulierung Ordnung aus Chaos hergestellt wird. → KAPITEL 2.2

Semiotik   Lehre vom Zeichen (Ferdinand de Saussure, Charles Sanders Peirce, Umberto Eco); der Mensch wird als zeichenverwendendes Wesen aufgefasst, das Gegenstände, Ereignisse und Handlungen mit Bedeutungen versieht und durch den Austausch von Zeichen kommuniziert; Nähe zu Kommunikationstheorien; nach Peirce gibt es ikonische (Bild, Ähnlichkeitsbeziehung), indexikalische (Anzeichen: der Rauch verweist auf Feuer, die rote Stirn auf Fieber) und symbolische Zeichen (z. B. alphabetische Schriftzeichen); Zeichen und ihre Verwendung sind immer zeit- und kulturspezifisch. → KAPITEL 5.2, 7, 9.3

Strukturalismus   Theorie, die auf den schweizerischen Sprachwissenschaftler Ferdinand de Saussure zurückgeht (1916); unterscheidet zwischen langue (Sprachsystem) und parole (Sprachverwendung); sprachliche Zeichen werden als konventionell und willkürlich (arbiträr) festgelegt betrachtet; dreiteiliges Zeichenmodell: Signifikant (Zeichenkörper), Signifikat (Bedeutung) und Referent (reales Objekt), wobei die Beziehung zum Objekt (Referent) nicht fix ist; wurde u. a. in der Ethnologie (Claude Lévi-Strauss) sowie der Kultur- und Literaturwissenschaft (Roland Barthes) angewandt; unterteilt jedes Zeichenfeld schematisch in binäre Oppositionen. → KAPITEL 5.2

Symbolisch   → Semiotik

Synchronisierung   Prozess der Herstellung bzw. schon hergestellter Zustand kommunikativer, meist medial generierter Gleichzeitigkeit; Kommunikation in Echtzeit, keine zeitliche Verzögerung bei der Nachrichtenübermittlung; Instantaneität (im gleichen Moment), Mobiltelefon im Vergleich zum Brief, e-mail versus snailmail. → KAPITEL 2.3, 3.3, 4.1, 7.2

Transkulturalität Begriff, der auf den Philosophen Wolfgang Welsch zurückgeht; drückt aus, dass in einer global vernetzten Welt kulturelle Formen nicht mehr regional oder national gebunden und begrenzt sind, sondern global zirkulieren und über Kulturgrenzen hinweggehen; verweist auf die Identität von Personen, die gleichzeitig in mehreren kulturellen Bereichen leben und sich nicht auf einen reduzieren lassen; im Gegensatz zum → Multikulturalismus kein Nebeneinander, sondern ein wechselseitiges Durchdringen von Kulturen. → KAPITEL 1, 5.4, 6, 7.4, 8.3, 9, 13.3, 14

Transnationalismus Der Begriff verweist auf Strukturen, Prozesse, Organisationen, die über Nationalgrenzen hinweggehen, Nationen miteinander verbinden und tendenziell von Grenzen unabhängig funktionieren; Beispiele sind die katholische Kirche, TNCs (= *transational corporations*), transnationale Institutionen wie die UNO und der IWF; betrifft die Ebene des Politischen; Gegenbegriff: Nationalismus. → KAPITEL, 1.2, 3.3, 14.1

Virtualität, virtuell Gegensatz zu Realität; etwas ist der Möglichkeit nach vorhanden, könnte so sein, ist nicht empirisch beobachtbar; virtuelle Welten sind vorgestellte Welten, nur in der Kunst existent oder im Computer digital generiert. → KAPITEL 1.3, 3.2, 4.1, 6.3, 11.4

Weltgesellschaft Begriff aus der soziologischen Systemtheorie Niklas Luhmanns, der davon ausgeht, dass heutige Funktionssysteme (wie Medien, Wissenschaft und Wirtschaft) global operieren und deshalb von *einem* globalen Gesellschaftssystem auszugehen ist, was die Weiterexistenz von Nationen und kulturellen Differenzen keineswegs infrage stellt; Gesellschaft besteht Luhmann zufolge aus Kommunikationen; nicht an diesen Kommunikationen teilnehmen zu können, bedeutet von der Weltgesellschaft ausgeschlossen zu sein (*digital divide*). → KAPITEL 4
→

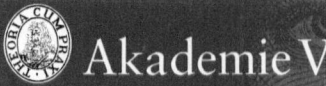

Akademie Verlag

Akademie Studienbücher

Literaturwissenschaft

Basisbuch

Ursula Kocher, Carolin Krehl
Literaturwissenschaft
Studium – Wissenschaft – Beruf
2008. 224 S. – 19 Abb. – 155 x 215 mm,
Broschur, € 19,95
ISBN 978-3-05-004413-2

Epochenbände

Andreas Keller
Frühe Neuzeit
Das rhetorische Zeitalter
2008. 231 S. – 15 Abb. – 155 x 215 mm,
Broschur, € 19,95
ISBN 978-3-05-004399-9

Iwan-Michelangelo D'Aprile, Winfried Siebers
Das 18. Jahrhundert
Zeitalter der Aufklärung
2008. 255 S. – 18 Abb. – 155 x 215 mm,
Broschur, € 19,95
ISBN 978-3-05-004364-7

Themenband

Franziska Schößler
Einführung in die Gender Studies
2008. 232 S. – 10 Abb. – 155 x 215mm,
Broschur, € 19,95
ISBN 978-3-05-004404-0

Weitere Titel finden Sie unter www.akademie-studienbuch.de

www.akademie-verlag.de | info@akademie-verlag.de

Akademie Verlag

Akademie Studienbücher

Geschichte

Basisbuch

Gunilla Budde, Dagmar Freist,
Hilke Günther-Arndt (Hg.)
Geschichte
Studium – Wissenschaft – Beruf
2008. 302 S. – 25 Abb. – 155 x 215 mm,
Broschur, € 19,95
ISBN 978-3-05-004435-4

Epochenbände

Harald Müller
Mittelalter
2008. 249 S. – 28 Abb. – 155 x 215 mm,
Broschur, € 19,95
ISBN 978-3-05-004366-1

Annette Meyer
Die Epoche der Aufklärung
2010. 248 S. – 17 Abb. – 155 x 215 mm,
Broschur, € 19,95
ISBN 978-3-05-004443-9

Themenband

Toni Pierenkemper
Wirtschaftsgeschichte
Die Entstehung der modernen Volkswirtschaft
2009. 254 S. – 37 Abb. – 155 x 215 mm,
Broschur, € 19,95
ISBN 978-3-05-004623-5

Weitere Titel finden Sie unter www.akademie-studienbuch.de

www.akademie-verlag.de | info@akademie-verlag.de

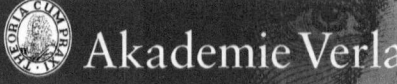

Akademie Verlag

Akademie Studienbücher

Kulturwissenschaften

Themenbände

Matthias Bruhn
Das Bild
Theorie – Geschichte – Praxis
2008. 252 S. – 32 s/w- und 14 Farbabb. –
155 x 215 mm, Broschur, € 19,95
ISBN 978-3-05-004367-8

- Begrifflichkeiten und Betrachtungsweisen – Themen und Perspektiven
- Geschichte der Bildmedien und Bildfunktionen
- Bildforschung zwischen Hochkunst und Populärkultur
- Formen, Farben, Linien: Zugänge zum Bildlichen
- Kontexte: Politische Repräsentation, Wissenschaft, Markt
- Kombinationen, Oppositionen: Ur- und Vorbilder,
  Reihen und Vergleiche, Text und Bild
- Diagramm, Raum, Bewegung: Visuelle Techniken der Übersicht,
  Einsicht und Aufzeichnung

Peter Heine
Einführung in die Islamwissenschaft
2008. 233 S. – 15 Abb. – 155 x 215 mm,
Broschur, € 19,95
ISBN 978-3-05-004445-3

- Geschichte und Entwicklung des Islams von den Anfängen zur Weltreligion
- Koranauslegungen und Glaubenstraditionen, Rechte und Pflichten der Gläubigen
- Verbreitung im Abendland
- Politik und Religion im Islam: Einheit oder Widerspruch? Toleranz oder Terrorismus?
- Kulturtransfer und politischer Austausch: Erfahrung des Fremden in West und Ost
- Kunst und Architektur im Islam

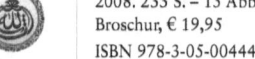

www.akademie-studienbuch.de

www.ingramcontent.com/pod-product-compliance
Lightning Source LLC
Chambersburg PA
CBHW032109220426
43664CB00008B/1187